Etat, Religions et Genre en Afrique Occidentale et Centrale

Actes du colloque International organisé à l'Institut de la Dignité et des Droits Humains (IDDH) du Centre de Recherche et d'Action pour la Paix (CERAP), à Abidjan (Côte d'Ivoire) du 1er au 2 juin 2017.

Sous la direction de
Ludovic Lado
&
Roch Yao Gnabeli

Langaa Research & Publishing CIG
Mankon, Bamenda

Publisher
Langaa RPCIG
Langaa Research & Publishing Common Initiative Group
P.O. Box 902 Mankon
Bamenda
North West Region
Cameroon
Langaagrp@gmail.com
www.langaa-rpcig.net

Distributed in and outside N. America by African Books Collective
orders@africanbookscollective.com
www.africanbookscollective.com

ISBN-10: 9956-550-06-X

ISBN-13: 978-9956-550-06-7

Ce colloque est organisé dans le cadre du projet de recherche «Contending
Modernities » (CM) coordonné et financé par Notre Dame University
(Indiana, USA).

Liste des contributeurs

Abiba Diarrassouba est Doctorante en sociologie, au Laboratoire Economique d'Anthropologie des Appartenances Symboliques (LAASSE), de l'Institut d'ethnosociologie (IES), à l'Université Félix Houphouët Boigny de Cocody, Abidjan. Elle a travaillé sur les pratiques culturelles paysannes locales par rapport aux innovations technologiques agricoles dans le cadre de ses travaux de Master.

Alassa Fouapon, est doctorant en histoire des civilisations et des religions à la Faculté des Arts Lettres et Sciences Humaines (FALSH), Université de Yaoundé I. Il est aussi Consultant au Conseil Supérieur Islamique du Cameroun.

Aristide Dossou est docteur en Philosophie, coordonnateur des masters au Centre de Recherche et d'Action pour la Paix, Côte d'Ivoire. Auteur de cinq ouvrages publiés en France, il porte un intérêt particulier aux minorités marginalisées et aux questions d'état de droit et de démocratie en Afrique.

Azowa Gilles Kragbe est titulaire d'un Doctorat thèse unique en droit de l'environnement en 2011. Il est actuellement Enseignant-Chercheur à l'UFR des sciences juridique, administrative et de gestion de l'Université Alassane OUATTARA de Bouaké en Côte d'Ivoire. Il assure des enseignements notamment en droit de l'environnement, en droit civil et en histoire du droit. Il est également enseignant associé au Centre de Recherche et d'Action pour la Paix (CERAP) à Abidjan.

Behibro Edith Epse Kouakou est titulaire d'un DESS en Gestion des Conflits et Paix du du Centre de Recherche et d'Action pour la Paix (CERAP). Ses travaux de recherches ont porté sur la résolution des conflits familiaux par la médiation. Sa formation dans le domaine de la gestion des conflits a été approfondie par une formation des formateurs en éducation à la paix et une formation en médiation. Depuis 2000, elle a participé au lancement et à la gestion d'une initiative de l'ONG SDEF-Afrique (organisation de droit ivoirien) dans la promotion de l'accès au droit et la gestion des conflits familiaux dans 5 centres d'état civil (mairies) du district d'Abidjan.

Boris Glode Olivier est doctorant en sociologie à l'Université Houphouët-Boigny de Cocody et membre du Laboratoire de Sociologie Economique et d'Anthropologie des Appartenances Symbolique (LAASSE), logé à l'Institut d'Ethnosociologie à l'Université Félix Houphouët Boigny de Cocody. Il est assistant recherche au service de la recherche du Centre de Recherche et d'Action pour la Paix, Abidjan, Côte d'Ivoire.

Bouaré Bintou Founè Samaké est Diplôme d'Etudes Approfondies (DEA) en Droit International à l'Université d'Etat de Kiev (Ukraine) en 1988. Depuis 2012, elle est Présidente de Women in Law and Development in Africa (WILDAF/Mali)

Droh Rusticot est docteur en Sociologue, Enseignant-chercheur, Université Felix Houphouët Boigny, membre de Laboratoire de Sociologie et d'Anthropologie des Appartenances Symbolique, Université Felix Houphouët Boigny.

Estelle Kouokam Magne est docteur en socioanthropologie et maître de conférences à l'Université Catholique d'Afrique Centrale. Ses principaux domaines d'étude sont : la santé, le genre, l'alimentation et les religions.

Fatchima Mayaki est titulaire d'un doctorat en psychologie. Elle présentement Chef du département de Psychologie à Université Abdou Moumouni (Niamey – Niger). Elle a pour axes de recherche : Changement d'attitude et de comportement ; Risques organisationnels Croyances ; Normes et représentations sociales.

Fatou Saar est titulaire Doctorat en Anthropologie et sociologie politique et d'un Ph.D en Travail social et Politiques sociales. Elle a enseigné à l'université de Namur en Belgique avant de rejoindre l'Université Cheik Anta Diop en 1999, où elle est Maître de Conférences et Directrice du Laboratoire Genre et Recherche Scientifique qu'elle a crée en 2004. Elle a appuyé pour le compte des institutions des Nations Unies une vingtaine de pays d'Afrique et des caraïbes sur les questions de genre.

Jean Louis Lognon est Enseignant-chercheur à l'institut d'l'université Félix Houphouët Boigny d'Abidjan, membre du Laboratoire de Sociologie et d'Anthropologie des Appartenances Symbolique, Université Felix Houphouët Boigny.

Kouakou M'Bra, Sociologue, Enseignant-Chercheur à l'Université Félix Houphouët Boigny, chercheur au Laboratoire de Sociologie Economique et d'Anthropologie des Appartenances Symboliques (LAASSE).

Ludovic Lado est docteur en Anthropologie de l'Université de Oxford (RU), responsable du service de la recherche du Centre de Recherche et d'Action pour la Paix. Il est spécialiste des questions de religions et mutations sociales en Afrique subsaharienne.

Mahaman Alio est titulaire d'un Ph.D. en histoire et Maitre de Conférences au Département d'Histoire, Université Abdou Moumouni de Niamey, Faculté des Lettres et Sciences Humaines.

Maïmouna Diaby est Docteur en sociologie à l'université Jean Lorougnon Guédé de Daloa. Elle est Chercheur associé au Laboratoire de Sociologie Économique et d'Anthropologie et des Appartenances Symboliques (LAASSE).

Martine Gbougnon est docteure en sociologie et Enseignante-chercheure à l'Université Jean Lorougnon GUEDE de DALOA ; Elle travaille sur la famille et l'éducation, précisément sur les conditions sociales des résultats scolaires, les recompositions familiales et les rapports à l'école. Elle est auteure de plusieurs articles sur ces différentes problématiques et membre de Laboratoire de Sociologie et d'Anthropologie des Appartenances Symbolique, Université Felix Houphouët Boigny.

Mian Annick est doctorant en Sociologue, Chercheur associé au Laboratoire de Sociologie et d'Anthropologie des Appartenances Symbolique, Université Felix Houphouët Boigny.

Nadeige Laure Ngo Nlend est docteur en Histoire du christianisme contemporain, obtenu en 2012 à l'Université Paul Valéry Montpellier III, France. Elle est membre du CREDIC, Centre de Recherches et d'Etudes sur la Diffusion et l'Inculturation du Christianisme et assure les fonctions de secrétaire scientifique du FOHIC, Forum des Historiennes du Cameroun. Elle est chargée de cours à l'Université de Douala au Cameroun. Elle a organisé en 2016 une journée d'études en hommage à la première femme historienne de rang magistral au Cameroun sur le thème : « Genre et historiographie au Cameroun : perspectives pluridisciplinaires ». Nadeige Laure Ngo Nlend justifie également d'un engagement militant pour les problématiques du genre et est déléguée pour le compte du Groupement d'Initiative Commune pour l'autonomisation de la jeune fille et la personne handicapée.

Noëlie Kemneloum Djimadoumbaye est titulaire d'un Master II en Ethique Economique et Développement Durable. Après ses premiers pas dans la vie professionnel au Bureau National d'Etudes Techniques et de Développement (BNETD) au Département de L'Aménagement urbain en 2010, elle intègre en à la fin de cette même année l'équipe projet du Laboratoire d'Analyse et de Prospectives Sociale (LAPS) du CERAP-INADES. Aujourd'hui, elle travaille au Département de Recherche de l'Institut de Théologie Jésuite (ITCJ) comme Assistante de Direction.

Roch Yao Gnabeli est professeur titulaire de Sociologie à l'Université Felix Houphouët Boigny (UFHB) et directeur de Laboratoire de Sociologie et d'Anthropologie des Appartenances Symboliques (LAASSE).

Sangboliéwa Lanzeny Ouattara est Doctorant au Laboratoire de Sociologie Economique d'Anthropologie des Appartenances Symboliques (LAASSE), de l'Institut d'ethnosociologie (IES) à l'Université Félix Houphouët Boigny de Cocody, Abidjan.

Thierry Kouakou est titulaire d'un Master II en Droits de l'Homme et Action Humanitaire au Centre de Recherches et d'Action pour la Paix. Il a axé ses recherches sur les Droits humains en particulier sur les minorités sexuelles et identitaires. Il est membre d'une Organisation Non gouvernementale dénommée « Services Droits de l'Enfant et de la Famille », il est aussi membre fondateur de l'association « Common Action for Sustainable Development Côte d'Ivoire ».

Yvon Christian Elenga, est docteur en Sciences Religieuses (théologie politique), recteur de l'Institut de Théologie Jésuite à Abidjan, Côte d'Ivoire.

Zriga Dorcas est docteur en Sociologue, Enseignant-chercheur, Université Felix Houphouët Boigny, membre du Laboratoire de Sociologie et d'Anthropologie des Appartenances Symboliques de la même université.

Table des matières

Introduction Générale

État, religions et genre en Afrique

Ludovic Lado & Roch Yao Gnabeli

Les publications sur la religion et les questions de genre ne sont pas rares, surtout dans la littérature anglosaxonne (Sackey 2006, Ahmed 1992, Hackett 2000, Castelli 2001, Heinen 2013). Mais peu d'études empiriques font une corrélation entre l'Etat, les forces religieuses et la question du genre en termes de rapports de forces à l'œuvre dans les reformes légales (Ravazi et Jenichen 2010;Della Sudda & Malochet 2013). Là se situe l'apport de ce volume. En effet, le présent ouvrage est le produit d'un colloque scientifique organisé à l'Institut de la Dignité et des Droits Humains du Centre de Recherche et d'Action pour la Paix (CERAP) à Abidjan du 1er au 2 juin 2017 sur le thème « Etat, Religions et Genre en Afrique Occidentale et Centrale ». L'organisation du colloque a bénéficié de la collaboration du Laboratoire de Sociologie Économique et d'Anthropologie et des Appartenances Symboliques (LAASSE) du département de Sociologie de l'Université Felix Houphouet-Boigny (UFHB) dirigé par Roch Yao Gnabeli, professeur titulaire de sociologie. L'objectif principal du colloque était non seulement de valoriser les résultats d'un projet de recherche sur la réception du nouveau code de la famille en Côte d'Ivoire mais aussi d'élargir la discussion à des études de cas sur les problématiques du genre, du mariage et de la famille dans d'autres pays de l'Afrique Occidentale et Centrale.

Les concepts de mondialisation et de modernité sont fréquemment convoqués pour rendre compte d'une partie importante des mutations actuelles des sociétés africaines dont on site souvent, à tort ou raison, la racine dans la rencontre entre l'Afrique, l'Occident et les religions missionnaires telles que l'Islam et le Christianisme

Historiquement, on a vu se succéder des termes qui désignent des références auxquelles l'organisation de l'État et de l'action publique devraient se conformer : développement (années 60-70) démocratie (années 80-90) et bonne gouvernance (années 2000). En tant que modèles d'organisation socio-politique ou de gestion de l'action publique, l'utilisation de ces notions révèle généralement un écart entre d'une part la structuration, l'organisation et le fonctionnement réels des sociétés et d'autre part les références modélisées (par les organisations internationales, la Banque Mondiale, les sociétés multinationales) que sont le développement, la démocratie et aujourd'hui la bonne gouvernance.

Cette terminologie renvoie en fait à la dialectique de l'insertion des sociétés locales dans l'économie politique mondiale, de l'écart entre les normes sociales locales et les différents cadres normatifs qui se dessinent à l'échelle internationale, à différentes époques. L'écart est inhérent au processus lui-même, il implique une dynamique transactionnelle (Maurice Blanc, 2009), c'est-à-dire une relation conflictuelle, marquée par des contradictions et bien sûr des rapports de force, qui ouvre un espace de communication dans lequel prend place une dynamique de négociation permanente. Les États africains postcoloniaux se situent en quelque sorte dans cet espace de communication et de négociation entre ces deux échelles sociales : celle de la dynamique des relations internationales et de la production de standards internationaux d'une part ; et celle de la dynamique des sociétés locales et de l'évolution des normes sociales d'autre part.

Sur l'ensemble de ces différentes phases historiques, l'État postcolonial a toujours dû négocier avec les normes sociales des sociétés locales pour mettre en place son administration et ses lois. Même le pouvoir colonial devait composer avec les sociétés locales et négocier avec elles pour parvenir à les administrer. Sous ces rapports, l'on peut considérer que le christianisme et l'islam, diffusés vers l'Afrique dans une dynamique de colonisation, d'inscription ou d'incorporation des sociétés locales dans la modernité puis la mondialisation, sont depuis lors des vecteurs essentiels des transformations de ces sociétés.

L'Afrique est donc engagée dans une dynamique d'interactions qui provoquent des transformations économiques, politiques, sociales et culturelles, qui pour l'essentiel consiste en s'ajuster au modèle néolibéral dominant. Au plan politique, les Etats se sont arrimés à la rhétorique de la démocratisation avec des trajectoires et des résultats aussi variés les uns que les autres. Dans le champ économique, l'économie libérale ou de marché tend aujourd'hui à s'imposer comme modèle universel de production de richesses. Sur le plan social et culturel, cette dynamique de changement se traduit par des transformations au niveau des systèmes idéologiques (représentations collectives, perceptions, des valeurs, etc.) et des pratiques sociales qui bouleversent les rapports sociaux et induisent nombre de réformes des législations nationales et internationales (Rohrs, Hsieh and De Souza, 2014 ; Esimai 2007 ; Jeppie, Moosa and Richard Roberts 2010).Les reformes légales relatives aux questions du genre et de la famille s'inscrive dans la même matrice libérale dans des sociétés jadis plutôt à dominance communautariste en matière de systèmes de parenté (Koné et Nguessan Kouamé, 2005).

Dans le cadre du présent ouvrage, nous inscrivons la notion genre dans le cadre d'une critique des structures patriarcales qui président à la de la construction sociale des rapports de sexe et de la manière dont cette fabrique contribue à la reproduction des inégalités sociales issues de la « domination masculine » (Bourdieu 1998). Mais les débats publics entre l'Etat et les religions portent également sur l'émergence de la problématique des minorités sexuelles en contexte africain, lesquelles retiennent de plus en plus l'attention des chercheurs et des organisations de droits de l'homme. Les mutations relatives à la construction sociale des rapports de genre ainsi qu'à la redéfinition du mariage et de la famille ne laissent aucune société indifférente (Cesari et Casanova 2017). Le célèbre anthropologue français Claude Lévi-Strauss suggérait dans sa principale publication sur les systèmes de parenté que le phénomène quasi-universel de l'interdiction de l'inceste qui facilite l'échange des femmes pour le mariage serait la première norme qui marque le passage de la nature à la culture de la culture (Lévi-Strauss 1969 (1949)). En effet, les sociétés humaines semblent depuis la préhistoire, la sexualité et le mariage constituent des éléments structurant à la base les rapports sociaux.

Les religions quant à elles s'évertuent à inscrire la régulation de ces rapports dans un ordre sacré qui résiste à toute tentative de déconstruction. Or la méthodologie et l'épistémologie des études sur le genre sont fondamentalement enracinées dans une dialectique de la déconstruction et de la reconstruction. D'où les résistances dont les principaux fronts sont religieux, et cela, un peu partout dans le monde (Cesari et Casanova 2017).

En Afrique, comme ailleurs, les mutations liées à la modernité ont provoqué le repositionnement des religions dans l'espace public (Sounaye 2009).A une exception près, celle de la Zambie, il n'existe pas d'Etat religieux en Afrique Subsaharienne. En Afrique de l'Ouest, d'après leurs Constitutions, tous les Etats sont laïcs, même si la réalité sur le terrain est évidemment bien plus complexe. La dynamique des rapports qu'entretiennent la politique et la religion en Afrique donne une configuration toute particulière à la laïcité de l'Etat sur le Continent (Ellis & Ter Harr 1998). Il y est difficile d'opposer religion et modernité car, durant et après la colonisation, la religion a été et y reste une matrice principale de la modernisation. Comme l'affirme Claude Rivière, « un peu partout, les innovations religieuses agissent sur la recomposition de l'espace politique tout autant qu'économique. (…) La plupart des religions de l'Afrique actuelle ne sont-elles pas d'ailleurs les matrices de la modernité étatique parce qu'elles agissent en opérateurs économiques et parce qu'elles créent des espaces de liberté au sein d'autoritarismes politiques ? » (Rivière 1997, 22).

Par ailleurs, la modernisation ambigüe de l'Afrique conséquente à la colonisation n'a pas entrainé le déclin de la religion sur ce continent. Au contraire, elle y est pleine croissance. L'Afrique semble avoir connu ces dernières années un véritable réveil religieux. Son paysage religieux, en constante reconfiguration, est marqué par un processus continu de pluralisation par fragmentation (Lasseur et Mayrargue 2011) que les pouvoirs publics ont du mal à contrôler. Les églises missionnaires catholiques et protestantes qui avaient pendant des décennies dominé l'espace public en Afrique doivent aujourd'hui composer avec la rude concurrence des églises évangéliques et de l'Islam. La pluralisation du paysage religieux africain participe aussi de la dynamique libérale qui fait de la liberté religieuse un droit humain fondamental dans le contexte de l'Etat moderne et démocratique.

Les questions du genre, du mariage et de la famille sont au cœur des batailles culturelles et sociales les plus rudes de l'époque contemporaine qui débouchent dans beaucoup de pays africains sur des réformes légales et sociétales dictées par le modèle néolibéral des droits humains (Bahi 2014). La plupart de ces reformes souvent conduites par l'Etat provoquent des résistances ou des contournements dont les principales figures sont souvent religieuses. Quel est le mode opératoire de ces réformes ? Quels sont les rapports de force en jeu ? Comment sont-elles perçues et reçues par les sociétés africaines? Quels sont les termes des résistances religieuses ? Ces questions sont au cœur de ce volume qui se penche sur les marges de docilité et d'indocilité des sociétés africaines aux réformes juridiques visant à promouvoir le modèle néolibéral de la sexualité, du mariage et de la famille, reformes souvent impulsées de l'extérieur par les acteurs à la fois étatiques et non-étatiques. L'accent est mis sur la centralité de l'Etat et les rapports de force qu'il entretient avec les autres parties prenantes dans la déconstruction et reconstruction des liens sociaux inhérents au genre.

Le présent ouvrage se veut donc une contribution à l'interrogation critique des rapports dialectiques entre le séculier (l'Etat) et le religieux, surtout l'Islam et le Christianisme, sur l'une des questions les plus contentieuses des mutations de la modernité, notamment celle du genre, du mariage et de la famille. Il se divise en trois grandes parties thématiques qui vont structurer cette introduction générale : 1) Politiques publiques du lien social 2) Révisions des codes de la famille, 3) Réceptions et résistances, 4) Perspectives séculières.

1. Politique publiques du lien social

Les « gender studies » ont réussi à imposer dans l'univers des sciences sociales l'idée selon laquelle les catégories de différentiation sociale ne sont pas données mais construites, pas naturelles mais culturelles (Bereni et al., 2008). Dans ce processus de construction, les rapports de pouvoir sont déterminants. Dans le premier essai intitulé « Politique du lien social et Etat moderne », Christian Elenga soutient que la monopolisation du pouvoir de régulation du lien social en Afrique postcoloniale reste vivement contestée par l'ordre du religieux, donnant ainsi à la laïcité africaine une configuration toute particulière. La traduction de cette construction des rapports de genre en politiques publiques dans le contexte de l'Afrique de l'Ouest, comme le montre la contribution d'Aristide Dossou vise principalement à lutter contre la marginalisation des femmes dans un contexte dominé par les logiques patriarcales. Elle ne tient pas compte des préoccupations des minorités sexuelles. Il ressort de la contribution de Dossou que la question des minorités sexuelles ne fait partie du concept officiel du genre qui oriente les politiques publiques en la matière en Côte d'Ivoire. Thierry Kouakou et Ludovic Lado prolongent la réflexion sur les minorités sexuelles à travers une étude empirique qui explore, dans un contexte de flou juridique, les stratégies mises en œuvre par les structures nationales généralistes et identitaires de droits de l'homme pour la protection des minorités sexuelles en Côte d'Ivoire. Il est évident que dans un environnement fortement homophobe comme celui de l'Afrique, l'essor, bien qu'encore timide, des mobilisations collectives en faveur minorités sexuelles suscite des accusations d'impérialisme culturel occidental, surtout que ces mobilisations bénéficient essentiellement sur des soutiens étrangers.

2. Révisions des codes de la famille

La plupart des pays africains ont ratifié la *Convention sur l'élimination de toutes les formes de discrimination à l'égard des femmes* adoptée par les Nations Unies en 1979, ce qui les contraint à réviser leurs législations nationales pour matérialiser dans la loi l'égalité entre l'homme et la femme. D'où les tentatives avortées ou réussies de révision des codes de la famille en Afrique de l'Ouest. Dans cette seconde partie, plusieurs études de cas sont présentées, et il en ressort que l'échec ou la réussite d'un projet de révision d'un code de la famille dépend principalement des rapports de forces entre l'Etat et les organisations religieuses islamiques, lesquelles incarnent presque partout la résistance locale. Pour le cas de la Côte d'Ivoire, où l'Etat a réussi à opérer en 2013 la révision du code de la famille sans associer d'autres parties prenantes, on note que le processus a été monopolisé, comme le montre la contribution de Boris Glodé, par les hommes politiques. Elle portait pourtant sur une mutation sociétale majeure, notamment la suppression des dispositions légales désignant l'homme comme chef de famille au profit de l'autorité conjointe de l'homme et de la femme. Jules Kragbe qui analyse le contenu juridique de la réforme en Côte d'Ivoire, retrace les avancées depuis l'indépendance avant de conclure qu'il subsiste des incohérences dans le nouveau code, surtout entre la notion de puissance paternelle et celle de cogestion. Le cas du Sénégal, abordé par Fatou Sarr, décrit un processus plus participatif et plus long dans lequel l'Etat, avec le soutien des organisations féminines, réussit à contenir la résistance des forces religieuses musulmanes pour faire passer les reformes du code de la famille. Au Mali, d'après le récit de la juriste Bouaré Bintou Founé Samaké, le processus qui, au départ, s'est voulu tout aussi consultatif que celui du Sénégal, a été finalement récupéré par les organisations religieuses qui l'ont taillé à la mesure de leurs desiderata. L'Etat a laissé faire, à la grande déception des forces progressistes. Le Niger est un cas à part, puisque malgré quelques tentatives, il n'a jamais réussi à se doter d'un code de la famille formel. A chaque fois, la résistance des organisations religieuses a été suffisamment forte pour faire reculer l'Etat et ses soutiens parmi les organisations féminines dont la contribution à ce combat est particulièrement mise en exergue dans la contribution de Mahaman Alio. Ces rapports de force sont par ailleurs déterminés aussi bien par le degré de résilience des structures patriarcales, comme le montre la contribution de Fatchima Mayaki, que par la trajectoire historico-politique de chaque pays. Alassa Fouapon, dont la contribution clôture cette partie, aborde le même sujet de l'accès de la femme à l'héritage mais dans les milieux musulmans au Cameroun où ce problème que tente de résoudre le Conseil Supérieur Islamique se pose aussi en termes de discrimination.

3. Réceptions et résistances

Dans un contexte où les reformes relatives aux rapports entre l'homme et la femme semblent éroder les « valeurs traditionnelles », lesquelles ont très souvent un fondement religieux, il n'est pas surprenant que la résistance, un peu partout dans le monde, soit incarnée principalement par les forces religieuses. Qu'il s'agisse de l'Occident chrétien ou des sociétés musulmanes, les leaders religieux qui y sont opposées ont tendance à percevoir ces réformes comme un déclin moral (Cesari et Casanova 2017 ; Rochefort et Sana 2013). En Afrique, la situation n'est guère différente (Becker 2006). La problématique du genre n'y a pas bonne presse dans les milieux religieux. Les études regroupées dans cette partie abordent, pour les deux premières, la réception de la réforme du code de la famille dans les milieux catholiques (voir contribution de Droh Rusticot, Zriga Dorcas et Mian Annick) et musulmans (Cf. contribution de Jean-Louis Lognon, Martine Gbougnon, Lanzeny Ouattara) de la ville d'Abidjan en Côte d'Ivoire. Il en ressort que dans les milieux catholiques en général, cette réforme est perçue comme une forme de dénaturalisation, comme une mise en péril du mariage en tant qu'institution divine. Quant aux Musulmans, la réforme est associée dans l'imaginaire de beaucoup aux « effets pervers » de la modernité perçue comme un danger pour les valeurs islamiques. En effet, bon nombre de Catholiques et de Musulmans saisissent l'occasion de ce genre de réformes pour faire le procès de la modernité qui est globalement perçue comme l'incarnation de la décadence morale, malgré la plus-value de ses révolutions scientifiques et techniques. Kouokam Estelle aborde la réception du Protocole du Maputo par les autorités catholiques du Cameroun qui ont interprété cette réforme relative au « droit » à l'avortement comme une porte ouverte aux atteintes à la dignité de la vie humaine et comme une manifestation de l'impérialisme idéologique de l'Occident en Afrique. Les résultats de l'enquête exploratoire menée dans deux localités du Cameroun montrent une faible réception du Protocole du Maputo qui, pour la plupart des participants, n'est pas connue et que quelques-uns réduisent à la « loi sur l'avortement et l'homosexualité ». Ceci qui repose l'éternel problème de l'appropriation de telles réformes juridiques et de leur mise en œuvre effective.

Docilité et indocilité caractérisent les multiples réponses des Africains à l'entreprise missionnaire chrétienne sur le continent (Mbembe 1988). Comme l'illustre bien la contribution de Nadeige Ngo Nlend sur la résurgence de la polygamie dans certains milieux chrétiens au Cameroun, l'indocilité peut revêtir la forme de ce que certains ont appelé « le retournement culturel. Elle éclaire éminemment la problématique générale au cœur de ce volume, celle des modalités de résilience des communautés locales aux intrusions culturelles exogènes et remet au cœur du débat l'agence des Africains dans l'appropriation locale des processus mondiaux. En effet, il ne suffit pas de changer les lois pour changer les pratiques. L'étude empirique de Noëlie Kemneloum Djimadoumbaye trouve aussi sa place dans cette partie parce qu'elle examine la perception de l'égalité entre femmes et hommes, membres des congrégations religieuses catholiques, dans les milieux professionnels ecclésiaux en Afrique de l'Ouest. Cette étude permet de mesurer l'écart entre l'égalité en dignité affirmée par la doctrine officielle de l'Eglise catholique et l'égalité dans la pratique de la coresponsabilité dans les institutions ecclésiales. D'où le courant féministe intra-ecclésial qui fait aussi ses petits pas en Afrique (Phiri 2004).

4. Perspectives Séculières

Cette partie s'ouvre sur la présentation des résultats d'une étude réalisée pour le compte du Centre de Recherche et d'Action pour la Paix (CERAP) par l'ONG Service des Droits et de la Famille et de l'Enfant en Afrique (SDEF) sur la pratique du mariage civil à Abidjan. Il en ressort qu'outre le fait que le mariage civil n'est qu'un mariage parmi tant d'autres (coutumier et religieux), on peut noter, entre autres, le recul du mariage par « arrangement » au profit du libre du choix du conjoint, l'augmentation des mariages interethniques en ville et la résilience du mariage coutumier malgré l'interdiction du versement de la dot. Abiba Diarrassouba, Maïmouna Diaby et Kouakou M'Bra tentent de saisir les perspectives des acteurs étatiques (séculiers) sur le nouveau code de famille ivoirien qui consacre l'égalité de l'homme et de la femme dans le mariage. On en retient que même dans ces milieux que l'on suppose « laïcs », la réception de cette réforme reste fortement déterminée par des croyances religieuses et culturelles des différents acteurs et par les rapports que structurent ces croyances. La laïcité de l'Etat n'entraine pas nécessairement celle des agents de l'Etat. D'où la question du degré d'influence des croyances de ces derniers sur l'exercice de leurs fonctions. Pour clore ce volume, Diaby Maïmouna, dans l'unique contribution qui se penche sur le monde rural, approfondit la question des mariages interethniques dans un village de Côte d'Ivoire. L'auteur cherche à comprendre les logiques qui sous-tendent le choix matrimonial des conjoints dans le contexte actuel.

L'hypothèse générale qui structure ce volume affirme que le succès ou l'échec de ces réformes, surtout dans des pays comme le Sénégal, le Mali et le Niger qui sont majoritairement musulmans, dépend des rapports de force entre l'Etat et les forces religieuses. En Côte d'Ivoire où la démographie religieuse est plus équilibrée, l'Etat peut oser se passer du point de vue du leadership religieux dans des réformes de portée sociétale aussi grande, même si cette approche laisser entier le problème de l'appropriation sociale de ces mutations.

Références

Ahmed (L.) *Women and Gender in Islam*, New Haven and London: Yale University Press, 1992.

Bahi (M. A.). "The Justice System and Women's Rights in Cote d'Ivoire." In *Search of Equality: Women, Law and Society in Africa*, edited by Stefanie Rohrs, Dee Smythe, Annie Hsieh, and Monica de Souza, 148-170. Cape Town: University of Cape Town Press, 2014.

Bereni (L.), Sébastien Chauvin, Alexandre Jaunait et Anne Revillard (2008), *Introduction aux Gender Studies.Manuel des études sur le genre*. Bruxelles : De Boeck

Blanc (M.), 2009, « *La transaction sociale, genèse et fécondité heuristique* », in « *Pensée plurielle* », vol. 1, n°20 : 25-36.

Bourdieu (P.), 1998, *La domination masculine*, Paris, Seuil.

Casanova (J.), 1994, *Public religions in the Modern World*, Chicago: University of Chicago Press.

Casanova (J.), 2017, «Catholicism, Gender, Secularism and Democracy: comparative reflections", in Joselyne Cesari and José Casanova, *Islam, Gender, and Democracy in Comparative Perspective*, New York, Oxford University Press, 46-62

Castelli (E.A.), 2001, "Women, Gender, Religion: Troubling Categories and Transforming Knowledge" in Elizabeth A.

Castelli (ed.), *Women, Gender, Religion: a reader.* New York: Palgrave, 2001, 3-21.

Della Sudda (M.) et Guillaume Malochet, 2012, « Pouvoirs, genre et religions », *Travail, genre et sociétés*, 1 (n° 27), 29-32.

Ellis (S.) and Gerrie Ter Haar. "Religion and Politics: Taking African Epistemologies Seriously." *The Journal of Modern African Studies* 45, no. 3 (2007): 385-401.

Ellis (S.), and Gerrie Ter Haar, 1998, "Religion and Politics in Sub-Saharan Africa." *The Journal of Modern African Studies* 36: 175-201.

Esimai (C.), 2007, "The Convergence of Local and International Law: Family Law in the Protocol on the Rights of Women in Africa," *Proceedings of the Annual Meeting (American Society of International Law)*, 101, 135-138.

Hackett (R. I. J.), 2000, "Power and Periphery: Studies of Gender and Religion in Africa." *Method and Theory in the Study of Religion* 12, no. 1: 238-244.

Heinen (J.), 2013, « Normes Religieuses et Statut des Femmes par-delà Nations et Continents », in Florence Rochefort et Maria Eleonora Sanna (dir), *Normes Religieuses et Genre : Mutations, Résistances et Reconfigurations, XIXe-XXIe Siècle*, Paris, Armand Colin, 279-289

Isabel (P. I.), 2004, "African Women's Theologies in the New Millennium." *Agenda: Empowering Women for Gender Equity*, no. 61: 16-24.

Jeppie (S.) Ebrahim Moosa, and Richard Roberts, 2010, eds. "Introduction." *Muslim Family Law in Sub-Saharan Africa: Colonial Legacies and Post-Colonial Challenges*, Amsterdam: Amsterdam University Press, 13-60.

Koné (M.) and N'Guessan Kouamé, 2005, *Socio-anthropologie de la famille en Afrique. Evolution des modèles en Côte d'Ivoire*, Abidjan, Les Editions du CERAP.

Lado (L.), 2012, « Le rôle public de l'Église catholique en Afrique », *Études* 9 (Tome 417), 163-174.

Lasseur (M.) et Cedric Mayrargue, 2011, « Le religieux dans la pluralisation contemporaine : éclatement et concurrence », *Politique Africaine*, 123, Octobre, 5-25.

Mbembe (A.), 1988, *Afriques Indociles: Christianisme, Pouvoir et État en Société Postcoloniale*, Paris: Karthala.

Razavi(S.)& Anne Jenichen, 2010, « The Unhappy Marriage of Religion and Politics: problems and pitfalls for gender equality », *Third World Quarterly*, 31:6, 833-850.

Rivière (C.), 1997, Religion et Politique en Afrique, *Anthropos*, Vol. 92, n°s 1-2, 21-34.

Rochefort (F.) et Maria Eleonora Sanna, 2013, « Introduction », in Florence Rochefort et Maria Eleonora Sanna (dir), *Normes Religieuses et Genre : Mutations, Résistances et Reconfigurations, XIXe-XXIe Siècle*, Paris, Armand Colin, 11-21.

Rohrs (S.) and Dee Smythe, 2014, "Introduction." In *In Search of Equality: Women, Law and Society in Africa*, edited by Stefanie Rohrs, Annie Hsieh, and Monica de Souza, Cape Town: University of Cape Town Press, 1-18.

Sackey (B.M.), 2006, New Directions in Gender and Religion, Lahnam (MD): Lexington Books.

Sounaye (A.) 2009, "Ambiguous Secularism: Islam, Laïcité and the State in Niger." *Civilisations* 58, no. 2: 41-57.

Toungara (J. M.), 1994, "Inventing the African Family: Gender and Family Law Reform in Cote d'Ivoire." *Journal of Social History* 28, no. 1: 37-61.

Yao Gnabeli (R.), 2012, « structures idéologiques de l'État en Côte d'Ivoire entre ruptures et continuités (1960-2011) », in *Revue Perspectives et Sociétés* (Revue du CAREDE), vol.3, n°1.

Première Partie

Politiques du Lien Social

Chapitre 1

Politique du lien social et l'Etat moderne en Afrique subsaharienne

Yvon Christian Elenga

Il m'apparaît en effet que, si l'unité domestique est un des lieux où la domination masculine se manifeste de la manière la plus indiscutable et la plus visible (…), le principe de la perpétuation des rapports de forces matérielles et symboliques qui s'y exercent se situe pour l'essentiel hors de cette unité, dans des instances comme l'Eglise, l'Ecole ou l'Etat et dans leurs actions proprement politiques, déclarées ou cachées, officielles ou officieuses (il suffit, pour s'en convaincre, d'observer, dans l'actualité immédiate, les réactions et les résistances de contrat d'union sociale) [Bourdieu 1998]

La montée des nouvelles formes de religiosité opérant dans l'espace africain constitue un grand réservoir de signification dans le processus de formation de l'Etat moderne. Elle signifie aussi que la production politique des arguments religieux dépend, en grande partie, de la performance que les acteurs en jeu peuvent donner à voir. La considération de l'Etat comme figure monopolisée d'ordonnancement du lien social a conduit à la redéfinition de plusieurs « ordres » : l'ordre des sexes (dans le rapport hommes/femmes), l'ordre culturel (dans l'établissement de la préservation du patrimoine), l'ordre « théologien » (dans l'exposition des valeurs souveraines). Or les mutations des sociétés africaines, ouvertes elles-mêmes aux sirènes de ce qu'on nomme mondialisation, rendent complexe l'établissement d'institutions ou liens qui résisteraient aux « innovations » en cours : ainsi du lien familial, des limitations de l'espace du sacré, de la définition des rapports entre l'homme et la femme. La présente contribution vise à montrer que la sagesse religieuse et la sagesse politique, si elles ne reposent plus aujourd'hui sur les mêmes fondations, elles ne peuvent faire l'économie de l'influence de la première sur la seconde. Voilà pourquoi les « innovations » sociales à l'origine des transformations de liens de domination ou subordination, de tolérance vis-à-vis des minorités sexuelles, d'altération de la nature corporelle demeurent vides de signification lorsqu'elles se justifient simplement par la satisfaction des groupes de pression. Trois étapes ponctuent ici la réflexion : 1) Les déplacements culturels du politique ; 2) Les modes de transformations sociales dans l'espace démocratique ; 3) La représentation religieuse dans la société africaine moderne. La conclusion rappellera l'exigence des paradigmes de transcendance dans l'état moderne, y compris dans l'évocation répétée de la laïcité qui n'est pas, faut-il le souligner, un régime politique mais une manière de structurer l'Etat.

Les itinéraires de transformation et l'Etat moderne

Les réflexions sur les transformations des sociétés africaines demeurent insuffisantes quand elles s'élaborent principalement sur les dynamiques du passage de la tradition à la modernité. Des perspectives d'analyses, sociologiques, politiques ou anthropologiques, l'ont si bien compris que la théorie politique africaine insiste sur la nécessité d'une approche holistique des phénomènes de formations de l'Etat (Bayart 1993 ; Tonda 2005). L'analyse doit toutefois remonter vers une prise de regard qui considère « l'homme politique africain (comme) une totalité » (Copans 1998 : 104). Certes, il importe de tenir compte des spécificités historiques nationales. Des cas particuliers sont autant d'éléments qui confirment la variété des itinéraires de transformations, selon des étapes ou selon des acteurs sociaux impliqués, ou encore d'après le poids de la tradition.

Il est essentiel, dans ce contexte, de noter l'impact des conjonctures hétérogènes qui dessinent le cadre social de l'Etat moderne. Les analyses proposées naguère par (Castoriadis 1975) et, il y a une dizaine d'années, par M. Godelier (2007), si elles aident à exposer la part décisive et instauration des régulations sociales et politiques selon un principe de légitimation, elles n'en soulignent pas toujours les déterminants fluctuants, variables ou invariants mais latents. En Afrique postcoloniale, la réévaluation générale des paradigmes idéologiques indique que les modèles socio-culturels,

4

économiques et politiques ont contribué à la formation du lien social. Trois paradigmes au demeurant arbitraires ont défini le rapport systémique entre tradition et modernité, religion et politique, citoyen et Etat.

a) *Paradigme nativiste*

Lié à une idéologie de l'appartenance territorialisée et héritier d'une philosophie sociale qui a nourri des clivages structurants (nationalismes, authenticité, etc.), ce paradigme a porté à un niveau politique les représentations de l'imaginaire traditionnel. La prérogative culturelle qui préside au choix politique et économique s'enracine dans une scientificité spécifique à l'Afrique qui démontre tout à la fois son originalité et sa singularité atemporelle. C'est d'ailleurs ce qui explique les interprétations de son mode de fonctionnement taxé de néo-patrimonial ou clanique. Il faut ajouter à cette caractérisation le clientélisme qui donne accès à des modes de production opaques de richesse matérielle. Quant à la détermination de la relation au monde, on peut souligner les références historiques qui se sont évanouies au cours du temps ; la colonisation, la décolonisation et la modernité en construction ayant profondément revisité les fondements de ces références (Balandier 1988 ; Chrétien et Prunier 1989).

Ce modèle, observé dans la plupart des pays africains au lendemain des indépendances, propose sa propre parabole des origines à partir d'une réfutation, d'une part, de ce que l'Occident dit et pense de l'Afrique, et, de l'autre, d'une conception de soi nourrie d'un ressaisissement du passé africain (Diop 1967).

Les mutations culturelles de l'Afrique noire durant les dernières décennies ont élargi le champ des rapports entre les populations, et entre celles-ci et les institutions de régulation étatique. Plus largement, la tentative de réadaptation des éléments de connaissance et de vie reste dépendante de la capacité à penser la modernité comme innovation positive. Or, en ce qui concerne la modernisation de l'Etat et la définition du lien social, l'espace à moderniser n'est pas homogène. S'il peut y exister une aspiration commune, celle-ci ne garantit pas pour autant la linéarité d'une mise en œuvre, compte bien tenu des effets de résilience de certaines traditions. Qu'on pense ici aux survivances des chefferies traditionnelles, des mécanismes syncrétiques des religiosités contemporaines, etc.

b) *Paradigme marxiste*

Le rapport à la production qui est au cœur de la théorie marxiste a mis la lumière sur la conception de la société à partir des indicateurs propres à cette vision. Il a surtout exposé les registres qui touchent au sacré, à la domination des femmes et des enfants, une fusion de l'économique et du politique. L'instrumentalisation des liens sociaux est mis au service d'une classe dirigeante, dominée par la prépondérance ses propres antagonismes (révolutionnaires-réactionnaires, bureaucrates-ouvriers, masses populaires-élites, homme-femme, etc.). Ces contradictions sont inhérentes à sa conception. Car le paradigme marxiste suppose que les transformations sont possibles grâce une dialectique qui met en avant l'action collective des masses ouvrières qui l'emportent in fine sur la classe dirigeante. Ceux qu'on nomme les prolétaires deviennent, par l'aboutissement de cette dialectique de résilience, les acteurs des modes de production.

Ainsi, le système économique aide à la résurgence d'un système social formé sur les cendres d'une oligarchie d'oppression des plus faibles, des plus vulnérables. Voilà pourquoi la transformation des rapports humains fondée sur les forces productives doit redonner une place prépondérante aux méthodes de maîtrise de la nature et des techniques de domination dans l'institution étatique. L'édification de l'Etat-Nation aura pour tâche d'intégrer la lutte des classes et la conservation du pouvoir politique dans l'invention d'une culture politique légitimée par l'irruption du prolétariat.

c) *Paradigme libéro-globalisé*

Contrairement au paradigme marxiste, le paradigme libéro-globalisé est un modèle de dilution des inégalités. Il est entendu comme constitutif d'un système démocratique plus harmonieux en raison de son aspiration à une nécessité de consolider le pouvoir grâce aux interactions des acteurs et au dépassement des antagonismes. Le présupposé de départ est que la conflictualité fait partie des rapports humains et que la définition et l'institution des liens sociaux appartiennent au domaine de la rationalité démocratique. Celle-ci adapte ou s'adapte à la construction démocratique dans le souci de la « satisfaction » des groupements.

Prétexte ou situation d'ouverture, la démocratie permet de poser le devenir du citoyen comme se formulant selon plusieurs caractéristiques : innée, choisie, négociée ou instituée. La problématique du genre intervient opportunément ici comme remise en cause des idées admises en leur définition intrinsèque et leur application essentielle.

Ces trois paradigmes caractérisent, toute proportion gardée, les Etats africains. Sans donner l'hégémonie à un paradigme particulier, le contexte actuel fait énoncer une « désinstitutionnalisation » des modes de gouvernement dans la mesure où, comme on le voit dans des pays comme le Mali ou le Niger, il incite à renégocier les rationalités sociales. L'espace public est désormais habité par des acteurs naguère inédits. Doit-on, pour cela, extirper la religion de l'espace de confluence qu'est aujourd'hui l'Etat moderne ? Ou, plus prosaïquement, peut-on penser la « sortie de l'Etat » en concomitance avec une sortie de la religion qu'on nomme sécularisation ?

Les modes de transformations sociales dans l'espace démocratique

On doit à Max Weber l'énoncé selon lequel l'Etat est un groupement humain qui revendique avec succès le monopole de la violence physique légitime et un territoire déterminé (Weber, 1964 : 154). Ce registre d'interprétation de l'action de l'Etat ne suffit pas à dire comment, dans l'imaginaire des peuples, expliquer les politiques du lien social. On peut ajouter que :

> Seule l'universalité des normes et des lois qui régissent un type déterminé d'action en toutes circonstances et en tout temps, permet cette généralité caractéristique du pouvoir. Ainsi le pouvoir ne peut fonctionner dans nos sociétés modernes que parce qu'il s'appuie sur cet universalisme qui est une des valeurs clés du système démocratique (Chazel, 1964).

Les corps individuels, qui se définissent dans leur traditionnelle dichotomie (homme-femme, masculin-féminin, hétérosexuel-

7

homosexuel, etc.) ne suffisent pas, non plus, à placer la thématique du genre dans une problématique digne de son insertion dans la vie sociale.

Quand on parle de genre, on en dit plus que ce que révèle une revendication qui se définit par la différence sexuelle. Elle implique, plus largement, la problématique de l'accès à une éducation soutenue, l'égalité de chance dans l'obtention de l'emploi, l'égalité des droits, etc. L'économie politique de l'Etat moderne fonde son effectivité sur des actions son institutionnalisation comme le « sacré transcendant ». Il codifie le monde économique, la vie politique et la vie sociale. En même temps, il veille à ce que chaque individu, dont le lien vis-à-vis avec d'autres se construit dans un système établi, exerce sa pleine liberté dans ses actions économiques, ses relations affectives et sexuelles. Dans cette perspective, la citoyenneté est la signification imaginaire instituée qui peut s'étendre jusqu'à l'existence d'une « société civile ». Celle-ci, comme l'écrivait Hegel, est le cadre qui rend possible le vivre-ensemble des êtres humains en dehors de toute régulation hégémonique extérieur à eux et à leurs formations. Il est, en cela, le symbole de la Raison politique qui institue la volonté d'être ensemble.

> (…) A partir de l'instant *instaurateur* où l'Etat est l'expression de la volonté générale ou du désir du groupe, il est investi comme le seul corps animé par le langage, comme ayant droit à la parole souveraine. Le peuple-groupe (…) n'existe que par cette loi commune énoncée par cet appareil (cet artefact) monumental qu'est l'Etat (Enriquez, 1979 : 49).

A partir d'une telle conception de l'Etat, on peut en souligner les excroissances symboliques à l'œuvre dans les diverses représentations sociales : l'indivisibilité du peuple, l'intérêt général, la conflictualité et la contradiction dans les relations sociales, etc. C'est à l'intérieur des ces représentations que l'on retrouve les traits caractéristiques structurants de la vie politique, sociale et économique. Selon l'ordre des sexes (rapport homme/femme), des générations (rapport parents/enfants ou aînés/jeunes), l'ordre naturel et culturel (rapport avec la nature), l'ordre cosmologique (rapport profane/sacré), le lien social s'inscrit, en conséquence, dans la fonctionnalité de la société moderne.

Dans le cas de la problématique qui nous préoccupe ici, l'utilisation des femmes comme symboles identitaires pose à nouveau frais la question du pouvoir et de la domination entre citoyens. Au-delà des tensions entre les valeurs religieuses et sociales, il faut y voir aussi la réclamation politique d'une égalité citoyenne autour d'un destin commun (Deveaux 2000 ; Saharso 2000 ; Mamdani 2004).

Dans le contexte africain du débat sur le genre, plusieurs organisations nationales existent qui sont autant de formes de solidarité sur la situation des femmes. Au niveau régional, une prise de conscience du débat a conduit ces organisations à travailler en réseaux pour se positionner contre ou pour le désormais célèbre Protocole de Maputo, du nom du Protocole de la Charte Africaine des Droits de l'Homme et des peuples sur les Droits des Femmes adopté en juillet 2003. Il serait fastidieux d'en étudier les détails de chaque article. Mais on peut le résumer par l'énumération des aspects qu'il souligne, relatifs aux préoccupations quotidiennes des femmes. Celles-ci couvrent l'égalité économique, les droits des veuves, etc. Plus spécifiquement, le Protocole déclare que toute femme a le droit d'avorter dans les cas de viol, d'inceste ou lorsque sa santé est mise en danger. Une dizaine d'années après son adoption par l'Union Africaine, le Protocole par plus de la moitié des Etats membres de l'Union. C'est dire combien est grand l'intérêt suscité par ce document sans précédent dans la codification des droits des femmes au niveau international. En même temps, nous avons ici l'exemple de la difficulté à trouver l'unanimité autour d'une problématique réelle aborder différemment à l'intérieur des Etats.

Les politiques d'application ou de non application de ce Protocole sont confrontées à la puissance des stratégies internationales et nationales qui utilisent parfois des lobbies puissants. Ceux-ci mettent à la disposition d'organisations diverses d'importants moyens d'action pour ralentir ou accélérer la mise en application du Protocole (Kang 2014 : 141). Signé par des Etats, le Protocole de Maputo peut-il ou doit-il subir des pressions d'organisations sur des Etats pour qu'ils le ratifient et le signent ? les transactions qui peuvent aboutir à de telles conclusions supposent parfois la conditionnalité des aides multiformes des pays riches à l'égard des pays pauvres et endettés. En intégrant ces aspects inhérents à la concurrence et à la domination politique d'ordre international, les pays dits en développements amoindrissent, pour ainsi dire, le contenu de leur pouvoir politique en faveur d'une instrumentalisation de leur autonomie.

Lorsqu'ils touchent aux problématiques de reconfigurations sociales et politiques, les débats sur le genre sont plus qu'une réflexion sur un jeu de rôle. Ils revisitent et, parfois, déstabilisent les certitudes morales, religieuses et culturelles. Comme indiqué plus haut, ils ne peuvent se réduire et se comprendre simplement comme l'expression du sexe. L'établissement des conditions institutionnelles exigent que les débats sur le genre ne soient laissés exclusivement aux animateurs des forums privés ou de leaders d'opinions. En évitant une telle réduction, on permet aux citoyens d'établir une relation de légitimité et un degré d'autonomie à l'égard de l'Etat.

La représentation religieuse dans la société africaine moderne

Dans l'imaginaire religieux qui a traversé les temps, les grands monothéismes ont souvent donné à penser que Dieu n'a créé l'homme égale de la femme. S'enfermer dans une telle représentation serait négliger le substrat culturel qui nourrit les prescriptions propres à chaque époque, à chaque histoire. Car la religion est toujours l'expression d'une société. Si le Dieu révélé à Moïse est Père, à la différence du mâle des dieux de Canaan, son épiphanie n'en est pas moins révélatrice de ce qui apparaît comme une série de séparation : lumière/ténèbres, mer/terre, homme/femme, etc. Cette inspiration de la sagesse biblique du christianisme peut s'ajouter à d'autres. Il appartient au croyant de distinguer les règles de portée universelle et les recommandations circonstanciées.

Voilà pourquoi l'influence de la religion sur le débat concernant le genre touche aux valeurs qu'elle défend et aux traditions qu'elle tient à conserver. L'approche responsable indique qu'il faut éviter toute confusion des thèmes doctrinaux, tels que l'avortement ou le code de la famille, et des thèmes non-doctrinaux, tels que le congé de maternité, l'égalité constitutionnelle ou la violence faite aux femmes. Certes, les idées théologiques qui couvrent les dimensions essentielles de la vie sociales et politiques forment le ferment théorique d'un engagement social sur le long terme. Cela signifie que l'argument religieux, inscrit dans le débat public, fournit un cadre raisonnable et impartial propice à un langage inclusif. S'il reste déterminant pour une frange de la population, cet argument n'est pas une valeur négociable.

Peut-on, à partir de ce constat, hiérarchiser les modalités d'intégration ou de prise en compte des sensibilités religieuses au profit de ce qu'on nomme le bien commun ? Les procédures d'énonciation des significations religieuses dans la sphère publique n'obéissent pas à un ordre conventionnel. Elles sont implicitement l'objet de l'action des groupes de pression et d'influence. On peut se satisfaire de la promotion de la liberté religieuse et de la liberté d'opinion porteuse de conviction religieuse. Mais le mécanisme d'incorporation étatique de nouvelles modalités d'interaction entre individus dans la communauté politique n'est pas univoque. Les individus portent en eux-mêmes des fibres de leur devoir être humain qui ne pas être simplement absorbées par l'Etat. Il y a et aura toujours une confrontation déterminante dans la transmission des lois nouvelles, des innovations sociales. Cette conflictualité permanente aiguise la réflexion sur la prise en compte des éléments de formation civique. Ceux-ci sont tout à la fois culturels, religieux, historiques, et politiques.

Lorsqu'elle entre dans la sphère publique et s'institue comme modalité du vivre-ensemble, la religion quitte le domaine de la description des complexités de la transcendance pour devenir un indice régulateur qui inspire et codifie les consciences.

Conclusion

La problématique du genre soumise au regard des interactions politiques et religieuses ne remet pas en cause la souveraineté du souverain profane qu'est l'Etat. Bien au contraire, elle apporte à celui-ci la spécificité des questions sociales telles qu'elles sont portées et vécues par des citoyens soucieux de trouver les modalités d'un vivre-ensemble. La nature et les spécificités des questions déterminent la ligne de démarcation entre la tradition et la modernité. Il demeure que chaque situation historique doit être analysée à l'orée des valeurs positives qui font consensus.

L'Etat moderne, quand il est pensé et conçu dans une dynamique d'intégration des innovations ne devrait pas céder aux sirènes des feux artificiels. Car dans le cadre de la problématique qui nous préoccupe, il est essentiel de ne pas réduire le lien social aux dimensions différentielles : homme/femme, aînés/cadets/, nature/culture, tradition/modernité. La symbolique de l'être soi-même couvre tout aussi bien les identités innées et instituées, les attitudes qui les accompagnent. En cela, la religion est un facteur de signification dont la vision sociale n'est pas dans l'irénisme devant la conflictualité sociale mais la formation d'une coexistence éclairée une vision de l'homme. Voilà pourquoi la question du genre ne vise pas l'émergence d'une société sexuée, mais la reconnaissance des différences complémentaires.

Références bibliographiques

Balandier (G.), 1988, *Le désordre, Eloge du mouvement*, Paris, Fayard.

Bayart (J.-F.), dir. 1993, *Religion et modernité politique en Afrique noire. Dieu pour tous etchacun pour soi*, Paris, Karthala.

Bourdieu (P.), 1998, *La domination masculine*, Paris, Seuil.

Castoriadis (C.), 1975, *L'institution imaginaire de la société*, Paris, Seuil.

Chazel (F.), 1964, « Réflexions sur la conception parsionnienne du pouvoir et de l'influence »,*Revue française de sociologie*, n° 5, 387-401.

Chrétien (J.-L.) et Prunier (G.), dir., 1989, *Les ethnies ont une histoire*, Paris, Karthala.

Copans (J.), 1998, *La longue marche de la modernité africaine. Savoirs, intellectuels, démocratie*, Paris, Karthala.

Deveaux (M.), 2000, « Conflicting Equalities? Cultural Group Rights and Sex Equality », *Political Studies*, n° 48 (3), 522-539.

Diop (C. A.), *Nations nègres et cultures*, Paris, Présence africaine.

Enriquez (E.), 1979, « Du crime au groupe, du groupe à l'Etat », *Pouvoir*, n° 11, Novembre, 41-54.

Godelier (M.), 2007, *Au fondement des sociétés humaines*, Paris, Albin Michel.

Htun (M.) & Weldon (S. L.), 2010, « When Do Governments Promote Women's Rights? A Framework for the Comparative

Analysis of Sex Equality Policy », *Perspectives onPolitics*, n° 8 (1), 207-216.

Kang (A. J.), 2014, « How Civil Society Represents Women : Feminists, Catholics and Mobilization Strategies in Africa », M. C. Escobar-Lemmon & Michelle M. Taylor Robinson (eds.), *Representation : The Case of Women*, New York, Oxford University Press, 137-157.

Mamdani (M.), 2004, *Citoyen et sujet. L'Afrique contemporaine et l'héritage du colonialismetardif*, Paris, Karthala.

Saharso (S.), 2000, « Female Autonomy and Cultural Imperative: Two Hearts BeatingTogether », W. Kymlicka & W. Norman (eds.), *Citizenship in Diverse Society*, Oxford, OxfordUniversity Press, 224-243.

Tonda (J.), 2005, *Le Souverain moderne. Le corps du pouvoir en Afrique centrale (Congo,Gabon)*, Paris, Karthala.

Weber (M.), 1964, *Theory of Social and Economic Organization*, New York, Free Press.

Chapitre 2

Genre, marginalisations et violences en Afrique de l'Ouest

Aristide Dossou

Introduction

Un essai de définition du genre conduit nécessairement à une distinction entre le biologique et le *constructum* social. Cette approche de séparation entre les caractéristiques biologiques et l'assimilation des rôles socialement définis et imposés par les êtres humains. Le genre apparaît alors à la fois comme une catégorie analytique et une idée politique. En tant que catégorie analytique, le genre est une façon de réfléchir à la façon dont sont construites les identités de l'homme et de la femme et en tant qu'idée politique, il pose radicalement la question de la répartition du pouvoir dans la société. Aussi, la thématique du genre pose radicalement la question des minorités socialement défavorisées et se situe au point de rencontre de questionnements sur la société, le droit, la politique et la culture qui sont fréquemment abordées en relation à d'autres aspects de l'identité et de la position sociale–comme la classe sociale, l'ethnie, l'âge et les aptitudes physiques. En effet, les sociétés modernes sont davantage confrontées aux problèmes d'exclusion, de marginalisation des femmes et de certaines personnes dont l'orientation sexuelle n'est pas encore acceptée. C'est pourquoi l'étude du genre comme une question de minorité en Afrique est une occasion d'interroger ce que nous ne remettons pas en question dans nos vies quotidiennes en Afrique, à savoir la bicatégorisation hiérarchisée des sexes perçue comme naturelle alors qu'elle est une construction sociale.

De la distinction entre sexe et genre

C'est la sociologue britannique Ann Oakley (1972) qui a introduit la notion de genre comme outil d'analyse pour permettre la distinction entre la dimension biologique (le sexe) et la dimension culturelle (le genre). Le genre ainsi donc est un *constructum social*. Robert Stoller (1968, 9-10) écrit que *« l'identité de genre commence avec le savoir et la réalisation, consciente ou inconsciente, que l'on appartient à un sexe et non à un autre et que le rôle de genre est la conduite déclarée que l'on montre en société, le rôle qu'on joue, notamment vis-à-vis des autres.»* John Money et Anke Ehrhardt (1972) considèrent, de manière convergente, que *« le rôle de genre est l'expression publique de l'identité de genre et l'identité de genre, l'expression privée du rôle de genre »*. Le rapport entre le rôle social de l'individu attendu par la société et son identité « biologique » sera utilisé pour marquer des différences sociales entre l'homme et la femme et le genre peut alors se définir comme *« un système de bicatégorisation hiérarchisée entre les sexes (hommes/femmes) et entre les valeurs et représentations qui leur sont associées (masculin/féminin) »* (Bereni et alii, 2012). Le genre se distingue donc du sexe et va au-delà des attributs biologiques pour s'intéresser à la différence sociale (Menon-Sen, 1998). Le concept de genre permet donc de penser les relations entre femmes et hommes en termes de rapports sociaux. C'est la raison pour laquelle le genre est fréquemment utilisé par certains courants féministes pour démontrer que les inégalités entre femmes et hommes sont issues de facteurs sociaux, culturels et économiques plutôt que biologiques.

Le processus social et culturel de construction du genre peut engendrer des discriminations et des exclusions. Par exemple, dans les cultures fon et Yoruba au centre et au sud du Bénin en Afrique de l'Ouest, les garçons en grandissant apprennent le rôle qu'on assigne à la gente masculine. Ils devront éviter certaines activités exclusivement réservées aux filles et aux femmes et s'adonner aux occupations typiquement masculines, comme couper des arbres, chasser du gibier, construire des maisons, faire la lutte traditionnelle, se réunir sur la place du marché pour discuter d'homme à homme des problèmes du vivre-ensemble, être adeptes des « oros », des « kouvitos » et des « zangbétos », etc. qui sont les confréries traditionnelles des initiés. On comprend que dans ces sociétés, depuis des temps immémoriaux, le monde des êtres humains est subdivisé en deux et tout le monde l'accepte ainsi. Cette construction sociale du genre montre bien, comme le dit bien Simone de Beauvoir reprenant Erasme qui avait affirmé qu' « on ne naît pas homme, on le devient » (Erasme 2000), qu'« on ne naît pas [non plus] femme, on le devient » (Simone de Beauvoir 1949 :13). L'homme ou la femme est fait ou est faite, se fait lui-même ou elle-même à travers l'éducation et les stéréotypes sociaux qu'on attend de chaque garçon et de chaque fille.

On peut comprendre donc que la société et l'éducation agissent sur les enfants pour les orienter dans un rôle masculin ou féminin qui sert l'ordre social alors même qu'à la naissance ni fille ni garçon ne sont socialement et culturellement initialement distinguables. A leur naissance, la fille et le garçon ont les mêmes réactions physiologiques, les mêmes comportements et les mêmes sensations, parce qu'ils ne saisissent pas encore comme des individus sexuellement différenciés ou spécifiques. Mais avec l'intervention de la société, peu à peu, chacun commence à se saisir différent surtout lorsqu'on est tenté de faire les jeux dits exclusivement réservée à la catégorie masculine ou à la catégorie féminine. Dans certaines cultures africaines, par exemple, lorsqu'un garçon pleure à cause d'une blessure, on le réprimande durement pour lui apprendre qu'un garçon ne pleure pas comme une fille. De la même façon, lorsqu'une fille veut jouer au football avec les garçons, sa mère va lui demander d'aller chercher sa poupée pour lui donner à manger. Ainsi, on apprend implicitement à la fille que son rôle féminin dans la société, c'est d'abord la maternité tandis qu'aux garçons on inculque la supériorité sur l'autre sexe.

Les effets sociaux des inégalités de genre

La marginalisation basée sur le genre peut s'analyser à partir des causes endogènes et des causes exogènes. Les causes endogènes sont liées à l'éducation séparée et aux poids des préjugés culturels qui provoquent de profondes inégalités sociales entre les femmes et les hommes. Ces disparités s'observent dans plusieurs secteurs dont celui de l'éducation et de la participation politique.

Dans le monde en général et en Afrique, en particulier, les inégalités sociales fondées sur le genre se reproduisent malgré l'extension de la scolarisation et les tentatives de démocratisation des systèmes scolaires. En effet, toutes les politiques éducatives mises en place par les gouvernements pour réduire non seulement le taux d'échec des filles et pour augmenter leurs effectifs dans les appareils scolaires n'ont pas pu réaliser la parité tant proclamée à cor et à cri. Cet échec s'explique par des disparités scolaires liées au sexe de l'enfant malgré la relative progression du taux de scolarisation des filles en Afrique et dans le reste du monde. Au regard des pourcentages des taux de scolarisation des filles et des garçons et en tenant compte, bien sûr, du nombre élevé de filles dans le monde, la question qui se pose est de savoir si l'inégalité observée dans la scolarisation entre garçons et filles n'engendre pas d'autres inégalités plus profondes et plus dramatiques sur la femme et sur sa position sociale.

Une étude de la présence des premières femmes dans les différents gouvernements en Afrique révèle que, de 1948 à 2005, les gouvernements africains n'ont intégré que 61 femmes et qu'à des exceptions près, la plupart sont affectées aux ministères de la santé, des affaires sociales, de la promotion sociale ou de l'éducation. Prenons deux exemples concrets des gouvernements ivoirien et béninois en l'année 2017. Sur les 21 ministres que compte le premier gouvernement béninois de M. Patrice Guillaume Athanase Talon, on compte 3 femmes représentant 14% contre 86% d'hommes ministres. Sur les 28 ministres que compte le gouvernement ivoirien de M. Allassane Ouattara, seulement y siègent 5 femmes ministres représentant 18% contre 82% d'hommes ministres. Sont flagrantes donc, au Bénin et en Côte d'Ivoire, les inégalités du genre dans la participation au processus décisionnel. Pourtant, il existe aujourd'hui un arsenal juridique qui reconnaît l'égalité de la femme et de l'homme. Cette situation de la quasi-absence chronique des femmes dans l'arène politique semble avoir pour socle une certaine anthropologie africaine de la complémentarité. Selon Colette Houéto (1975 : 54), par exemple, *« la conception anthropologique africaine veut que l'homme tout seul ne se réalise jamais [...]. L'homme en tant qu'individu n'a jamais rien fait de bon dans la solitude de son sexe. Il a besoin de sa deuxième dimension féminine pour devenir lui-même ».* D'après la même auteure, dans le groupe adja-tado du Bénin, l'homme et la femme ont chacun leur rôle dans le ménage familial auquel chacun est déjà préparé depuis le bas-âge.

C'est ainsi que la femme (*mèjitô* ou celle qui donne la vie) a un rôle intérieur, consistant exclusivement à l'entretien du foyer conjugal et familial et de tout ce qui a trait à la vie, y compris la vie physique et morale. Quant à l'homme, il est le maître et géniteur, c'est-à-dire celui qui doit assurer la postérité et le lignage ; il est le propriétaire de la terre, le chef de famille et le commandement lui revient de droit et de fait.

Comme on le voit bien, le rôle essentiel de la femme dans cette vision anthropologique, en dépit des changements importants opérés ces dernières années grâce à la démocratisation de la scolarisation de masse des filles, est d'être femme au foyer. Les femmes africaines continuent à conserver leur rôle « intérieur », s'occupant des enfants et de l'entretien de la maison. Ce confinement des femmes dans ce rôle perçu aujourd'hui comme très réducteur et trop méprisant que devraient jouer les femmes dans les sociétés africaines modernes est dû à la pesanteur de l'omniprésence masculine et le mépris de toute action entreprise par la femme en dehors de son champ d'action circonscrit et défini par le pouvoir phallocratique. La fonction par excellence dévolue à la femme noire dans les mentalités encore archaïques et rétrogrades est la « reproduction ». Ce rôle l'empêche à se considérer comme l'égale de l'homme et à malheureusement se considérer comme une aide de l'homme. C'est pourquoi dans des traditions africaines, *« le rôle de 'reproductrice' est le premier rôle que la société [africaine] avait dévolu aux femmes et qu'elle valorise encore aujourd'hui. Car selon la mentalité commune, la capacité de procréer est la 'fonction supérieure' des femmes »* (Agueh 2000 : 157). Il n'est donc pas étonnant, dans cette logique, que les femmes stériles soient socialement perçues comme des sous-femmes.

Ensuite, au rôle social de procréation dévolue aux femmes africaines, il faut ajouter la responsabilité totale des travaux domestiques – l'entretien de la maison et de la famille – à la maison, qu'elles assument. Selon une étude de l'OIT en 1985, les travaux domestiques représentent à eux seuls 55% du temps de travail d'une femme par jour (Chevalier 2005). Enfin, sur le plan familial, *« le statut de la femme [mariée] [ou de la concubine] ne lui permet pas de prendre des décisions unilatérales sans l'approbation de son mari [ou de son conjoint ou de son concubin] »* (Delanne et Guingnido 2005 : 182). Cela signifie tout simplement que, sur le plan socioculturel, les femmes doivent obéissance et soumission à l'homme en tant que père ou mari en plus des discriminations et assujettissements dont elles sont déjà victimes (Aguch 2000 : 163). Au regard de ce qui précède, il nous semble que cette conception sociale profondément ancrée qui prône l'obéissance et l'assujettissement de la femme pourrait expliquer, entre autres, le refus parental à la scolarisation des filles, puisque beaucoup d'hommes marqués par la conception suprématiste de l'homme sur la femme considèrent que l'école prostituerait les filles et les rendrait « arrogantes », sans « scrupules » (*ibid.* : 164) et très indépendantes.

Une autre pesanteur socioculturelle qui pourrait encore expliquer l'absence chronique d'un nombre suffisant de femmes dans les lieux de décision est le statut juridique de la femme dans certaines aires géographiques. Dans le Coutumier du Dahomey (instauré le 19 mars 1931 et appliqué jusqu'en 2004), la femme béninoise n'avait aucun droit : « *La femme n'a pratiquement pas de droit : en raison de la faiblesse de son sexe, la femme est toujours sous l'autorité d'un père, d'un mari, d'un frère, d'un fils. Elle est considérée comme incapable d'un point de vue juridique. Elle constitue une valeur patrimoniale à cause de la dot. Elle fait partie des biens de l'homme. Elle peut même être objet de dévolution successorale et transmise aux héritiers du mari comme tout autre bien. Au total, pour le Coutumier du Dahomey, la femme en tant que personne n'existe pas* » (Adamon 1997 : 2-3). Même si aujourd'hui, la femme béninoise en particulier, et, par induction, la femme africaine en général détiennent plus d'autorité juridique, force est de constater que les anciennes règles de ce coutumier comme de bien d'autres ont toujours un impact sur la vie des femmes africaines, puisque ces traditions sont omniprésentes dans toutes les couches sociales des sociétés africaines.

La discrimination juridique que le Coutumier du Dahomey fait subir aux femmes aurait dû s'estomper *de jure* dans les années 1990, lorsque, dans l'article 26 de la Constitution du 11 décembre 1990, le Bénin prône spécifiquement l'égalité entre l'homme et la femme. Malheureusement cet article est resté lettre morte dans son application. Il a encore fallu l'apparition du Code des personnes et de la famille voté par l'Assemblée Nationale en juillet 2002, déclaré conforme à la Constitution par la Cour Constitutionnelle et promulgué le 20 août 2004, pour que des améliorations juridiques s'opèrent en faveur des femmes béninoises par exemple. Dans ce code, il est dit qu'« *une femme qui se marie a le droit désormais de garder son nom, l'âge du mariage est fixé à 18 ans pour les garçons et les filles ; la polygamie est désormais interdite, le mari n'est plus le chef du ménage, la charge du foyer étant partagée de même que l'autorité parentale ; les veuves et les veufs héritent du conjoint décédé.»* Ce code n'a pas encore atteint son objectif, puisque l'un des critères de cette égalité de droit entre l'homme et la femme qui est la représentation politique est encore aujourd'hui marqué par l'inégalité entre les deux catégories sociales.

En effet, la sous-représentation chronique des femmes dans les législatures et dans les gouvernements des Etats est le symptôme d'une inégalité structurelle et systémique mise en place par des coutumiers et par la phallocratisation de la société africaine. Une telle injustice pèse lourdement sur la vie des femmes dans la mesure où leur absence dans les instances de décision conduit généralement la gente masculine qui y siège à prendre des décisions qui garantissent sa propre suprématie et la dépendance de la femme. L'exemple le plus frappant est celui du cas de divorce. Même si la plupart des législations nationales africaines reconnaissent la possibilité de divorce comme droit de la femme aujourd'hui, on sait bien que beaucoup de femmes africaines qui osent divorcer leur mari sont souvent victimes de violences physiques et psychiques, sans compter qu'on peut lui fait subir la dure réalité du *« retrait de ses enfants, le refus systématique de son droit de garde ou de son large droit de visite »* (Nadjo 2005 : 21). En plus des violences physique et psychique qu'il fait subir à la femme, l'homme peut également orchestrer une campagne de dénigrement et de harcèlement obligeant la femme à perdre tout appui social et économique. Ce qui conduit généralement à l'aggravation de la pauvreté chez la femme.

Les femmes sont davantage victimes de la situation de pauvreté que traversent les Etats modernes africains. Ceci est dû à plusieurs facteurs. Il y a d'abord eu les programmes d'ajustement structurel qui ont porté un coup fatal à l'émergence de la femme africaine. En effet, ces programmes ont parfois conduit certains Etats africains à faire des coupures dans les services sociaux tels que ceux de l'éducation, de la couverture sanitaire. Cette baisse d'investissements a donc premièrement affecté les femmes, puisque l'on priorise souvent les garçons lorsque le choix s'impose. Lorsque les salaires de foyers sont réduits, les parents préfèrent envoyer leurs garçons à l'école et laisser les filles à la maison. Cette discrimination constitue aussi un facteur très déterminant de la féminisation de la pauvreté, dans la mesure où, par manque d'instruction, les femmes ne peuvent pas prétendre rivaliser avec les hommes sur le marché du travail. Même celles qui arrivent à dénicher un travail, à cause de leur sexe, elles ont une capacité de gain inférieure à celle des hommes. Cela les rend davantage vulnérables à la pauvreté et accroît leur dépendance par rapport à l'homme (James et Etim 1999 : 72). Une analyse des Nations Unies montre bien que les femmes occupent rarement 1 à 2% des positions d'administration supérieure dans les secteurs politique et économique du système mondial (UN. The World's Women 1995). La conséquence directe en est bien évidemment que le marché du travail et de l'arène politique sont exclusivement dominés par les hommes. Elle révèle également une face cachée de cette domination masculine : la violence basée sur le genre.

La violence basée sur le genre implique non seulement la violence à l'encontre de la femme qui fait référence à la fois à l'individu du sexe féminin et au rôle du genre féminin, mais aussi à l'auteur de la violence. Selon le Comité CEDAW (Convention sur l'élimination de toutes les formes de discrimination à l'égard des femmes) du HCR, la violence fondée sur le genre (gender-based violence) est « la violence exercée contre une femme parce qu'elle est une femme ou celle qui touche particulièrement les femmes » à cause de leur statut de marginalisées et d'exclues dans les sociétés très masculinisées. Lorsque les victimes sont des femmes, cette forme de violence apparaît comme un moyen de confirmer la position inférieure ou celle d'obéissance et d'assujettissement de la femme dans la société phallocratique. Cette violence, et la menace qu'elle fait peser sur les femmes, les prive de leurs droits sociaux avant que la loi n'entre en action. C'est d'ailleurs ce qui justifie parfois l'incapacité des récentes lois à éradiquer ou même à limiter significativement l'inégalité entre les hommes et les femmes (MacKinnon 1987). Lorsque les victimes s'avèrent être des minorités sexuelles telles que des personnes LGBT (lesbiennes, gays, bisexuelles et transgenres) et des hommes qui ne se conforment pas aux rôles de genre dominants, la violence de genre a une fonction de correction. Ainsi, la sévérité de la "punition" infligée à ces hommes (qu'ils soient gays, bisexuels ou hétérosexuels) est fonction du danger qu'est censée présenter leur différence pour les hypothèses de genre normalisées et dominantes. Leurs vies pourraient alors venir contredire l'idée qu'il existe des types de comportement et des rôles sociaux "naturels", tant pour les hommes que pour les femmes. Ceci soulève bien évidemment le problème des différents types de violence pour réduire l'autre à rien.

Dans la sphère publique, la violence basée sur le genre a parfois un rapport aux suppositions et aux attentes eu égard aux rôles de genre. Elle peut se manifester par des violences physiques, verbales, des insultes, des menaces et des attaques. Dans certains villages en Côte d'Ivoire, il est courant que des personnes supposées gays, lesbiennes ou « différentes » et des femmes dites masculinisées en soient les victimes. La violence dirigée contre ces catégories de personnes peut être organisée[1] ou spontanée. C'est pourquoi, ces personnes évitent les gestes de tendresse en public par crainte de violence.

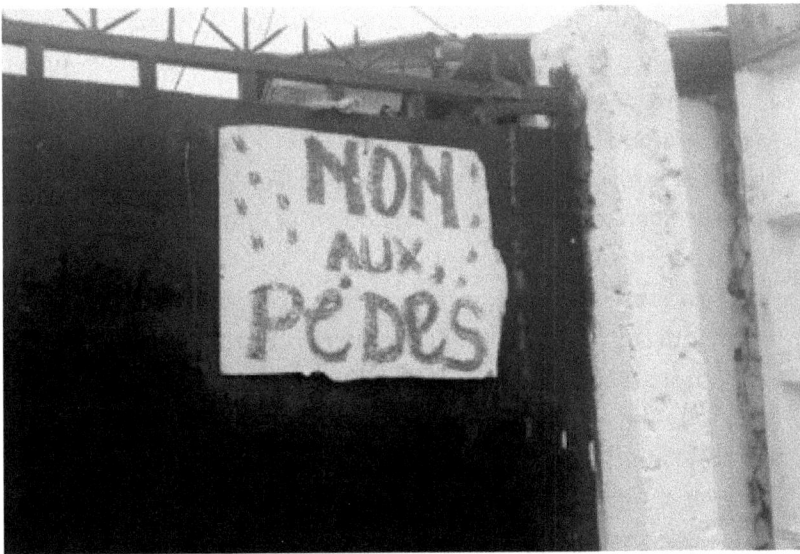

Panneau posé à la maison des militants des droits LGBT en Côte-d'Ivoire.
(Photo par Alternative Côte d'Ivoire)

Le cas de la Côte d'Ivoire est intéressant pour analyser la violence liée au genre dans un contexte des droits de l'homme.

---

[1] Claver Touré, directeur exécutif d'Alternative Côte d'Ivoire, rapporte que le siège de l'association a été saccagé le 25 janvier 2014 et son agent de sécurité a été blessé et évacué d'urgence à l'hôpital dans un état critique

La violence liée au genre dans un contexte des droits de l'homme

La violence à l'encontre des femmes et des personnes à orientation sexuelle différente n'est plus une question d'ordre privé; elle a été reconnue comme une violation des droits de l'homme et une violation de l'intégrité physique et psychologique de la personne. Pourtant, cette reconnaissance et les mesures juridiques qui en témoignent ne suffisent pas. La prévention de la violence et l'intégration des questions de genre sont donc des priorités qui exigent des mécanismes et des processus efficaces. Par exemple, en Côte d'Ivoire, nous avons une législation qui ne criminalise pas explicitement l'homosexualité. En fait de non criminalisation, c'est en réalité un quasi-vide juridique qu'il y a dans la législation ivoirienne sur la question de l'homosexualité. Car, hormis l'article 360 du code pénal qui fait des relations entre personnes du même sexe une situation aggravante de l'attentat à la pudeur, l'on ne rencontre nulle part d'articles relatifs aux relations et aux personnes homosexuelles. C'est dire que les personnes d'orientation sexuelle différente n'y ont pas de statut spécial. Cela signifie que la législation ivoirienne ne leur accorde aucune protection spécifique tout comme elle semble ne pas les menacer particulièrement.

Toutefois, si le vide juridique relatif à cette catégorie de personnes est manifeste, l'attitude de l'Etat ivoirien reste floue, dans la mesure où il nous semble difficile de comprendre et de situer la réelle position de la Côte d'Ivoire sur la question des personnes homosexuelles. Lors de l'attaque des populations contre l'ONG *Alternative Côte d'Ivoire* qui défend les droits des LGBT[2], le Chef de l'Etat en personne, M. Allassane Ouattara, a positivement saisi la Commission Nationale des Droits de l'Homme (CNDHCI) pour que toute la lumière soit faite sur cette attaque. Ensuite, on constate malheureusement que le même Chef d'Etat semble s'inscrire dans une dynamique négative en ce qui concerne la protection des personnes LGBT.

D'abord, au Conseil des droits de l'homme des Nations Unies, en septembre 2014, la Côte d'Ivoire a voté contre le projet de

---

[2] Lesbiennes, gays, bisexuels et transgenres (LGBT)

24

résolution « Droits de l'homme, orientation sexuelle et identité de genre ». Il s'agissait d'un texte qui ne fait que s'inquiéter des violences et des discriminations dont sont victimes des personnes en raison de leur orientation sexuelle et/ou leur identité de genre. Ensuite, en juin 2016, toujours au Conseil des droits de l'homme des Nations Unies, la Côte d'Ivoire a encore voté contre le projet de résolution « Protection contre la violence et la discrimination en raison de l'orientation sexuelle et de l'identité de genre ». Pourtant, ce projet de résolution ne visait qu'à doter le Conseil des droits de l'homme des Nations Unies d'un Expert indépendant pour les violences basées sur l'orientation sexuelle et l'identité de genre[3].

Il existe la Convention sur l'élimination de toutes les formes de discrimination à l'égard des femmes (CEDAW)[4], un instrument international pour lutter contre ce phénomène. Cependant, l'un des obstacles à l'application de cette Convention est parfois l'argument culturel que les farouches opposants à la défense de la parité brandissent pour exiger la soumission de la femme. Face à cette objection culturelle et pour marquer sa volonté d'aller plus loin que la CEDAW, élaborée en 1979 et entrée en vigueur en 1981, où « discrimination » apparaît 22 fois, « égal » ou « égalité » 34 fois, mais où il n'est fait aucune mention de la violence, du viol, de la maltraitance ou encore des coups et blessures (Keck et Sikkink 1998 : 168), l'Assemblée générale des Nations Unies a adopté en 1993, à Vienne, la Déclaration sur l'élimination de la violence à l'encontre des femmes[5] qui interdit également la violence à l'égard des femmes basée sur des pratiques culturelles. Faute d'être juridiquement contraignante, la déclaration a néanmoins aidé à briser le mur du silence et à faire reconnaître la violence contre les femmes comme une violation des droits de l'homme internationaux.

---

[3] Source : https://76crimesfr.com/2016/07/09/protection-des-lgbt-le-jeu-trouble-de-la-cote-divoire/

[4] Convention sur l'élimination de toutes les formes de discrimination à l'encontre des femmes (CEDAW), 18 décembre, 1979, 1249 U.N.T.S. 13, 19 I.L.M. 33 (entrée en vigueur le 3 septembre 1981)

[5] DEVAW, Résolution de l'Assemblée générale 48/104, 20 décembre 1993.

Conclusion

Au terme de notre étude, le genre apparaît non seulement comme une notion de discrimination, mais aussi comme une réalité à la croisée de vrais questionnements sur la société « bipartite », à savoir d'un côté les hommes et de l'autre les femmes. En effet, dans nos différents essais de définition, le genre est conçu comme l'ensemble des qualités et des comportements attendus de chaque sexe par la société. Ceci engendre en chaque être humain le sentiment d'appartenir à un sexe particulier et l'obligation prescriptible ou imprescriptible, selon le point de vue que l'on adopte, de jouer le rôle particulier que la société assigne à chaque sexe. Dès lors, le rapport entre le rôle social de l'individu attendu par la société et son identité « biologique » sera utilisé pour marquer des différences sociales entre l'homme et la femme. Cette situation mettra en place peu à peu un système de bicatégorisation hiérarchisée entre les sexes (hommes/femmes) et entre les valeurs et représentations qui leur sont associées (masculin/féminin) ». En clair, le genre est un *constructum social* soit pour réguler la société – chacun doit jouer le rôle qu'on attend de lui –, soit pour conforter le pouvoir ou la position d'une certaine catégorie.

C'est cette dernière hypothèse émise qui nous a permis d'étudier les causes endogènes et exogènes de la marginalisation fondée sur le genre. Les causes endogènes sont liées à l'éducation séparée et aux poids des préjugés culturels. Dans notre approche, nous avons montré que l'éducation différenciée des garçons et des filles contribue à la marginalisation et la vulnérabilité sociale des filles et des femmes ainsi que des minorités sexuelles. Somme toute, la gendérisation de la société conférant le pouvoir aux hommes dans l'espace public et confinant les femmes dans l'espace privé a provoqué et continue de provoquer une fracture abyssale dans toutes les sociétés modernes : la féminisation de la pauvreté, la stratification de la bicatégorisation et l'exclusion de toutes les personnes qui refusent d'endosser ou d'obéir aux comportements dits naturels et attendus par les sociétés. Pour y remédier, il va falloir non seulement déconstruire les structures millénaires de nos cultures et structures éducatives, mais aussi reformater et reprogrammer les mentalités phallocratiques acquises de nos cultures.

Référence bibliographiques

Adamon (G.D.), 1997, Coutumes ancestrales et droit de la femme au Bénin, PNUD.

Agueh (S.A.), 2000, *Femmes et accès inégal à l'emploi informel à Cotonou (République du Bénin)*, Thèse présentée à l'Université du Québec à Montréal.

Bereni (L) et al., 2012, *Introduction aux études sur le genre*, de Boeck Supérieur.

Chevalier (J), 2005, *Genre et développement au Bénin : l'évolution des conditions de la femme des années 80 à aujourd'hui*, Montréal : Université du Québec à Montréal.

De Beauvoir (S), 1949, *Le deuxième sexe*, tome 2 : L'expérience vécue, Gallimard, coll. « Folio ».

Delanne (P) et Guingnido (J), 2005, Population, pauvreté et potentialité, Rapport national sur l'état et le devenir de la population au Bénin (REP), Cotonou, UNFPA.

De Pueris (E), 2000, *De l'éducation des enfants*, Éditions Klincksieck.

Houeto (C), 1975, « La femme, source de vie dans l'Afrique traditionnelle », in *Civilisation de la femme dans la tradition africaine*, Paris, Présence Africaine.

James (V.J.) et Etim (J.S.), 1999, *The Feminisation of Development Processes in Africa : Current and Future Perspectives*, London, Edition Praeger.

Keck (M.E.) et Sikkink (K), 1998, *Activists Beyond Borders. Advocacy Networks in International Politics*, Ithaca and London, Cornell University Press.

Mackinnon (C.A.), 1987, *Feminism Unmodified. Discourses on Life and Law*, Cambridge, MA: Harvard University Press.

Menon-Sen (K), 1998, *Moving From Policy to Practice: A Gender Mainstreaming Strategy for UNDP India*, PNUD.

Money (J) and Ehrhardt (A), 1972, *Man and woman, boy and girl. The differentiation and dimorphism of gender identity from conception to maturity*, Johns Hopkins University Press.

Nadjo (G.B.), 2005, Rapport alternatif : Le Bénin et la Convention des Nations Unies de novembre 1979 sur l'élimination de toutes les formes de discrimination à l'égard des femmes, Cotonou, WILDAF-BENIN.

Nations Unies, 1979, Convention sur l'élimination de toutes les formes de discrimination à l'encontre des femmes (CEDAW), 18 décembre, 1979, 1249 U.N.T.S. 13, 19 I.L.M. 33 (entrée en vigueur le 3 septembre 1981)

Nations Unies, 1993, Déclaration des Nations Unies sur l'élimination de la violence à l'encontre des femmes (DEVAW), Résolution de l'Assemblée générale 48/104, 20 décembre 1993.

Oakley (A), 1972, *Sex, Gender and society*, London, Temple Smith.

République du Benin, 1990, *Constitution de la République du Bénin*, Porto-Novo, Imprimerie Nationale.

Stoller (R), 1968, *Sex and gender: The development of masculinity and femininity*, New York: Science House.

Chapitre 3

La protection juridique des minorités sexuelles dans les organisations de défense de droits humains en Côte d'Ivoire

Thierry Kouakou & Ludovic Lado

Introduction

L'universalité des droits humains se manifeste entre autres par l'adhésion massive des Etats aux textes internationaux qui les promeuvent. Au cours des deux dernières décennies, l'évolution des considérations politiques et idéologiques a permis de prendre en compte la question de l'orientation sexuelle et de l'identité du genre dans la promotion et la protection des Droits Humains. Le concept de « minorité sexuelle » souvent appliquée à la catégorie LGBTIQ[1] en Occident a-t-elle une valeur juridique en Côte d'Ivoire ? La notion de « minorité » cache de multiples réalités et n'a jamais été l'objet d'une définition systématique. Mais, un emploi plus récent du terme de « minorité sexuelle » s'applique aux personnes victimes de discrimination fondée sur l'orientation sexuelle (Lajoie 2002 : 217). Même si le principe d'égalité et de non-discrimination disposé par le droit international des droits de humains s'applique à tous, force est de constater que ces personnes, malgré le fait d'être « *humains* », s'estiment encore victimes de violations de leurs droits.En Côte d'Ivoire, Un flou juridique semble régner sur les minorités sexuelles et identitaires et serait à l'origine des interprétations juridiques et sociales occasionnant des abus malgré l'existence et l'intervention des organisations des droits humains et des structures identitaires dans la société civile ivoirienne.

Contrairement à certains pays africains où l'homosexualité est ouvertement pénalisée favorisant de graves violences à l'endroit des personnes en raison de leur orientation sexuelle et de leur identité du

---

[1] Catégorie inclusive : Lesbienne, Gay, Bisexuel, Transgenre, Intersexe, Queer (LGBTIQ)

genre, le dispositif légal de la Côte d'Ivoire ne nomme pas explicitement l'homosexualité. Cette question n'est pas non plus abordée dans les documents stratégiques de la politique nationale du genre. Pourtant c'est un fait que la dignité humaine et les droits des personnes qui affichent une orientation sexuelle en marge de la norme hétérosexuelle continuent d'être violés (Volker Türk 2013). Il est question dans cette contribution de se pencher sur les initiatives des organismes ivoiriens de promotion et de protection des droits humains en faveur des minorités sexuelles et identitaires ?Face au flou, voire vide juridique, quelles sont les stratégies mises en œuvre par les structures nationales généralistes et identitaires de défense des droits de l'homme pour la protection des minorités sexuelles. Les résultats de l'étude montrent que la visibilité des personnes LGBTIQ accroissant l'hostilité à leur égard, les stratégies déployées par les organisations généralistes des droits de l'homme et identitaires pour la protection des droits des personnes LGBTIQ sont essentiellement construites autour d'actions discrètes de plaidoyers, de formation, de sensibilisation et d'alliances.

La présente contribution est basée sur les résultats d'une étude empirique qualitative menée au cours de l'année 2016 dans la ville d'Abidjan. Des interviews sur la base des guides d'entretien ont été conduites au sein de quelques principales structures généralistes de promotion et de protection des droits humains notamment la Ligue Ivoirienne des Droits de l'homme (LIDHO), le Mouvement Ivoirien des Droits de l'Homme (MIDH), et L'Action pour la Protection des Droits de l'Homme (APDH). Outre ces structures généralistes, nous avons interrogé les responsables des structures identitaires de protection des droits des LGBITQ notamment Arc-En-Ciel Plus (ACE Plus), Espace Confiance(EC), Lesbian Life Association-Côte d'Ivoire (LLACI), Queer and Trans Inclusion (QET Inclusion). En outre, nous avons échangé avec des activistes des droits des personnes LGBTIQ internationaux basés au Canada, en mission à Abidjan. Les données recueillies ont été retranscrites puis codées. L'analyse des données traitées a été réalisée avec la méthode de l'analyse du contenu. La présentation des résultats a trois articulations principales : d'abord les stratégies déployées par les structures généralistes des droits de l'homme, ensuite les stratégies des structures identitaires, et enfin les stratégies collaboratives entre ces deux types de structures.

Un tabou social, intellectuel et juridique

Pendant longtemps, la sociologie et l'anthropologie ont laissé l'homosexualité aux mains de l'approche psychologique qui l'a longtemps considéré comme une pathologie (Clifford 1963), n'apportant leur concours que tardivement lorsque la question était traitée comme problème social. Cependant, suite à l'attention récente portée à la délinquance et au développement d'une sociologie du comportement déviant, divers auteurs ont eu l'occasion d'utiliser, par exemple, des théories relatives au comportement du groupe de référence et de considérer les homosexuels comme formant un groupe minoritaire et déviant. Dans un travail de référence extrêmement important, très utilisé par les chercheurs qui étudient les comportements et sont intéressés par la question de l'homosexualité, Ford et Beach (1951) n'ont pu que difficilement extraire des rapports des anthropologues une distinction très générale entre les sociétés où l'homosexualité est présente ou non et celles où l'homosexualité est approuvée ou condamnée. Qu'en est-il du contexte africain ?

Pendant longtemps, certains auteurs ont soutenu la thèse selon laquelle l'Afrique avait été purement hétérosexuelle (Epprecht 2008). Mais ce point de vue ne fait plus l'unanimité. Pour d'autres, l'homosexualité n'est pas une réalité nouvelle en Afrique même si elle est restée longtemps ignorée et niée au point d'être assimilée à un fait purement occidental. L'homosexualité serait une pratique bien connue des sociétés africaines. A ce sujet, Stephen O. Murray et Will Roscoe (2001) sont parmi les premiers à faire un travail minutieux de recherche sur les pratiques homosexuelles en Afrique Noire. Ils s'appuient notamment sur des documents ethnologiques témoignant de l'existence historique et culturelle mais aussi actuelle de ces pratiques au sein des sociétés africaines. Daniel Vangroenweghe (2000), reprenant l'idée d'enracinement développée par Murray et Roscoe et mettant à jour leurs informations, la replace dans le contexte de la lutte contre l'épidémie de sida.

En outre, Charles Gueboguo (2006), tentant de combler le « vide conceptuel et linguistique », aborde aussi la question de l'homosexualité en Afrique de façon empirique. Il évoque des exemples de rites et pratiques à connotation homosexuelle comme le « kpankpankwondi » au nord du Togo qui avait pour but de rendre plus vigoureux les jeunes garçons, avec parfois ingestion de sperme, et la coutume des « soronés » chez les Mossi au Burkina Faso, où des garçons de 07 à 15 ans devaient satisfaire l'appétit sexuel des chefs. A côté de ces pratiques qui semblaient légitimer la pratique homosexuelle, il expose d'autres qui semblaient plutôt la réprimer soit parce qu'elle trahissait le secret d'initiation soit parce qu'elle était assimilée à la sorcellerie.

Quoi qu'il en soit, l'opinion populaire en Afrique est largement homophobe (Lado 2011), ce qui pousse les homosexuels et autres minorités sexuelles à se cacher pour se protéger de la sanction sociale. Et même dans les milieux académiques, peu d'étudiants osent en faire sujet de recherche de peur de passer pour des apologistes de l'homosexualité. Certains expliquent cet enracinement de l'homophobie en Afrique par l'influence des religions du livre comme le Christianisme et le Coran qui condamnent les pratiques homosexuelles (Sabatier (1989: 8)

La plupart des Etats ont adhéré aux deux conventions internationales essentielles de protection des droits humains qui établissent un principe de non-discrimination dans la jouissance des droits fondamentaux énoncés par lesdits pactes(articles 02 et 26 du Pacte International des Droits Civils et Politiques (PIDCP) ainsi que l'article 02 du Pacte International des Droits Economiques Sociaux et Culturels (PIDESC).[2] Le conseil des droits de l'homme des Nations Unies a adopté les résolutions17/29[3] et 27/32[4], mentionnant explicitement la protection des personnes LGBTIQ. Ces instruments légaux ont favorisé la dépénalisation de l'homosexualité dans

---

[2]PIDCP (Pacte International des Droits Civils et Politiques) et PIDESC (Pacte International des Droits Economiques Sociaux et Culturels)

[3]Résolution 17/29 du 17 juin 2011 sur les droits de l'homme, l'orientation sexuelle et l'identité du genre, http://ap.ohchr.org/documents/dpageA/HCR/17/L.9/Rev.1

[4]Résolution 27/32 du 26 septembre 2014 sur les droits de l'homme, l'orientation sexuelle et l'identité du genre, http://ap.ohchr.org/documents/dpageA/HCR/27/L.27/Rev.1

plusieurs pays occidentaux. Mais il est important de souligner que même en Occident où on tend à normaliser l'homosexualité, il existe encore des courants homophobes, et la controverse autour du mariage pour tous en France l'a si bien montré.

Au plan régional, tous les Etats africains ont ratifié la charte africaine des droits de l'homme et des peuples adoptée en 1981 et mise en vigueur en 1986. La commission africaine des droits de l'homme et des peuples a adopté la résolution 275 portant sur la protection contre la violence et d'autres violations de droits humains sur la base de leur orientation sexuelle ou identité de genre réelle ou supposée[5]. Même si l'Afrique du sud demeure le premier pays au monde à inscrire dans sa constitution une loi interdisant toute discrimination liée à l'orientation sexuelle (Bertoin 2005) en 1996 et que certains Etats comme le Cap Vert sont rentrés dans cette dynamique en dépénalisant les rapports sexuels entre personnes de même sexe en 2004, de nombreuses informations relayées par divers médias font état de la vulnérabilité des personnes LGBTQ dans plusieurs Etats africains. Cette situation semble légitimée par la pénalisation de l'homosexualité et on peut citer entre autres les cas du Burundi[6], du Tchad, de la Gambie[7], du Nigéria[8], etc. où la pénalisation de l'homosexualité a été renforcée.

Cet environnement social et institutionnel a amené beaucoup d'auteurs à conclure que l'Afrique est homophobe. C'est ce que démontre la contribution d'Elise Démange (2012) à propos de l'Ouganda, avec le meurtre du militant homosexuel David Kato en 2011. Dans la même veine, M. Aarmo (1999) dénonce les

---

[5] La résolution 275 portant sur la protection contre la violence et d'autres violations de droits humains contre certaines personnes sur la base de leur orientation sexuelle ou identité de genre réelle ou supposée. http://www.achpr.org/fr/sessions/55th/résolutions/275.

[6] Au Burundi, une loi du 22 Avril 2009 sanctionne l'homosexualité de deux ans d'emprisonnement alors que celle-ci n'était pas sanctionnée auparavant par la législation burundaise.

[7] En Gambie, en 2014, une loi a considérablement renforcé les peines sanctionnant l'homosexualité dite aggravée (relation d'une personne homosexuelle déjà condamnée pour homosexualité, d'une personne homosexuelle atteinte du VIH ou avec un mineur) en le sanctionnant de l'emprisonnement à perpétuité.

[8] Au Nigeria, une loi du 14 janvier 2013 interdit les unions homosexuelles et sanctionne, outre l'homosexualité, par ailleurs déjà sanctionnée dans la législation antérieure, toute personne qui participe à des sociétés ou organisations pour personnes homosexuelles.

déclarations publiques des dirigeants hostiles aux LGBT, notamment celles du Président du Zimbabwe Robert Mugabe en 1995 contre la visibilité des mobilisations homosexuelles. On parle alors d' « homophobie d'Etat » comme le souligne L. P Itabohary (2012) qu'il faut distinguer de l'«homophobie populaire » (Lado 2011). Certains dirigeants africains sont pris entre l'étau des injonctions internationales pour le respect des droits minorités sexuelles et l'enclume de l'homophobie populaires.

L'article 358 du code pénal ivoirien dit : « *Est puni d'un emprisonnement de six à deux ans et d'une amende de 10 000 à 100 000 francs quiconque commet un acte impudique ou contre nature avec un mineur de son sexe âgé de plus de quinze ans et de moins de dix-huit ans* ». Le concept de « acte impudique » étant imprécis, seule une interprétation parmi tant d'autres peut y classer l'homosexualité et d'autres formes d'orientation sexuelle. Une imprécision juridique est constatée en la matière, favorisant diverses interprétations qui sont de nature à favoriser des abus. Aussi, l'article 360 du code pénal ivoirien en son alinéa 2 accentue les sanctions contre l'outrage public à la pudeur ou un acte impudique avec une personne de même sexe. Bien qu'il n'existe pas, dans le contexte ivoirien, des lois qui criminalisent explicitement la conduite homosexuelle et des sanctions pénales contre les personnes accusées de tels actes, les personnes LGBTIQ essuient du reste des diatribes et sont constamment confrontées à une menace d'agression, de brimades, de marginalisation et au déni de leurs droits les plus élémentaires.

Au cours de la décennie 2000, le voile a continué à se lever sur l'homosexualité et les minorités sexuelles en Afrique, au travers des mobilisations qui ont émergé mais aussi des événements qui ont précipité le débat public autour des controverses retentissantes. Les sagas médiatiques liées à ce sujet ne sont pas cependant nouvelles en Afrique. Il en a existé avant cette période, notamment en Côte d'Ivoire. Par exemple, une enquête de Marc Lepape et Claudine Vidal (1984) montre que les homosexuels se sont intégrés à Abidjan sans avoir à développer des stratégies particulières de défense et à construire des thèmes et une identité de revendication. Toutefois c'est au cours des années 1990 et 2000 que la majorité des organisations de défense des minorités sexuelles ont été créées, plus ou moins officiellement, dans bien de pays africains. Cependant, celles-ci sont plus nombreuses dans le monde anglophone que francophone, où la plupart ne sont apparues dans les années 2000 à la faveur du contexte de lutte contre le SIDA, tout en poursuivant parfois en même temps un objectif de lutte contre la stigmatisation voire de défense des droits humains. On observe ainsi une internationalisation progressive de la cause des personnes LGBT, symbolisée par la création en 2005 d'une journée mondiale contre l'homophobie, transformée en 2009 en journée mondiale contre l'homophobie et la transphobie[9]. On a assisté aussi à la création des ONGs de promotion et de protection de droits des minorités sexuelles nationales comme c'est le cas en Côte d'Ivoire avec *Alternative – Côte d'Ivoire* qui assure la présidence du comité de veille de violences à l'égard des LGBTQ ; *Arc –en – ciel Plus, Secours Bouaké, Lesbian Life Association*, etc.

Avec l'essor de la mobilisation collective, la problématique des minorités sexuelles ou des personnes LGBT en Afrique est perçue par certains comme l'expression de l'impérialisme idéologique et culturel occidental visant à détruire les valeurs africaines. Joseph Massad (2007) dénonce les effets, dans le « monde arabe », de ce qu'il appelle l'«Internationale Gay», terme par lequel il désigne les organisations internationales « dominées par des hommes occidentaux blancs », les missions qu'elles se donnent et le discours qu'elles portent. Il rejoint en quelque sorte le paradigme diffusionniste de l' « import-export » avancé notamment par Dennis Altman (2002), selon lequel les identités sexuelles minoritaires, et non les pratiques, dériveraient de modèle « occidentaux ». Certaines initiatives prises par les Etats occidentaux en faveur des minorités sexuelles sont critiquées par les organisations représentants les minorités sexuelles en Afrique. A titre d'exemple, fin 2011, le premier ministre britannique, David Cameron, conditionnait l'aide de la Grande-Bretagne à la décriminalisation de l'homosexualité en Afrique. En même temps, une pétition d'« activistes africains pour la justice sociale » signée par plus d'une cinquantaine d'organisations africaines (majoritairement de défense des minorités sexuelles)

---

[9]Signe de l'attention croissante accordée à l'Afrique dans le cadre des mobilisations transnationales en faveur des minorités sexuelles, une branche africaine de l'ILGA (International Lesbian and Gay Association) est née en 2007 et dénomée ILGA- Afrique.

expliquait que cela ne rendait pas service aux personnes concernées, soulignant l'appartenance des minorités sexuelles aux populations bénéficiant des aides financières. Ils insistaient sur la nécessité d'agir par l'éducation plutôt que par la sanction et les risques de répression auxquelles les personnes concernées pouvaient se trouver exposées du fait de l'application de telles mesures.

Les stratégies des structures généralistes des droits humains : Cas de la LIDHO

La Ligue Ivoirienne des Droits de l'Homme (LIDHO) a été créée le 21 mars 1987 avec pour objectif général d'œuvrer pour que tous les droits de l'ensemble des citoyens vivant sur le territoire national soient respectés. Leur devise les engage à de lutter pour les droits de tous, en priorité ceux des plus faibles. Pour ce faire, il existe au sein de l'organisation un chargé des questions du genre et des personnes vulnérables. *« On entend par personnes vulnérables les enfants, les femmes, les personnes en situation d'handicap et les personnes LGBT»* (Secrétaire Général de la LIDHO), affirme un des responsables de cette organisation. Un certain nombre d'actions sont menées dans le domaine du genre. Il s'agit d'abord de l'assistance juridique aux personnes vulnérables. Elle consiste à *« donner des conseils juridiques afin de défendre leurs droits. Mais cette assistance ne peut se faire sans expliquer aux différentes personnes les droits qu'elles ont. »*. Il y aussi la formation et les actions de plaidoyer : *« nous faisons des plaidoyers auprès des autorités afin d'améliorer la législation ivoirienne. Au niveau des différentes cibles, il y a les ONG de promotion et de protection des Droits humains sœurs à qui nous faisons des plaidoyers pour qu'elles puissent prendre en compte la défense de tous les hommes parce que c'est inconcevable que certaines ONG puissent ne pas défendre des humains pour des motifs comme l'orientation sexuelle. Pour nous, c'est un drame. Il y a aussi l'Etat de Côte d'Ivoire, auprès de qui nous faisons un plaidoyer aigu pour que la législation soit améliorée. »* (idem)

La LIDHO affirme collaborer également avec divers partenaires étatiques et non-étatiques. Parmi les acteurs étatiques, il y a la Commission Nationale des Droits de l'Homme de Côte d'Ivoire (CNDHCI), le Ministère de la justice, des droits de l'homme des libertés publiques, le Programme National de Lutte contre SIDA (PNLS) notamment le service des populations hautement vulnérables. « *Nous avons une assez bonne collaboration avec la Commission Nationale des Droits de l'Homme de Côte d'Ivoire, notamment sur la question des personnes LGBTIQ. Le ministère de la justice et des droits de l'homme nous a souvent associé à ses ateliers.* » (Idem.)

Au registre des acteurs non-étatiques, il y a d'autres structures généralistes des droits de l'homme : « *Nous collaborons avec les consœurs généralistes des Droits de l'homme telles que le Mouvement Ivoirien des Droits de l'Homme (MIDH), l'Action pour la Protection des Droits de l'Homme (APDH).Nous faisons beaucoup de plaidoyers pour dire lorsqu'on est défenseur des droits de l'homme, nous ne faisons pas de tri. Ce qui fait l'homme c'est n'est pas son orientation sexuelle, son métier mais c'est son essence humaine.* » (Ibid.) Il y a aussi des structures identitaires, celles qui œuvrent spécifiquement pour la protection des personnes LGBTIQ : « *nous collaborons avec certaines structures comme Alternative- CI (ACI), Lesbian Life Association-Côte d'Ivoire (LLACI), QET- inclusion, Arc En Ciel Plus (ACE Plus) et les associations des professionnels du sexe qui sont marginalisés de par leur métier* » (Idem.)

L'organisation considère qu'il y a un amalgame entre homosexualité et pédophilie dans le code pénal ivoirien : « *Je pense plutôt qu'en Côte d'Ivoire, il y a un amalgame entre homosexualité et pédophilie. Généralement on concède plus de latitudes aux hétérosexuels qu'aux homosexuels. Il y a un vide juridique mais une condamnation morale. Jamais le code pénal ne condamne de façon explicite ces actes ci. Ces articles mentionnent des situations aggravantes sinon les actes sont considérés comme un simple délit. Si nous devons lutter pour ces articles, il s'agira d'éliminer les situations aggravantes. Mais dans le code pénal, la condamnation est morale.* » (Ibid.) Le travail de la LIDHO s'est heurté à certains articles du code pénal qu'elle juge discriminatoires, par exemple l'article 360 qui a fait l'objet d'un plaidoyer de la part de cette organisation. « *Je vous annonce que la LIDHO a fait un plaidoyer contre l'article 360 du code pénal qui dans un de ses alinéas montre une discrimination à l'encontre des personnes LGBT. Et dans le nouveau code, cela sera annulé et la LIDHO se félicite de cette avancée* » (Idem.).

Afin de faciliter la mise en œuvre de la protection des minorités sexuelles, certains acteurs clés de la société civile ont été mobilisés. Cela se traduit par la mise en place d'un programme de formation des journalistes, des d'avocats spécialisés et des forces de l'ordre sur la Violence Basée sur le Genre (VBG).

La Ligue Ivoirienne des Droits de l'Homme (LIDHO), dans le cadre d'un projet de prévention du VIH/Sida en direction des populations clés et vulnérables de l'axe routier Abidjan-Lagos, a mis place un comité de veille pour la protection des hommes ayant des rapports sexuels avec des hommes (HSH) et les professionnels du sexe (PS) des violences basées sur le genre (VBG). Ce réseau dénommé « Tous égaux » est constitué de journalistes qui suivent des formations visant à les outiller pour la lutte contre les violences basées sur le genre, de manière à ce qu'ils puissent écrire sur les populations clés sans les stigmatiser.

Toujours dans le cadre du « Projet de prévention du VIH/SIDA en direction des populations clés et vulnérables le long du corridor Abidjan-Lagos » mené par l'Organisation du Corridor Abidjan-Lagos (OCAL), La LIDHO a jugé important de mettre en place un réseau d'avocats susceptibles de travailler avec les populations vulnérables en cas de violations de leurs droits. Ainsi, un groupe de vingt-cinq avocats (25) appelé « *réseau avocat friendly*» a vu le jour. En effet, cette équipe d'avocats a vu ses capacités renforcées sur la question des violences basées sur le genre. Ce réseau ayant pour mission de défendre les minorités sexuelles, surtout les hommes ayant des rapports sexuels avec les hommes (HSH).

Dans l'optique de renforcer les capacités des acteurs de promotion et de protection des droits de l'homme en Côte d'Ivoire face à la discrimination liée à l'orientation sexuelle et à l'identité du genre, des ateliers sont organisées regroupant les structures identitaires comme non identitaires. Par exemple, le 10 août 2016, dans le cadre de la mise en œuvre de la communication sur les recommandations du comité des droits de l'homme, la ligue ivoirienne des droits de l'homme (LIDHO) a organisé un atelier afin de diffuser la recommandation relative à la discrimination basée sur l'orientation sexuelle. Trois thèmes étaient à l'ordre du jour à savoir :

- Le rôle du conseil des droits de l'homme et du comité des droits de l'homme
- Le rôle des Organisations Non Gouvernementales dans le processus de l'examen périodique universel

- Discussions sur la situation des personnes LGBTIQ ainsi que la recommandation 128.6 faite à la Côte d'Ivoire lors de son dernier passage à l'Examen périodique universel.

Notons aussi les formations dans le courant d'Octobre 2016 à l'occasion desquelles une fiche d'assistance juridique proposée par la Ligue Ivoirienne des Droits l'Homme a été adoptée par les structures identitaires et non identitaires. Ceci démontre une intégration des personnes LGBTIQ dans la prise des décisions les concernant. Durant cette formation, différents textes tels que les principes deJakarta ont permis aux participants de mieux cerner les bases juridiques sur lesquelles s'appuyer protéger les personnes LGBTIQ.

Aussi, considérant les violations des droits de l'homme basées sur le genre au niveau des populations clés, toujours dans le cadre du « Projet de prévention du VIH/SIDA en direction des populations clés et vulnérables le long du corridor Abidjan-Lagos » mené par l'Organisation du Corridor Abidjan-Lagos (OCAL), un contrat a été signé avec deux psychologues pour une prise en charge de ces victimes. Sachant que le psychologue estun professionnel du fonctionnement psychique et des psychopathologies, du comportement humain, de la personnalité et des relations interpersonnelles pour tout être humain allant du nouveau-né à la personne mourante, son rôle sera déterminant dans la protection et prise en charge des victimes.

« *Après ma sortie de l'hôpital, je me suis rendu au commissariat pour porter plainte contre mes agresseurs, que j'avais pu identifier, en raison de mon expression du genre....ils ont été enfermés certes mais le lendemain sans mon retrait de plainte ni mon consentement, ils ont été relâchés par le commissaire à ma grande surprise au motif que la population a menacé de s'attaquer au commissariat...* ». Tel est le témoignage d'un HSH lors d'une formation pour le renforcement des capacités des forces de l'ordre à Aboisso (Côte d'Ivoire) en fin mars 2017. Il montre comment les forces de l'ordre qui sont formés pour la protection des biens et des personnes dans les cas de Violences Basées sur le Genre (VBG) se retrouvent tiraillées entre un besoin de protection des populations vulnérables et le souci de préservation de l'ordre public. Un autre HSH affirme que « *souvent, ils* [hommes en armes] *sont les premiers à nous insulter…en disant souvent les sales pédés comme cela, on va mettre du feu dans votre anus… ».*

Les forces de l'ordre ont un rôle capital à jouer dans la lutte contre les violences basées sur le genre en direction de la population-clé en général et des personnes LGBTIQ en particulier. Ainsi avec l'accord du commandement supérieur et de la direction nationale de la police, certains gendarmes et policiers ont été formés sur la protection des droits humains et la lutte contre les violences basées sur le genre qui constituent un pilier de la protection des personnes vulnérables. En fin mars 2017, cinq policiers et cinq gendarmes ont été formés à Aboisso (Côte d'Ivoire) et ont reçu leurs diplômes de participation remis.

Stratégies des structures identitaires

Concernant les stratégies de protection des structures identitaires, bien que la communauté LGBTIQ affiche une certaine solidarité, les cibles sont aussi spécifiques. Il faut faire la distinction ici entre les structures œuvrant pour la protection des minorités sexuelles en Côte d'Ivoire telles que Espace Confiance (EC), Arc-En-Ciel Plus (ACE Plus) et Lesbian Life Association- Côte d'Ivoire (LLACI) et celles œuvrant pour la protection des minorités identitaires comme Queer et Trans-Inclusion (QET Inclusion).

L'Espace Confiance (EC)

La Clinique de Confiance initialement dédiée aux travailleuses du sexe et à leurs partenaires stables a vu le jour à Abidjan en 1992. Ensuite, en 1994, cette clinique est devenue une association dénommée Espace Confiance (EC) œuvrant dans les domaines de la sensibilisation, le dépistage et à la prise en charge médicale et psychosociale de la population homosexuelle et des travailleuses du sexe d'Abidjan. *« Les populations clés renferment des personnes LGBTIQ, les travailleurs/euses du sexe et les usagers de drogues »*[10]. Espace Confiance intervient dans deux grands domaines : la santé et les Droits Humains. Dans le domaine de la santé, l'action se traduit d'une part

---

[10] Interview avec le chargé du suivi des personnes clés à l'Espace Confiance au siège de l'organisation le 06/01/2017.

par la prévention, le dépistage et le traitement des IST et VIH chez ses populations cibles. Dans le domaine des Droits Humains, Espace Confiance organise des plaidoyers au profit des populations clés. « *Dans la pratique, en cas de violences, d'affaires avec la justice ou les agents de l'ordre, nous intervenons pour une négociation afin de trouver un consensus. Espace Confiance fait l'écoute et l'assistance juridique et judiciaire de ces personnes clés. Nous notons plusieurs cas de violations de droits humains en raison de leur orientation sexuelle, surtout chez les HSH[11].* » (Idem)

De nombreux types de violations sont relevés dans les différents rapports que la structure produit. « *Nous rencontrons des violences physiques (bastonnade, lynchage, lapidation), mauvais traitement de la part des hommes en armes, le chantage, les violences verbales, la mort. L'an dernier nous avons suivons un cas où nous avons encouragé la victime à porter plainte contre un corps habillé qui lui faisait du chantage.* » (Ibid.) Selon ces activistes, il ne s'agit pas de faire la promotion de droits spécifiques pour les minorités sexuelles et identitaires mais de respecter et faire respecter les droits promus par l'Etat de Côte d'Ivoire. « *On fait la promotion des droits que l'Etat a mis en place et les minorités sexuelles sont des citoyens de l'Etat. Ils n'ont pas de droits spéciaux. Les droits déjà en place les protègent aussi. Si une minorité sexuelle vole, c'est sûr qu'elle sera arrêtée et jugée ; de même si elle est victime de violence, elle doit aussi être protégée.* » (Ibid.) Les organisations généralistes de Droits Humains ont ainsi le souci de montrer qu'il ne s'agit pas pour eux de promouvoir la cause des minorités sexuelles mais de défendre leurs droits en tant qu'êtres humains.

Espace Confiance possède des partenaires étatiques et non-étatiques. Les partenaires étatiques sont le Ministère de la Santé et de l'hygiène publique, le Ministère de la justice et des libertés publiques et enfin la Commission Nationale des Droits de l'Homme de Côte d'Ivoire (CNDHCI). Quant aux partenaires non étatiques, une distinction est faite entre les partenaires techniques et les partenaires financiers : « *Nous avons les partenaires techniques et financiers tels que le PFA, l'USAID qui nous appuient essentiellement sur le volet VIH/ SIDA. Même si désormais dans le volet SIDA, on inclut le volet Droits Humains. C'est à dire une écoute juridique et un suivi.* » Au sujet des partenaires non-étatiques : « *Nous collaborons avec la LIDHO, le MIDH, l'APDH, le*

---

[11] Homme ayant des rapports sexuels avec des hommes

CIDDH. Nous organisons des ateliers ensemble, nous portons des plaidoyers des droits des minorités sexuelles. Nous orientons souvent même des cas d'assistance juridique notamment à la LIDHO, à l'APDH. » (Idem.)

Dans la réalisation de leurs actions, Espace confiance rencontre de nombreuses difficultés telles que la peur des victimes de poursuivre les coupables. « *Souvent quand nous décidons de poursuivre les bourreaux, à un certain moment, la victime décide d'arrêter la procédure de peur que cette affaire soit vue et sue aux yeux de tous. Ce qui pourrait la mettre plus en danger. Sinon les violences existent bel et bien* » (Ibid.). Il existe aussi des structures de protection des droits humains avec lesquelles la collaboration demeure difficile. « *Oui, l'Association des Femmes Juristes de Côte d'Ivoire (AFJCI) parce que l'association estime que les objectifs ne concordent pas. Je me suis à deux reprises chamaillé avec leur Présidente. Nous ne pouvons admettre que des structures œuvrent pour les droits humains sans inclure les minorités sexuelles et identitaires. Doit-on considérer les minorités sexuelles et identitaires comme des non-humains ?* » (Idem.)

Il apparait de ce qui précède que les structures dites généralistes de droits humains comme la LIDHO et Espace Confiance s'efforcent d'œuvrer pour la protection des droits des populations LGBTIQ. La sensibilisation, l'assistance juridique, le partenariat, la formation et les plaidoyers sont autant d'outils déployés par les structures généralistes des droits humains pour la protection des droits des populations LGBTIQ.

L'Arc-En-Ciel Plus (ACE PLUS)

Arc-En-Ciel Plus (ACE PLUS) a été créée le 05 juillet 2003 et est l'une des premières organisations à lutter contre les IST/MST[12], surtout le VIH/SIDA, dans les milieux LGBTIQ en Côte d'Ivoire. Sa mission est d'améliorer la qualité de vie des personnes LGBTIQ en Côte d'Ivoire. Elle œuvre pour le bien-être de ses membres par la mobilisation des ressources, le plaidoyer et le partage de l'information.

Le domaine de la santé a été son premier axe d'intervention: « *Nous avons pris la santé comme une porte d'entrée ; nous ne pouvons pas venir revendiquer des droits pendant que nous sommes en train de mourir du VIH et*

---

[12] Infections Sexuellement Transmissible / Maladie Sexuellement Transmissible

de IST. Nous avons été décrétés comme populations vulnérables ou encore populations clés[13]. » Les trois secteurs prioritaires d'intervention sont la prévention, le dépistage et la prise en charge. Au sujet de la prévention, par exemple, « *Nous mettons en place un comité de veille qui fait ressortir les violences faites aux LGBTIQ, grâce à des relais. Le ministère des droits de l'homme et le ministère de l'intérieur ont même été invités aux formations. Nous faisons des plaidoyers institutionnels au vu et au su de tout le monde et du lobbying. A côté de cela on y ajoute des plaidoyers communautaires pour la population. C'est ce que nous faisons et jusqu' à présent nous avons des récépissés, des agréments du ministère de l'intérieur, nous payons des impôts et sommes déclarés à la CNPS. Nous travaillons donc dans la légalité. Du coup, tous les ministères savent ce que nous faisons. Il suffit qu'ils comprennent nos actions et la suite peut venir.*» (Idem.)

De nombreuses activités sont menées pour la protection des minorités sexuelles notamment la prise en compte de leurs besoins spécifiques en matière de santé : « *Nous avons lutté pour la mise en place des cliniques sans limites pour que ces cliniques acceptent la communauté LGBTIQ et ayant le plateau technique (anuscope) pour pouvoir les consulter. Aujourd'hui nous avons plusieurs cliniques appelées « cliniques dédiées » notamment à Yamoussoukro, à Bouaké, Adzopé, Akoupé (FSB, GBA). Actuellement notre plus grande lutte est de pouvoir travailler avec les hôpitaux généraux publics, qu'il y ait une insertion et surtout une prise en charge des HSH. Nous avons fait une véritable intégration dans un hôpital général qui est le CSU-COM de Gonzagueville à travers un circuit spécial pour la prise en compte des HSH avec l'intégration d'un groupe de soutien.* » (Idem.)

Arc-En-Ciel Plus fait aussi du plaidoyer en étroite collaboration avec la commission nationale des Droits de l'Homme de Côte d'Ivoire et les structures non étatiques de promotion et protection des Droits de l'Homme. La structure collabore aussi avec d'autres structures identitaires telles qu'Alternative Côte d'Ivoire (ACI), Lesbian Life Association Côte d'Ivoire (LLACI). Il est par ailleurs membre de plusieurs réseaux : « *Dans toutes nos activités que l'on organise, nous invitons toujours Alternative, Lesbian Life Association Côte d'Ivoire, Secours Social. Nous avons travaillé avec OCAL (Organisation du Corridor Abidjan Lagos) sur le corridor de Gonzagueville à Noé. Au plan national, nous*

---

[13] Interview avec le responsable administratif et financier au siège de l'organisation en Février 2017.

sommes membres du "rib plus" qui est un réseau ivoirien des personnes vivant avec le VIH/ SIDA. Au plan régional, nous sommes membres de "amsher" qui est une coalition de toutes les organisations de la communauté LGBTIQ en Afrique.» (Idem)

La communauté LGBTIQ en Côte d'Ivoire bénéficie du soutien de bailleurs étrangers qui influencent les politiques publiques en Afrique. Selon un des responsables de Arc-En-Ciel Plus, « *Il existe des accords que la Côte d'Ivoire a ratifiés pour la protection de la communauté LGBTIQ. Donc nous brandissons cela pour dire que si vous avez signé ratifié, vous devez les respecter. Aujourd'hui toutes les politiques en Afrique sont influencées par l'Occident. L'organisme qui te finance, te dit ce qu'il attend de toi. Dans ces conditions, si tu acceptes son argent c'est que tu es prêt pour ses contraintes. Or nous remarquons qu'il y a toujours une inadéquation entre ce qu'on signe et ce qu'on applique. Donc nous faisons tout pour que ce qui est signé soit appliqué. En Europe c'est ce qui marche. Mais en Afrique, il signe pour pouvoir juste avoir les fonds.* » (Idem)

Un responsable de l'association insinue que la visibilité de la communauté LGBTIQ se manifeste de manière progressive : «*On ne peut pas faire d'omelettes sans casser les œufs. En toute chose, il existe des stratégies à mettre en place. Observe quand on rentre par la santé, et que l'on signifie qu'on est malade, on veut se soigner, nous sommes certes différent de toi du point de vue sexuel mais j'ai les mêmes droits que toi. Ensuite, je viens te dire je subis des violences liées à mon identité sexuelle, on fait quoi ? Tu vois qu'au fur et à mesure je me fais connaitre.*» (Idem)

A propos des relations de ACE Plus avec les milieux religieux, il ressort des entretiens que l'association est membre d'une plateforme de lutte contre le VIH/SIDA en Côte d'Ivoire où les organisations religieuses interviennent. Pour lui, la religion chrétienne est plus tolérante à leur égard que la religion musulmane : « *la plupart de nos membres sont catholiques, évangéliques ou musulmans. Nous faisons partie d'une plateforme de tous les réseaux luttant contre le VIH/ SIDA. Et dans cette plateforme, il y a des religieux (Alliance des Religieux pour la lutte contre le SIDA). Nous avons des ateliers où ils participent, on essaie de leur faire comprendre nos positions. En Côte d'Ivoire, il faut dire que la religion catholique est plus tolérante par rapport à la religion musulmane. Mais dans les écrits il se trouve que le coran est plus tolérant que la bible mais dans la pratique, les chrétiens sont plus tolérants que les musulmans.*» (Idem)

Lesbian Life Association Côte d'Ivoire (LLACI)

Lesbian life Association –Côte d'Ivoire est né en Côte d'Ivoire en 2009. Cette association prend en compte les lesbiennes, bisexuelles, transgenres, transsexuelles et travesties à travers des actions de plaidoyers, de lobbying et de formation auprès de la société civile et des autorités étatiques. « *Nous travaillons avec la société civile dans le sens des plaidoyers, des lobbyings pour la promotion et la protection des filles LBT. Nous faisons aussi des renforcements des capacités, l'objectif est de soutenir les filles LBT. Nous aimons bien travailler avec les organisations de la société civile car cela donne plus de poids à nos actions et l'adage même le confirme "seul on va vite, ensemble on va loin". C'est vrai que la tâche est difficile mais la majorité de la société civile que nous contactons nous reçoit favorablement.* » (Interview avec un responsable de l'association, 2017).

LLACI collabore avec de nombreuses structures étatiques et non étatiques : «*Au niveau de l'Etat, nous collaborons plus avec les structures de santé. Le ministère de la santé offre des services de soins aux LGBTIQ. C'était ouvert au gay mais depuis 2016 LLACI bénéficie de cette offre. Nous travaillons avec le FIDH (Fédération Ivoirienne des Droits de l'Homme) ; la LIDHO (Ligue Ivoirienne des Droits de l'Homme) ; Amnesty International ; le MIDH (Mouvement Ivoirien des Droits Humains), l'ambassade des USA et l'ambassade du CANADA ; l'ambassade de la France met le cap plus sur les Gays sur l'aspect plaidoyer et lobbying. Nous participons et organisons des ateliers ensemble.* » (Idem). *Certaine* structures sont moins réceptives à la communauté LGBTIQ. En effet, le responsable interviewé, *« nous avons contacté certaines structures qui n'ont jamais répondu ; par contre d'autres estiment que cela ne relève pas de leur domaine. L'AFJCI (Association des Femmes Juristes de Côte d'Ivoire) estime qu'il s'agit certes d'une structure féministe mais avec des coutumes, perceptions différentes de celles des femmes donc ne peut être notre partenaire bien que certaines membres de l'AFJCI participent à certaines rencontres mais ce à titre personnel. Des raisons coutumières, religieuses, culturelles sont évoquées par d'autres structures.* » (idem)

Queer and Trans-Inclusion (QET Inclusion)

QET Inclusion a été créée en 2015 pour répondre aux besoins spécifiques relatifs aux identités du genre : « *Il était question de porter un point particulier sur les personnes du genre non conforme, et aux personnes intersexuées, aux personnes trans*, aux personnes queer en Côte d'Ivoire. Nous travaillons avec les personnes qui ne s'identifient pas dans cette normativité de tout* *ce qui concerne les questions du genre.*» (Entretien avec un responsable de l'association, 2017).

Bien que nouvelle, la structure mène des activités qui ont permis de la faire connaître au sein de la communauté LGBTIQ en Côte d'Ivoire, surtout auprès de son public cible. Elle axe ses interventions sur la mobilisation et la formation des membres avec le soutien des partenaires financiers. « *Effectivement, nous travaillons avec certains donateurs. Actuellement nous sommes sur un projet financé par une fondation américaine. Nous avons eu ce projet pour la mobilisation. C'est-à-dire le fait de communiquer avec le public cible pour lui donner la véritable information. En général, le problème qui se pose est que nous sommes confrontés au problème d'identification selon l'orientation sexuelle. Nos besoins ne portent pas beaucoup sur la question des sexualités comme les minorités sexuelles. Ce projet consiste à permettre au public –cible de savoir s'identifier. La réalité nous avons des personnes qui sont dans cette catégorie-là, qui ne comprennent pas et que souvent, ils s'identifient comme des personnes gays ou lesbiennes.* » (Idem)

Une collaboration est établie avec les autres structures identitaires. « *Nous collaborons uniquement avec les structures identitaires comme Lesbian Life Association, Alternative- Côte d'Ivoire, Arc- En – Ciel plus et Secours Social.* » Mais l'organisation commence à impliquer les structures de promotion et de protection généraliste des droits humains comme la LIDHO à travers les plaidoyers. « *Nous commençons peu à peu à travailler dans le plaidoyer. D'ici l'année prochaine, on s'y mettra surtout si nous avons du soutien. On travaille avec la LIDHO qui a des bonnes informations sur les questions liées aux identités.* » Certaines structures de promotion et protection des droits humains telles que l'AFJCI ne semblent pas être intéressées par la notion évolutive du genre

De nombreuses personnes sont victimes de violations des droits de l'homme non pas en raison de leur orientation sexuelle mais de leur expression du genre. « *Le gros souci est que nous ne documentions pas. Mais la majeure partie des violations des droits de la communauté LGBTIQ qui ne sont pas liées à l'orientation sexuelle sont celles liées à l'expression du genre non conforme. Donc en grande partie, ces cas-là ont été documentés comme lié à la sexualité. Et nous menons actuellement des plaidoyers au niveau de la communauté LGBTIQ pour que ce genre de cas soit plus explicite afin d'éviter l'amalgame. Pour dire que dans la communauté LGBTIQ, la plupart des violations ne sont pas liées à l'orientation sexuelle mais plus liées à l'identité et l'expression du genre qui ne sont pas prise en compte.* » (Idem)

Cette structure prend en compte les personnes Queer considérées comme « *des personnes qui ne s'identifient pas comme étant un homme ou une femme. C'est une question psychologique. Dans le sens du commun, il faut faire soit comme une femme soit comme un homme. On s'identifie à un sexe. Or les Queer sont des personnes qui ne s'identifient pas à un sexe.* » (Idem)

Par rapport à la documentation officielle et nationale sur le genre, QET Inclusion se positionne et va à l'encontre de tout ce qui est normativité par la publication de rapports, la participation à des conférences, des activités pour mettre en exergue les insuffisances des politiques du genre en Côte d'Ivoire comme dans la sous- région. Et à cet effet, « *la mauvaise compréhension du genre reflète sur notre image. En principe les spécialistes du genre devraient en parler mais l'insuffisance de connaissances fait qu'ils sont limités. Au quotidien c'est plus les problèmes liés à l'intégrité physique.*»

Conclusion

La problématique de la protection des droits humains en général et la protection des droits fondamentaux des personnes LGBTIQ en Côte d'Ivoire en particulier nous a donc amené à mener des recherches sur les stratégies déployées par les organisations généralistes des droits de l'homme et les organisations identitaires pour la protection juridique des personnes LGBTIQ, surtout dans un environnement homophobe comme celui de l'Afrique. Telle est la problématique qui a guidé l'étude réalisée dans la ville d'Abidjan en Côte d'Ivoire. Dans l'optique de protéger les droits les plus fondamentaux des personnes LGBTIQ, les structures de défense des droits humains axent principalement leur intervention sur le droit à la santé et le droit à la différence. Pour ce faire, ils organisent des séances de partages d'informations, de communications et d'informations à l'égard des personnes LGBTIQ. En cas de violations de droits humains, des dénonciations et du monitoring sont faits par les structures identitaires. Des plaidoyers institutionnels et communautaires ainsi que des formations ciblant des autorités étatiques et de la société civile sont mises en œuvre. La collaboration est promue avec le ministre de la santé et de l'hygiène publique, avec les organisations de défense des droits humains, avec l'ambassade du Canada, des Etats-Unis et de la France sont réalisées par les structures identitaires. Aussi, la collaboration existe entre structures identitaires. A cet effet, une coalition de toutes les organisations de la communauté LGBTIQ en Afrique a été mise sur pied. Les structures identitaires sollicitent des appuis financiers et extra-financiers de partenaires extérieurs. Des groupes de soutiens sont mêmes instaurés. Il faut également noter une forte intégration de ces structures identitaires dans des réseaux professionnels notamment le réseau ivoirien des personnes vivant avec le VIH/SIDA ainsi qu'une plateforme intégrant des religieux.

References Bibliographiques

Aarmo (M), 1999, "How Homosexuality Became 'Un-African': The Case of Zimbabwe." In *Female Desires: Same-sex Relations and Transgender Practices across Cultures*, edited by Evelyn Blackwood and Saskie E. Wieringa, 255–280. New York: Columbia University Press.

Altman (D), 2002, *Global Sex, Chicago*, The University of Chicago Press.

Bertoin (J), 2005, « homosexualité », *jeune Afrique Intelligent*, n°2330, 32-40.

Charles Gueboguo, « L'homosexualité en Afrique : sens et variations d'hier à nos jours », *Socio-logos* [En ligne], 1 | 2006, mis en ligne le 09 octobre 2008, consulté le 30 mai2018. URL : http://journals.openedition.org/socio-logos/37

Clifford (A), 1963, *les déviations sexuelles*, Paris, Payot.

Currier (A), 2010, « political homophobia in postcolonial Namibia », *Gender and Society*, vol24, 110- 129.

Demange (E), 2012, « De l'abstinence à la l'homophobie : la « mobilisation » de la sociétéougandaise, une ressource politique entre Ouganda et Etats- Unis », *Politique Africaine*, n°126, 25-48.

Epprecht (M), 2008, *Heterosexual Africa? The history of an idea from the age of exploitation to the age of AIDS*, Athens, Ohio University Press.

Ford (C.S.) et Beach (F.A.), 1951, *Le comportement sexuel chez l'homme et l'animal*, Paris, Robert Laffont.

Gueboguo (C), 2006, *La question homosexuelle en Afrique. Le cas du Cameroun*, l'Harmattan.

Itabohary (L.P.), 2012, *Homophobie d'Etat : une enquête mondiale sur les lois qui criminalisent la sexualité entre adultes consentants du même sexe*, Bruxelles, ILGA.

Lado (L), 2011, « L'homophobie populaire au Cameroun », *Cahier d'études africaines*, n°204,921-944.

Lajoie (A), 2002, *Quand les minorités font la loi*, Paris, Presses universitaires de France.

Lepape (M) et Vidal (C), 1984, « libéralisme et vécus sexuels à Abidjan », *Cahiers Internationaux de sociologie*, vol. LXXVI, 111-118.

Massad (J.A.), 2002, « Re- Orienting Desire: The Gay International and the ArabWorld », *Public Culture*, vol. 14, no2, 361-386

Murray (S.) et (Roscoe (W.), 2001, *Boys- Wives and Females Husband. Studies in African Homosexualities*, New York, St Martin's press.

Sabatier (R), 1989, *Sida : l'épidémie raciste*, Paris, L'Harmattan/Panos.

Türk (V), 2013, « orientation sexuelle et identité du genre et protection des migrants forcés », *revue migrations forcées*, n°42, 4-63.

Vangroenweghe (D), 2000, *Sida et sexualité en Afrique*, Berchem : éditions EPO.

Deuxième Partie

Révisions des Codes de la Famille

Chapitre 4

Contexte politique de la modification du code de la famille en Côte d'Ivoire : regards de la presse locale

Boris Olivier Glodé

Introduction: intérêt et justification

De l'élaboration du projet de loi portant abrogation de l'article 53 et modifiant les articles 58, 59, 60 et 67 de la loi n°64-375 du 07 octobre 1964 relative au mariage telle que modifiée par la loi n°83-800 du 02 août 1983 en novembre 2012 jusqu'à son adoption définitive à l'hémicycle, les principales parties prenantes qui constituent l'essentiel de la société ivoirienne n'ont pas été impliquées. Il s'agit des organisations de la société civile, des leaders religieux, des leaders de communautés ethniques, des juristes spécialistes des questions de famille, des séculiers, des associations féministes, des ménages etc. En effet, l'information relative au nouveau code de la famille en Côte d'Ivoire a été portée à la connaissance de la population quand le texte a été l'objet d'une polémique à la commission des affaires générales et institutionnelles de l'assemblée nationale le mardi 13 novembre 2012. A la suite de la divergence entre les membres de cette commission sur le contenu du texte et sa logique de proposition, le débat s'est seulement limité aux acteurs politiques appartenant à l'alliance dénommée Rassemblement des Houphouëtistes pour la Démocratie et la Paix (RHDP). Cette alliance regroupe comme partis politiques, le RDR[1], le PDCI-RDA[2], l'UDPCI et Espérance et Dialogue. Les voix de certains acteurs non-étatiques comme les leaders religieux et responsables d'ONGs se sont faites entendre seulement après l'adoption définitive du code à l'hémicycle le mercredi 21 novembre de la même année.

---

[1] - RDR : Rassemblement des Républicains.

[2] - PDCI-RDA : Parti Démocratique de Côte d'Ivoire – Rassemblement Démocratique Africain.

Par ailleurs, la révision du code ivoirien de la famille a été marquée par une certaine rapidité. En effet, tous les travaux en commission comme à l'hémicycle accompagnés des débats parlementaires et des consultations au sein des différents partis politiques n'ont duré qu'une semaine. Cette procédure qui d'habitude prend plusieurs mois, n'a duré que sept (7) jours dans le cas de la révision de la loi sur le mariage. En effet, le texte a été examiné au sein de la commission des affaires générales et institutionnelles le mardi 13 novembre 2012. Sur les 34 députés présents à cette séance de travail, 18 ont voté pour l'adoption du code, 12 en ont voté contre et il y a eu 04 abstentions. Sur la base de ces statistiques, le nouveau code de la famille a été adopté en commission pour être soumis à l'appréciation de l'ensemble des députés de l'assemblée nationale. Puis le mercredi 21 novembre, le code a été adopté à l'hémicycle. Cette rapidité des opérations n'a pas permis l'intervention des acteurs non-étatiques qui auraient voulu remettre en question certaines dispositions du code ou le texte même tout entier.

Le nouveau code ivoirien de la famille a été adopté sous une haute pression et tension politiques. En effet, à la suite de l'examen du code en commission et de son adoption avec divergence d'opinions entre les membres de la commission des affaires générales et institutionnelles le mardi 13 novembre, le gouvernement ivoirien a été dissout par le chef de l'Etat le mercredi 14 novembre 2012. Une seule raison expliquait cette dissolution selon le pouvoir exécutif. Pour le chef d'Etat ivoirien, il était inadmissible qu'il y ait une divergence d'opinions au sein d'une même alliance. Ce projet de loi relatif au nouveau code de la famille a été proposé par le pouvoir exécutif et présenté en commission par le ministre déléguée auprès du premier ministre, garde des sceaux, ministre chargée de la justice en présence de sa collègue le ministre de la famille, de la femme et de l'enfant. Toutes ces ministres sont issues du PDCI-RDA, le 2ème parti politique majoritaire dans l'alliance. A cette époque, en dehors du RDR, du PDCI-RDA, de l'UDPCI et de Espérance et Dialogue, aucun autre parti politique ivoirien n'était représenté à l'assemblée nationale, ni dans le gouvernement. Sur cette base, le chef de l'Etat a mobilisé la dissolution du gouvernement comme moyen de pression sur le PDCI-RDA et l'UDPCI qui sont les partis majoritaires de l'alliance après le RDR, pour obliger leurs députés à voter pour le nouveau code de la famille. En effet, la condition imposée par le chef de l'Etat pour former le nouveau gouvernement est l'adoption et le vote du nouveau code de la famille tel qu'il a été déposé à l'assemblée nationale.

Effectivement, avant le 21 novembre 2012 qui était le jour du rendez-vous à l'hémicycle, les présidents des groupes parlementaires de ces partis politiques ont décidé de retirer leurs amendements afin de voter la loi en l'état. Mais avant le retrait des amendements, il y a eu plusieurs rencontres au sein de ces partis politiques qui ont tissé l'alliance avec le RDR. En effet, tous les membres du gouvernement dissout, les responsables des partis politiques et les députés ont été informés que l'unique condition de la formation du nouveau gouvernement était l'adoption définitive du nouveau code de la famille sans aucun amendement (Boga, 2012). Ainsi, à l'hémicycle le 21 novembre 2012, tous les présidents des groupes parlementaires ont lancé l'appel du vote du code en l'état. Quant aux présidents des groupes parlementaires PDCI-RDA et l'UDPCI, ils ont d'abord demandé le retrait de tous les amendements, avant l'appel du vote de la loi à l'état. Une fois le nouveau code de la famille adopté définitivement, la liste des membres du nouveau gouvernement a été publiée le jeudi 22 novembre 2012. Mais en guise de sanction, le premier ministre Ahoussou Kouadio Jeannot a été remplacé par Daniel Kablan Duncun.

Considérations méthodologiques et cadre théorique

En termes de méthodologie, cette étude s'est appuyée sur une revue de la presse écrite nationale. Les journaux consultés sont classifiés en quatre catégories. Il s'agit des journaux proches de l'Etat, des journaux rattachés aux partis politiques représentés dans le gouvernement, les journaux rattachés aux partis politiques d'opposition et les journaux non explicitement rattachés aux groupements politiques.

Dans le contexte ivoirien, il y a un seul journal porte-parole de l'Etat. Il s'agit de *Fraternité Matin* dont cinq (5) numéros ont été consultés. Les journaux rattachés aux partis représentés dans le gouvernement que l'on a consultés sont *Le Patriote* (5), *Le Nouveau réveil* (12) et *Le Jour Plus* (6). Vingt-trois (23) journaux de cette catégorie ont été consultés. Parmi les journaux rattachés aux partis politiques d'opposition, l'on a consulté *Le Temps* (5), *Notre Voie* (11), *Aujourd'hui* (4) et *Le Courrier d'Abidjan* (3). L'on a consulté également vingt-trois journaux rattachés aux partis d'opposition. En ce qui concerne les journaux non rattachés explicitement aux groupements politiques, ce sont *Soir Info* et *L'Inter* qui ont été les sources d'information pour ce travail. L'on a consulté quatre (4) numéros pour le premier et trois (3) pour le deuxième. Au total, 58 journaux ont été consultés pour ce travail. Les fonds documentaires exploités pour avoir accès à ces différents journaux sont ceux de la bibliothèque du Centre de Recherche et d'Action pour la Paix (CERAP) et les sources privées.

Tableau classificatoire des organes de presse écrite consultés

Catégorie des organes de presse consultés	Organe de presse consulté	Nombre d'exemplaires
Journaux porte-voix de l'Etat	Fraternité Matin	5
Journaux rattachés aux partis politiques représentés dans le gouvernement	Le Patriote	5
	Le Nouveau réveil	12
	Le Jour Plus	6
Les journaux rattachés aux partis politiques d'opposition	Le Temps	5
	Notre Voie	11
	Aujourd'hui	4
	Le Courrier d'Abidjan	3
Les journaux non explicitement rattachés aux groupements politiques	Soir Info	4
	L'Inter	3
Total		58

L'analyse de la couverture d'information relative à la réforme du code de la famille en Côte d'Ivoire par la presse écrite nationale se fera à la lumière de la théorie de la communication de Dominique Wolton (2001). Pour cet auteur, la communication en tant que fait social est fonction du contexte. Ainsi, le sens du concept dépend des moments et des situations. Selon le contexte, communiquer peut signifier partager, transmettre ou négocier. La théorie de la communication de D. Wolton a cinq composantes qui en sont les principes. De ces cinq principes, quatre peuvent permettre d'expliquer le traitement différencié de l'information relative au nouveau code de la famille.

D'abord, il faut noter le caractère indispensable de la communication dans les interactions sociales. Ainsi, pour transmettre l'information relative au nouveau code de la famille, l'Etat ivoirien a mobilisé les masses média, en l'occurrence la presse écrite dont les articles ont été exploités dans cette étude. Ensuite, on communique entre autres pour convaincre, séduire ou partager. Dans le contexte ivoirien relatif au nouveau code de la famille, la communication orchestrée par les organes de presse écrite vise essentiellement le partage de l'information avec la population ivoirienne. La négociation dans certains cas est une dimension importante de la communication. Cette phase de négociation a lieu entre des acteurs ayant une certaine autonomie normative d'action en vue de s'accorder sur le contenu et la forme de la communication. L'espace social approprié à cette étape de la communication, selon D. Wolton, est la société *démocratique*. Il estime que dans les sociétés *autoritaires* ou *totalitaires*, la négociation est impossible.

Dans le cas du nouveau code ivoirien de la famille, il aurait fallu avoir une série de négociations qui devrait commencer depuis l'élaboration du code jusqu'à son adoption finale avant d'aboutir à la couverture de l'information par les différents organes de presse. Mais contrairement à la logique de Wolton (2001), aucune négociation n'a eu lieu entre les principaux acteurs qui font fonctionner la société ivoirienne.

Dans la théorie de la communication selon D. Wolton, deux résultats sont possibles. Quand le résultat est positif, l'on parle de cohabitation. Quand il est négatif, il s'agit alors de rupture. Cette rupture peut être pacifique ou guerrière. D. Wolton entend par résultat positif l'adhésion de la population à l'information partagée ou transmise. C'est dans ce cas qu'il parle de cohabitation entre cette population et les décideurs dont la décision est communiquée sous forme d'information. La cohabitation est généralement la résultante de la négociation dans la communication. Ce qu'il appelle résultat négatif, c'est le rejet de l'information qu'il qualifie de rupture entre les deux catégories d'acteurs.

Dans le contexte ivoirien de l'adoption du nouveau code de la famille, c'est le deuxième cas de figure qui prévaut. Il s'agit de la rupture entre les décideurs et la masse populaire. En effet, même si les organes de la presse écrite ont procédé à un traitement différencié de l'information selon les bords politiques, la population ivoirienne dans sa grande majorité sans distinction d'appartenance politique, est hostile à ce nouveau code de la famille. Ce rejet s'explique en grande partie par l'absence de négociation du point de vue woltonien, dans le processus d'élaboration du code jusqu'à la couverture médiatique de la réforme et des controverses qui l'ont accompagnées.

Manœuvres et controverses politiques : contrôle du législatif par l'exécutif

Le mardi 13 novembre 2012, le projet de loi portant abrogation de l'article 53 et modifiant les articles 58 , 59 , 60 et 67 de la loi n°64-375 du 07 octobre 1964 relative au mariage telle que modifiée par la loi n°83-800 du 02 août 1983, a fait l'objet d'examen suivi de délibération au sein de la commission des affaires générales et institutionnelles de l'Assemblée Nationale. Avec sa collègue Raymonde Goudou Coffie (ministre de la famille, de la femme et de l'enfant), Mme Matto Cissé Loma (ministre déléguée auprès du premier ministre, garde des sceaux, ministre chargée de la justice) a présenté ce projet de la nouvelle loi sur le mariage après avoir exposé les motifs qui sous-tendent cette loi. Pour l'essentiel du discours de Mme Matto Cissé, si les lois civiles adoptées en 1964 ont, dans l'ensemble, contribué à l'avènement d'une société moderne, la présente modification de la loi relative au mariage tend à participer à l'élimination de toutes les formes de discrimination à l'égard de la femme. De son examen en commission jusqu'à son adoption en séance plénière de l'assemblée nationale, la nouvelle loi sur le mariage a été l'objet de plusieurs controverses aussi bien dans les milieux politique, religieux que dans la société civile. Les controverses politiques sont dominées par la position du pouvoir exécutif et des députés qui lui sont rattachés, et celle des autres groupes parlementaires.

Lors de son examen par la commission des affaires générales et institutionnelles le mardi 13 novembre 2012, le projet de loi sur le mariage a créé une divergence d'opinions qui a débouché sur une situation conflictuelle entre les membres du Rassemblement des Houphouëtistes pour la Démocratie et la Paix (RHDP). En effet, cette alliance formée par un certain nombre de partis politiques depuis les élections présidentielles d'octobre 2010, dont les plus influents sont le RDR, le PDCI-RDA et l'UDPCI, a vu ses groupes parlementaires divisés à l'occasion de cet examen. Les groupes parlementaires PDCI-RDA, UDPCI, Espérance et Dialogue ont voté contre le projet de loi ; et ce vote a été appuyé par les présidents des groupes parlementaires de ces formations politiques. Par contre, les textes ayant été proposés par le gouvernement, les députés issus du RDR qui est le parti au pouvoir, ont voté pour le projet et ont par la même occasion condamné l'attitude et la prise de position des groupes parlementaire PDCI-RDA et UDPCI qui n'étaient pas favorables à la modification.

Toutefois, le vote de ces groupes parlementaires contre le projet de loi sur le mariage n'a pas empêché son adoption en commission. En effet, après l'exposé des motifs, les groupes parlementaires PDCI, UDPCI et Dialogue ont successivement fait observer qu'adopter ce projet de loi tel que présenté par les membres du gouvernement, posera plus de problèmes qu'il n'en résoudra. Ils ont été appuyés par certains députés, individuellement pris, pour maintenir dans l'article 58 nouveau, la notion de chef de famille qui est d'ailleurs consacrée aussi bien par les livres saints que par les coutumes ivoiriennes. Cet amendement souhaité par cette première tendance, a été rejeté. Puisque, sur les 34 membres de la commission présents, 17 (issus du groupe parlementaire RDR) ont voté contre l'amendement ; 16 ont voté pour et une (1) abstention. Finalement, le projet de loi sur le mariage a été adopté avec 18 voix pour, 12 contre et 4 abstentions (F. Bécanthy, 2012).

La divergence de points de vue qui a animé l'examen du projet de loi en commission, se poursuit après l'adoption dudit projet et se manifeste par une dislocation provisoire de l'alliance qui dépasse les limites du pouvoir législatif. Car le mercredi 14 novembre 2012, le chef de d'Etat décide de dissoudre son gouvernement exclusivement composé des membres de cette alliance. Il justifie cette dissolution du gouvernement par la réaction des groupes parlementaires PDCI-

RDA et UDPCI face au projet de loi qu'il perçoit comme la manifestation d'un manque de solidarité au sein de l'alliance RHDP.

Selon Amadou Gon Coulibaly, secrétaire général du gouvernement, cette réaction des députés PDCI et UDPCI est de nature à nuire à la cohésion au sein du RHDP et pose un problème de solidarité à l'intérieur de l'alliance. Il justifie la décision du chef de l'Etat d'abord par le fait que le gouvernement est le reflet de l'alliance avec à sa tête M. Ahoussou Kouadio Jeannot, un responsable du PDCI-RDA. Il estime ensuite que le projet de loi en question a été présenté par le ministre de la femme et de l'enfant également issu du PDCI-RDA. Sur la base de ces différents éléments, il est inadmissible que les députés PDCI votent contre ce projet selon le chef de l'Etat. Si le secrétaire général de la présidence qualifie les députés qui ont voté contre le projet de récalcitrants, il trouve la réaction de Djédjé Mady (secrétaire général du PDCI et député de Saïhoua) comme un affront de trop (B. F. Mamadou, 2012). En vue de rappeler tous les membres de l'alliance à l'ordre, la dissolution du gouvernement s'avère la meilleure mesure pour le chef de l'Etat selon Amadou Gon Coulibaly.

Amadou Soumahoro, président du groupe parlementaire RDR et le secrétaire général par intérim du parti, justifient également cette dissolution du gouvernement par l'argument de l'émanation du gouvernement de l'alliance RHDP. Pour lui, il va de soi que le soutien de cette alliance ne doit pas faire défaut. Il estime que la dissolution donne un message fort pendant qu'il est encore temps. Il recommande que les membres de l'alliance restent solidaires et unis derrière l'engagement qu'ils ont pris ensemble devant toute la nation.

Il reconnaît que la nouvelle loi sur le mariage est un sujet de société sur lequel une coalition politique peut se diviser, mais pour lui, c'est aussi une loi qui permet à la Côte d'Ivoire d'être en conformité avec la convention sur l'élimination de toutes formes de discriminations à l'égard des femmes ratifiée en 1995. Toutefois, il fait une analogie entre l'alliance RHDP et une famille ; ce qui l'amène à penser que le divorce entre les membres de l'alliance est un problème d'explication qui trouvera certainement une solution, dans la mesure où toutes les familles connaissent des difficultés, des incompréhensions. Mais le chef de l'Etat qui représente dans ce contexte le chef de famille trouvera une solution de sorte à sortir de la crise. Cependant, ce qu'il faut retenir selon le secrétaire général par intérim et président du groupe parlementaire RDR, est que le soutien de l'assemblée national au gouvernement ne fasse pas défaut quelles que soient les circonstances.

Quant aux relations entre Alassane Ouattara et Henri Konan Bédié, Amadou Soumahoro déclare qu'elles ne souffrent d'aucun conflit. Toutefois, comme dans toutes les familles, il y a des incompréhensions, et ces incompréhensions doivent permettre au chef de famille, donc au président, de certainement procéder à des réglages afin qu'ensemble ils soutiennent le président de la république et le gouvernement comme dans toute démocratie.

En ce qui concerne la dissolution du gouvernement, le secrétaire général par intérim du RDR pense que c'est une décision pour permettre à chaque responsable de parti politique membre de l'alliance de tirer des leçons et mettre de l'ordre au sein de son parti. En guise de conclusion, il affirme que cette dissolution du gouvernement n'est qu'un appel à l'ordre non seulement à l'égard du PRDCI-RDA, mais également à l'égard de l'ensemble des partis de l'alliance. C'est un message fort pour dire que quand on est ensemble, on doit se soutenir selon le secrétaire général par intérim du RDR. Si le président du groupe parlementaire RDR est d'accord que le projet de loi fasse l'objet de débats entre les parlementaires, même issus du RHDP, il ne l'est pas pour une divergence de positions dans le vote. Pour lui, une fois les débats terminés, le soutien au gouvernement doit se sentir par une solidarité entre les membres de l'alliance du RHDP. Sous cet angle, il envisage deux cas de figure quant à la réaction des députés à l'assemblée nationale : « *ou on soutient le gouvernement, auquel cas, on continue de siéger ; ou on ne soutient pas le gouvernement, auquel cas, on démissionne* ».

Ainsi, le mercredi 21 novembre 2012, lors du vote du projet de loi à l'hémicycle, Amadou Soumahoro, le président du groupe parlementaire RDR, et le président des groupes parlementaires Espérance et Dialogue, ont demandé aux autres députés de voter la loi en état sans faire de commentaire. Quant à Affoussiata Bamba, la présidente de la Commission des Affaires Générales et Institutionnelles, elle a également encouragé le vote de la loi. Elle a mobilisé l'argument selon lequel la Côte d'Ivoire a ratifié la convention international portant sur la discrimination à l'égard des femmes. Comme cette convention prime sur les lois locales, il est donc nécessaire selon elle que la Côte d'Ivoire s'arrime à ces lois internationales.

A la suite du vote de la nouvelle loi sur le mariage le mercredi 21 novembre 2012, à 213 voix sur 229 députés présents à l'hémicycle, avec 10 contres et 6 abstentions (Ouattara, 2012), le président de l'assemblée nationale Guillaume Soro s'est adressé aux députés. Dans son discours, Guillaume Soro a remercié les présidents des groupes parlementaires avec lesquels il dit avoir échangé non seulement sur la marche de l'assemblée nationale, mais aussi sur le vote de la nouvelle loi sur le mariage. Guillaume Soro dit avoir axé ses échanges avec les présidents des groupes parlementaires sur la dissolution du gouvernement engendrée par le rejet du projet de loi lors de son examen en commission par certains groupes parlementaires. Il a reconnu que ce projet de loi, tel qu'il est parvenu à l'assemblée nationale, mérite d'être entièrement et totalement discuté. Mais c'est tout de même une bonne loi ; car pour lui la bonne loi est celle qui traverse les siècles tout en suivant l'évolution du monde d'autant plus que la mondialisation impose ses règles.

En un mot, l'argumentation du pouvoir exécutif et des députés qui soutiennent cette nouvelle loi sur le mariage est axée sur deux éléments essentiels. Il s'agit de la conformité de la Côte d'Ivoire à la convention internationale relative à l'élimination de toutes les formes de discrimination à l'égard de la femme, et du soutien non négociable au pouvoir exécutif qui doit déterminer toutes les activités du pouvoir législatif du fait de l'alliance politique du RHDP. Aucun argument de cette tendance ne prend compte le contenu de la loi, ses effets et son impact sur la société ivoirienne. La compréhension de la loi, sa réceptivité et son acceptabilité par la population ivoirienne ne les préoccupe en aucun cas.

Ainsi, le pouvoir exécutif et le groupe parlementaire RDR limitent la vie, le fonctionnement et l'avenir de toute la société ivoirienne à une alliance entre quelques groupements politiques. Cette alliance a été tissée lors des élections présidentielles de 2010, dans une logique d'accession au pouvoir. Sur cette base, une fois que les élections sont terminées et que le pouvoir politique est conquis, la logique démocratique aurait voulu que la gestion de l'Etat soit l'apanage de toutes les catégories sociales ivoiriennes ou, à la limite, de tous les partis politiques surtout majoritaires du pays.

Mais le paradoxe du régime ivoirien à cette époque de l'adoption de ce nouveau code de la famille est le monopole de la gestion de l'Etat. Le gouvernement est exclusivement formé de ministres issus des partis membres de l'alliance RHDP. L'assemblée nationale n'est composée que de députés issus de ces partis. Dans ce contexte de gestion unilatérale de l'Etat, une divergence d'opinion entre des députés issus d'un même bord politique est mal vécue au point de déboucher une dissolution du gouvernement. L'assemblée nationale n'est-il pas le siège des débats parlementaires ? Que dire du principe de séparation des pouvoirs qui régit le régime démocratique ? Cette difficulté relationnelle créée par la divergence de points de vue relatifs à la nouvelle loi sur le mariage en Côte d'Ivoire, se manifeste par des prises de positions dont celle des groupes parlementaires opposés au RDR est la suivante.

La position des autres groupes parlementaires : l'argument culturel

Face au pouvoir exécutif et le groupe parlementaire RDR qui est le parti au pouvoir, il y a les autres groupes parlementaires qui ont adopté une position diamétralement opposée à la sienne. Il s'agit principalement des groupes parlementaires PDCI-RDA et UDPCI. En effet, lors de l'examen du projet de loi sur le mariage en commission le mardi 13 novembre 2012, les députés issus de ces groupes parlementaires ont rejeté le projet avec des arguments à l'appui.

Commençant par le groupe parlementaire PDCI-RDA, son président, le général Gaston Ouassénan Koné a présenté les réserves et amendements des députés de son parti. Il a rappelé que c'est dans le souci d'égalité entre l'homme et la femme que le Président de la République a soumis ce projet de loi à l'Assemblée Nationale. Il s'est félicité de cette initiative qui donne l'opportunité à l'Etat de Côte d'Ivoire non seulement de respecter ses engagements internationaux (relatifs à la convention sur l'élimination de toutes les formes de discrimination à l'égard des femmes), mais aussi de réaffirmer son attachement à l'égalité des sexes, au nom de son groupe parlementaire. Toutefois, l'analyse de l'exposé des motifs de cette loi par le groupe parlementaire PDCI laisse apparaître que le projet de loi ne prend pas en compte les valeurs culturelles, sociales et religieuses de la société ivoirienne. Il a insisté sur le fait qu'une cellule familiale sans chef est une norme contradictoire au fonctionnement de toutes les organisations humaines.

C'est pourquoi selon le général Ouassénan, le groupe parlementaire PDCI a partagé ses interrogations que voici avec l'ensemble des députés : « *L'absence de chef de famille ne va-t-elle pas entraîner la désintégration de la cellule familiale ?* » ; « *L'absence de chef de famille ne va-t-elle pas poser de problème de nom patronymique de la famille ?* » ; « *L'absence de chef de famille ne pose-t-elle pas de problèmes avec nos valeurs sociétales inscrites dans la bible, le coran, nos religions traditionnelles qui prévoient explicitement un chef ?* » ; « *Enfin, l'absence de chef de famille apporte-t-elle un réel avantage à la société, comme est censée le faire toute loi ?* »

En guise de conclusion à son intervention, le général Ouassénan Koné estime que voter cette loi à l'état, poserait en réalité plus de problème à la société ivoirienne qu'il n'en résoudrait. C'est pourquoi le groupe parlementaire PDCI-RDA propose que soit maintenu le principe de chef de famille. Cependant, en ce qui concerne la question de l'égalité de sexes, le président de ce groupe parlementaire suggère que le choix du chef de famille soit fait désormais de commun accord par les futurs époux. Cela rendrait compte de la conformité au principe d'égalité entre l'homme et la femme. Ce choix pourrait être fait lors de la célébration du mariage à l'instar de celui du régime matrimonial.

Quant au groupe parlementaire UDPCI, il a approuvé ces amendements faits par le groupe parlementaire PDCI-RDA et a soutenu l'intervention de son président. Cependant, du fait de la supériorité numérique des députés RDR à cette séance de travail en commission, ces amendements ont été rejetés. Si les 16 députés issus des groupes parlementaires PDCI-RDA, UDPCI et Dialogue ont voté pour ces amendements, les 17 issus du groupe parlementaire RDR en ont voté contre. Un (1) député sur les 34 présents, s'est abstenu de ce vote. Après le rejet des amendements, deux des 16 députés qui les avaient soutenus, ont basculé au moment du vote de l'ensemble du projet. Ainsi, sur les 34 membres de la commission présents, 18 ont voté pour le projet de loi, 12 ont voté contre, avec 4 abstentions (Bécanthy, 2012). Le projet de loi sur le mariage est alors autorisé à aller à l'hémicycle.

Une semaine après l'adoption du projet de loi par la commission des affaires générales et Institutionnelles, c'est-à-dire le mercredi 21 novembre 2012, les députés ivoiriens se sont réunis à l'hémicycle pour le vote définitif de la nouvelle loi sur le mariage. Rappelons que le rejet du projet de loi par une partie des députés présents à l'examen en commission a suscité le jeudi 14 novembre, la dissolution du gouvernement par le chef de l'Etat Alassane Ouattara. Cette dissolution du gouvernement constituait un moyen de pression visant à contraindre le pouvoir législatif à voter le projet de loi tel qu'il a été soumis à cette institution (Mamadou 2012).

Ainsi avant le vote, chaque groupe parlementaire présent à cette séance de travail a donné son avis sur la loi avant d'encourager son vote. Gaston Ouassénan Koné, président du groupe parlementaire PDCI a expliqué la logique de l'action des groupes parlementaires qui ont voté contre le projet de loi en commission. Pour lui, la plupart des membres de la Commission des Affaires Générales et Institutionnelles se sont posés quelques questions et se sont imaginés les conséquences de cette loi sur la société ivoirienne. Notamment, comment peut-on l'accommoder aux lois du Coran et de la Bible ? Est-ce que l'absence de chef de famille ne va-t-elle pas poser de problème dans le foyer ? Cette loi apporte-elle des avantages à la société ivoirienne ? Ce sont autant d'interrogations selon Ouassenan Koné, que les députés se sont posés et qui ont guidé leur position à l'examen en commission. Ce qui a conduit à la dissolution du gouvernement. Toutefois, il rappelle que plus l'absence du gouvernement dure, plus la crise prend de l'ampleur. Pour ne pas bloquer le fonctionnement logique de la nation ivoirienne, il demande alors le vote de la loi telle qu'elle se présente tout en exigeant des députés qui ont proposé des amendements de retirer leurs propositions.

Quant à Mamadou Dely, président du groupe parlementaire UDPCI, il considère que cette loi est futuriste et tôt ou tard, elle serait votée par le parlement ivoirien. Sur cette base, il demande à tous ses collègues de la voter sans retenue et telle qu'elle est parvenue à l'assemblée nationale.

Cependant, l'appel des présidents des groupes parlementaires à voter la loi telle qu'elle est parvenue à l'assemblée nationale, n'a pas été respecté par la totalité des députés présents à l'hémicycle. L'appel du Général Gaston Ouassenan Koné, président du groupe parlementaire PDCI-RDA a été rejeté par Yasmina Ouégnin, députée de Cocody appartenant au groupe parlementaire PDCI. En effet, lors du vote de la nouvelle loi sur le mariage à l'hémicycle, Yasmina Ouégnin a montré et démontré son opposition à cette loi tout au long du processus. Elle s'est dressée contre la loi par son vote du « non » tout le long de la procédure (Ouattara 2012).

Cette opposition du député de Cocody à la nouvelle loi sur le mariage a commencé depuis les travaux en commission. Pendant les débats sur l'adoption du projet de loi au sein de la commission des affaires générales et institutionnelles, Yasmina Ouégnin a rappelé que le travail législatif consiste à analyser les projets émanant de l'exécutif et à y apporter les correctifs que les élus du peuple jugent utiles et nécessaires à la satisfaction des intérêts de la nation qu'ils représentent. Pour elle, la fonction parlementaire serait ainsi vide de tout contenu si les députés se contentaient d'enregistrer sans critique et sans propositions, les projets du gouvernement.

Ainsi le mercredi 21 novembre 2012, au cours du vote de la loi en séance plénière, Yasmina Ouégnin a maintenu sa position avec bien d'autres députés qui ont refusé de suivre les consignes de vote émanant de leurs différents groupes parlementaires. En guise de justification de son choix, elle rappelle que « *la civilisation tout entière des ivoiriens s'est construite autour de la notion de chef : chef de famille, chef de communauté, chef de quartier, chef d'entreprise, chef de village,… chef de l'Etat. Faire disparaitre la notion de chef du code de la famille n'est pas forcement faire émerger les droits de la femme.* » En outre, elle estime que d'innombrables textes ont été votés depuis l'indépendance de la Côte d'Ivoire, en faveur de la protection de la femme et de l'enfant ; notamment sur les violences conjugales, les mutilations génitales, le droit à l'éducation, le droit à la santé, le travail et l'exploitation des enfants, le trafic d'enfants et les enfants soldats…Tous ces textes selon le député de Cocody, ont été votés, sans la production du moindre effet notable, faute d'application véritable. Il s'avère alors plus important et urgent pour elle, de commencer par donner un sens à ces acquis en invitant l'exécutif à appliquer rigoureusement les lois déjà adoptées, avant de s'engager dans des combats futuristes pour des droits que les populations concernées n'ont pas encore revendiqués.

Selon Yasmina Ouégnin, la méthode de l'adoption du projet de loi sur le mariage n'est pas démocratique. Pour elle, dans un système démocratique, la séparation des pouvoirs est un élément essentiel. « *Il est donc inimaginable que des pressions (quels que soient la nature ou le degré) puissent être exercées sur le pouvoir législatif en vue d'obtenir le passage d'un texte aussi fondé, soit-il.* » Et pourtant, le 21 novembre 2012, c'est cet environnement de pression qui a prévalu avant et pendant le vote de la loi, en plus de la dissolution du gouvernement. Sous la pression, la majorité des députés s'est alignée et cette loi a été votée.

Yasmina Ouégnin Guessennd, député de Cocody et Membre du groupe parlementaire PDCI-RDA, a résisté à cette pression pour voter « non ». Elle dit être à l'assemblée nationale uniquement pour représenter le peuple ivoirien. Elle affirme également : « *j'ai été bien entendu élue sous la bannière d'un parti politique, avec lequel je partage des aspirations et une vision communes pour le développement de la société ivoirienne. Mais mon mandat relève du pouvoir législatif et c'est dans ce cadre que mon action s'inscrit.* »

L'environnement de pression que dénonce Yasmina Ouégnin se confirme par la réaction du Général Gaston Ouassenan Koné, président du groupe parlementaire PDCI-RDA lors de la rencontre entre Henri Konan Bédié (président du PDCI-RDA) et les députés à la maison du parti, le jeudi 22 novembre 2012. A cette rencontre qui est la première depuis les élections législatives du 11 décembre 2011, le président du groupe parlementaire a exprimé la colère de l'ensemble des députés PDCI-RDA en disant publiquement à Konan Bédié, président du parti, qu'il est le responsable de tout ce qu'ils subissent comme pression et humiliation (Boga, 2012).

En guise de réaction à la colère et surtout à l'accusation des députés, le président Bédié indique qu'il est important que les députés PDCI privilégient la concertation et le dialogue avec les membres du gouvernement. Il leur a également demandé de travailler dans l'intérêt du PDCI et du RHDP. La position de ces groupes parlementaires est essentiellement axée sur la contradiction de cette nouvelle loi sur le mariage et les valeurs culturelles, sociales et religieuses de la société ivoirienne. Ils soulignent également l'inadaptation de cette loi au mode de fonctionnement de cette société et les problèmes conjugaux qu'elle pourrait créer.

Conclusion

L'argument central du pouvoir exécutif et des députés issus de parti au pourvoir (le RDR), pour soutenir le vote de la nouvelle loi sur le mariage, est la solidarité absolue qui doit régner entre le gouvernement et l'assemblée nationale. Cet argument basé sur la solidarité exécuto-législative stipule que les députés doivent absolument soutenir tout projet de loi émanant du pouvoir exécutif sans critiques ni amendement, du fait de l'alliance RHDP. La réaction du groupe parlementaire PDCI-RDA qui est le principal parti allié du RDR au sein du RHDP a créé un conflit ouvert entre les deux partis. En effet, les débats qui ont animé la question de la nouvelle loi sur le mariage depuis son examen en commission jusqu'à son adoption en séance plénière, sont essentiellement basés sur des logiques et des prises de positions politiques. Les questions concernant le contenu de la loi, sa réceptivité par la population, son effet et son impact sur la société ivoirienne, ont été très peu évoquées dans les débats.

Sources bibliographiques

Akwaba (S. C.), 2012, « Goudou Raymonde brise l'hégémonie du mari dans le couple : L'hommeet lafemme désormais chefs de famille au même titre », In *Le Nouveau Réveil* du mercredi 14 novembre 2012, N°3238.

Akwaba (S. C.), 2012, « Dissolution du gouvernement, loi sur le mariage, accusation entre alliés : qui a trahi qui ? » In *Le Nouveau Réveil* du vendredi 16 Novembre 2012 N°3239.

Bamba (F. M.), 2012, « Dissolution surprise du gouvernement Ahoussou : la colère destructrice du monarque », In *Notre Voie* du vendredi 16 novembre 2012 - N°4270.

Bécanthy (F), 2012, « Doudou Raymonde brise l'hégémonie du mari dans le couple : le projet de loi adopté en commission, hier », In *Le Nouveau Réveil* du mercredi 14 novembre 2012, N°3238.

Béla (E), 2012, « Projet de loi sur la famille en Côte d'Ivoire : L'agréable avant l'utile », In *Chronique des Temps Nouveaux,* du 19 décembre 2012.

Boga (S), 2012, « Grave contradiction de Ouattara », In *Notre Voie* du vendredi 16 novembre 2012, N°4270.

Boga (S), 2012, « La crise persiste entre Ouattara et Bédié : Voici les raisons », In *Notre Voie* du mercredi 21 Novembre 2012 - N°4274.

Boga (S), 2012, « Examen de la loi sur le mariage : La plénière ce matin », In *Notre Voie* du mercredi 21 novembre 2012 - N°4274.

Boga (S), 2012, « Une loi inapplicable », In *Notre Voie* du Jeudi 22 novembre 2012, N°4275.

Boga (S), 2012, « Ouassénan à Bédié : « Vous Etes le Responsable de ce que Nous Vivons », In *Notre Voie* du vendredi 23 novembre 2012 - N°4276.

Dépry (D), 2012, « Nouveau gouvernement Ouattara : Avec Duncan, c'est Bédié qui perd la primature », In *Notre Voie* du vendredi 23 novembre 2012 - N°4276.

Dépry (D) ET BOGA (S), 2012, « Gouvernement Ouattara 2 : Les vraies raisons d'unedissolution », In *Notre Voie* du vendredi 16 novembre 2012, N°4270.

Coulibaly (A), 2012, « Abobo : La nouvelle loi sur le mariage fait ses effets : une femme tabasse son mari et l'humilie », In *Le Jour Plus* du mardi 27 novembre 2012, N°2598.

Doué (K), 2012, « Examen en plénière du projet de loi sur le mariage : Le PDCI Retire ses Amendements », In *Notre Voie* du jeudi 22 novembre 2012, N°4275.

Etou (C), 2012, « Quand la violence remplace la « Solution » », In *Notre Voie* du vendredi 16novembre 2012, N°4270.

Gbato (G), 2012, « Crise dans la coalition au pouvoir : Ouassénan Koné à Ouattara : « Noussommes Libres » », In *Notre Voie* du Samedi 17 et Dimanche 14 Novembre 2012, N°4271.

Koaci.com, 2012, « La Loi sur le Mariage va-t-elle Créer le Divorce au Sein du RHDP ? » In*LeJour Plus* du Vendredi 16 Novembre 2012 - N°2590.

Koffi (P), 2012, « Crise sur le projet de loi portant modification de la loi sur le mariage : Amadou Soumahoro sur RFI : « Il y a parfois des incompréhensions qui doivent permettre au chef de famille, donc au président, de procéder à des réglages » », In *LeNouveau Réveil* du samedi 17 et dimanche 18 novembre 2012, N°3240.

Koré (B), 2012, « Le chantage a eu raison du PDCI », In *Notre Voie* du jeudi 22 novembre2012, N°4275.

Ouattara (L), 2012, « Yasmina Ouégnin opposée à la promotion de la femme », In *Le Patriote*dujeudi 22 Novembre 2012, N°3901.

Ouattara (L), 2012, « Soro Guillaume : « La bonne loi, c'est celle qui traverse les siècles » », In *Le Patriote* du jeudi 22 novembre 2012, N°3901.

Ouattara (L), 2012, « Projet de loi sur le mariage en Côte d'Ivoire : la loi votée hier à la quasi-unanimité », In *Le Patriote* du Jeudi 22 novembre 2012, N°3901.

Ouegnin (Y), 2012, « Pourquoi j'ai voté "non" », In *Le Nouveau Réveil* du samedi 24 et dimanche25 novembre 2012, N°3240.

Sangaré (Y), et Lath (T), 2012, « La femme n'est pas chef de la famille, la loi ne le dit pas », In*LePatriote* du mercredi 21 novembre 2012, N°3900.

Semien (E. A.), 2012, « Dissolution du gouvernement : l'APDH condamne la décision », In*Notre Voie*du samedi 17 et dimanche 14 novembre 2012, N°4271.

Takoué (S), 2012, « Crise sur le projet de loi portant modification de la loi sur le mariage : Djédjé Mady sur Onu-ci FM : « Sous Houphouët, le Projet de loi sur la DoubleNationalité a été Rejetée Sans qu'il n'y ait Dissolution du Gouvernement » », In *LeNouveau Réveil* du vendredi 16 Novembre 2012, N°3239.

Takoué (S), 2012, « Crise sur le projet de loi portant modification de la loi sur le mariage : Julien Fernand Gauze sur Onu-ci Fm : « Le Mal est Profond et Sérieux » », *Le Nouveau Réveil* du samedi 17 et dimanche 18 novembre 2012, N°3240.

Takoué (S), 2012, « Crise sur le projet de loi portant modification de la loi sur le mariage : Babacar Justin N'Diaye : « Ouattara fait l'affaire des pro-Gbagbo… » » », In *Le Nouveau Réveil* du samedi 17 et dimanche 18 novembre 2012, N°3240.

Tim (M), 2012, « Projet de loi sur le mariage : Les députés ont voté avec 213 Voix sur 229 » In *Le Jour Plus* du jeudi 22 novembre 2012, N°2595.

Touré (L), 2012, « Crise après sur le projet de loi portant modification de la loi sur lemariage : Amadou Gon Coulibaly se justifie : « Il y a Problème au Niveau de la Solidarité à l'Intérieur de l'Alliance » », In *Le Nouveau Réveil* du vendredi 16 Novembre 2012, N°3239.

Touré (L), 2012, « Après le vote en commission de la loi sur le mariage : Le Président del'Assemblé Nationale s'entretient avec les Présidents de Groupes Parlementaires. Affoussiata Bamba : « La décision du Président de la République ne nous concernepas» », In *Le Nouveau Réveil* du samedi 17 et dimanche 18 novembre 2012, N°3240.

Touré (L), 2012, « Après le vote en commission de la loi sur le mariage : Le Président de l'Assemblé Nationale s'entretient avec les Présidents de Groupes Parlementaires. Gaston Ouassénan Koné : « Les députés sont libres. L'alliance sert à travailler ensemble »», In *Le Nouveau Réveil* du samedi 17 et dimanche 18 novembre 2012, N°3240.

Touré (L), 2012, « Après le vote en commission de la loi sur le mariage : Le Président de l'Assemblé Nationale s'entretient avec les Présidents de Groupes Parlementaires. Amadou Soumahoro : « Il ne faut pas qu'on donne l'Impression que nous ne voulons pas de débat » », In *Le Nouveau Réveil* du samedi 17 et dimanche 18 novembre 2012, N°3240.

Traoré (A), 2012, « Amendement de la loi de 1964 relative au mariage : Imam Dosso Mamadou, secrétaire général du conseil national islamique. « Même s'il s'agit de loi, nous sommes en face d'une question de société » », In *Le Jour Plus* du mardi 20 novembre 2012, N°2593.

Wolton (D), 2001, « La communication, un enjeu scientifique et politique majeur du XXI^{ème}siècle », In *L'Année Sociologique*, Vol. 51, N°2, 309-326.

Chapitre 5

L'évolution du code de la famille ivoirien de 1964 à nos jours

Kragbe, Azowa Gilles

Introduction

Lorsque la Côte d'Ivoire accède à l'indépendance le 7 août 1960, les autorités se trouvent devant une situation délicate face à l'avenir de la famille. Alors qu'une minorité de personnes est justiciable du droit civil français, le reste de la population est essentiellement régi par le droit coutumier. Le législateur, trouvant que certaines traditions constituaient un frein à l'évolution du pays, adopta en 1964 un code touchant à l'organisation de la famille[1]. Ce texte consacre particulièrement la suppression de la polygamie et la fin de la dot. Une autre loi intervient le 02 août 1983 pour combler les lacunes de la première. Celle-ci permet aux époux le choix entre le régime de la communauté réduite aux acquêts, qui est le régime de droit commun, et le régime de la séparation des biens pour lequel il faut opter.

Mais suivant les dispositions de la constitution[2] et aux pressions exercées en faveur de l'égalité du genre[3], il s'est opéré un changement profond dans le statut de la femme à travers la loi n°2013-33 du 25

---

[1] La codification se manifeste à travers huit lois adoptées le 7 octobre 1964 : Lois n° 64-373 relative au nom, loi n° 64-374 relative à l'état civil, loi n° 64-375 relative au mariage, Loi n° 64-376 relative au divorce et à la séparation de corps, Loi n°64-377 relative à la paternité et à la filiation, Loi n° 64-378 relative à l'adoption, loi n° 64-379 relative aux successions, Loi n° 64-380 relative aux donations entre vifs et testament, J.O.R.C.I. du 27 octobre 1964.

[2] Voir les art. 2 et 3 de la Constitution du 1er août 2000, J.O.R.C.I., du 3 août 2000.

[3] Il faut souligner ici le lobbying mené par l'AFJCI (Association des Femmes juristes de côte d'ivoire), le REFAMP-CI (Réseau de Femmes Africaines ministres et Parlementaires- section Côte d'Ivoire) et des ONG (Organisations Non Gouvernementales) de défense des droits de l'homme notamment la LIDHO (Ligue Ivoirienne des Droits de l'Homme) et le MIDH (Mouvement Ivoirien des Droits humains) à travers les actions de formation et de sensibilisation à l'endroit des hommes politiques et des populations.

Janvier 2013 sur le mariage. Cette loi révolutionnaire implante le principe de la cogestion dans le couple africain. Principe se traduisant principalement par la suppression de la prééminence de l'homme sur la femme. Il ressort que la loi a pour objet l'abrogation de l'article 53 du Code civil, ainsi que la modification des articles 58, 59, 60 et 67 de la Loi n°64-375 du 7 octobre 1964 relative au mariage, telle que modifiée par la Loi n°83-801 du 2 août 1983.

Cette égalité de droit vise à mettre en adéquation le droit ivoirien et la Convention des Nations-unies sur l'élimination de toutes les formes de discriminations à l'égard des femmes, ratifiée en 1995. Ladite loi a eu pour effets notables, le choix collégial du domicile conjugal, l'autonomie professionnelle de la femme et la contribution égalitaire aux charges du ménage. En réalité, la gestion conjointe est la pierre angulaire de l'article 58 de la nouvelle loi sur le mariage et mieux, le fondement même de la reforme intervenue en 2013.

Par conséquent, l'examen en profondeur de la législation de la famille ivoirienne nous conduit-il à relever de nombreuses contrariétés entre les lois du 7 octobre 1964 telles que modifiées le 2 août 1983 avec la reforme intervenue le 25 janvier 2013. De ce fait, il se pose le réel problème de l'harmonisation du droit de la famille ivoirienne avec le principe de l'égalité du genre dans le ménage introduit par la loi n° 2015-33 du 25 janvier 2013 relative au mariage.

Il ressort d'un constat général qu'une grande partie de l'opinion ivoirienne continue-t-elle de rejeter le principe même de la gestion collégiale de la famille qui du reste demeure une conception contraire à nos traditions[4].En témoigne d'ailleurs la position du groupe parlementaire PDCI-RDA[5] qui dans ses réserves estimait que la loi

---

[4] F. ZAMBLE, « Des femmes ont-elles peur de cogérer le foyer? », in www.ipsinternational.org/fr/ consulté le 11 septembre 2014 à 3h 04 mn; Telle était la position défendue dans cet article par l'honorable député de Cocody (quartier d'abidjan) Madame Yasminan OUEGNIN qui estime que la notion de chef est consubstantielle à nos sociétés africaines : chef de terre, chef de quartier, chef de village. Pour elle, « Faire disparaître la notion de chef du Code de la famille ce n'est pas forcément faire émerger les droits de la femme. Il est bon de rappeler que toute notre civilisation entière s'est construite autour d'un chef à respecter ».

[5] Parti Démocratique de Côte d'Ivoire – Rassemblement Démocratique Africain, est le parti créé par F.H. BOIGNY et le premier parti à diriger la côte d'Ivoire indépendante de 1960 à 1999. Il fait partie du RHDP (Rassemblement des Houphouetistes pour la Démocratie et la Paix), la coalition qui dirige le pays depuis le 11 avril 2011.

modificative suggère une cellule familiale sans chef, ce qui pourrait aboutir à une désintégration de la cellule familiale (Sarassoro 2014 :174).

En ce qui concerne les défenseurs de la nouvelle réforme, ils clament que la loi du 25 janvier 2013 constitue une avancée notable dans l'autonomisation et la responsabilisation de la femme, et partant dans l'instauration d'une société égalitaire. Il suffit pour cela de lire l'exposé des motifs de la loi du 25 Janvier 2013 pour s'en convaincre et pour comprendre l'objectif principal que le législateur vise à travers cette réforme ; celui d'amener l'égalité et l'équité dans la cellule familiale, et partant plus de stabilité dans la société.[6]

Les positions étaient tellement tranchées que cela a abouti à la dissolution du gouvernement dont la responsabilité a été engagée par le Président de la République, accusé de ne pas faire suffisamment d'efforts pour défendre le projet de loi[7].Ce problème de par lui-même, traduit tout l'intérêt du sujet. Face à cette polémique du fait de la loi, l'on peut se demander pourquoi le législateur ivoirien a-t-il abandonné la gestion centralisée pour épouser l'émancipation de la femme, entraînant le principe de codirection de la famille par les époux dans le contexte actuel ? Ne fallait-il pas préférer une famille conforme aux traditions africaines consacrant la prééminence du mari dans le foyer et maintenir ainsi la cohésion familiale (Gbaguidi 1995 :5)?

Pour trouver donc des réponses à ces interrogations soulevées et sur la base d'une étude très critique du code, nous ne manquerons pas de soulever, comparativement aux lois de 1964 et celles de 1983

---

[6] Voir dans ce sens l'exposé des motifs de la nouvelle loi avec H. Sarassoro, Droit civil : les personnes et la famille, op. cit. p. 171 « Si les lois civiles adoptées en 1964 ont, dans leur ensemble, contribué à l'avènement d'une société ivoirienne moderne, la loi relative au mariage, apparaît aujourd'hui, dans certaines de ses dispositions, inadaptées à l'évolution qui tend à consacrer, partout dans le monde, le principe de l'égalité entre les sexes et de l'autonomisation de la femme. En ratifiant le 18 décembre 1995, la Convention sur l'élimination de toutes les formes de discrimination à l'égard des femmes (CEDEF), la Côte d'Ivoire s'est engagée à mettre les dispositions contraires de sa législation nationale en conformité avec les principes défendus par cette Convention. ».

[7] La dissolution du gouvernement est intervenue le 14 Novembre 2012 et un nouveau gouvernement a vu le jour par décret n°2012-1119 du 22 novembre 2012 après que le projet de loi relatif au mariage a été adopté par l'assemblée nationale le 21 novembre.

relativement au mariage, les bouleversements énormes engendrés par la loi du 25 janvier 2013 en matière de gestion de la famille. Cette analyse nous conduira à étudier la suprématie de l'homme sur la femme dans les premières reformes du code de la famille(I), avant d'aborder l'émancipation mitigée de la femme dans la réforme de 2013 (II).

La suprématie de l'homme sur la femme dans les premières reformes du code de la famille

La suprématie de l'homme sur la femme s'est axée dans les premières heures du code sur une approche coutumière en 1964 (A), avant que le législateur n'affiche un libéralisme dans la réforme de 1983 sur le régime matrimonial (B).

A/ L'approche coutumière de la loi de 1964

L'approche coutumière de 1964 s'est caractérisée par une position ambivalente. Elle a d'abord imposé le régime de la communauté de biens dans le couple, avant d'admettre paradoxalement la suppression de la polygamie et de la dot.

Se rangeant dans l'esprit de nos coutumes, la loi sur le mariage de 1964 a pour effet de créer, entre les époux, un régime unique : celui de la communauté des biens[8]. C'est au mari, chef de famille et chef de la communauté, qu'il revient d'administrer les biens communs et les biens personnels des époux (art. 74), mais la femme remplace le mari dans sa fonction de chef de famille, s'il est hors d'état de manifester sa volonté, en raison de son incapacité, de son absence, de son éloignement ou de toute autre cause (art. 58).

Sont mis en commun les salaires et revenus des époux et tous les biens acquis par eux, à titre onéreux, pendant le mariage. Sont de même mis en commun, les biens donnés ou légués conjointement aux deux époux (art. 71). Comme dans de nombreux codes civils, des obligations réciproques existent entre époux telles que la fidélité, le secours, l'assistance et la communauté de vie. Cette dernière obligeant d'ailleurs les époux à vivre sous le même toit, que le mari seul est habilité à choisir.

---

[8]Loi n° 64-375, article 68

Selon le Substitut Général de la Cour d'Appel d'Abidjan, le souci du législateur de protéger la femme en imposant le régime de la communauté s'est traduit par la reconnaissance en sa faveur de certains droits après la dissolution du lien conjugal. Alors que dans la plupart de nos coutumes où le régime était celui de la séparation des biens, la femme à la dissolution du mariage quittait le foyer complètement démunie, avec le régime de la communauté, elle peut non seulement reprendre ses biens propres, mais obtenir le partage par moitié de la masse commune de biens (Folquet 1974).

La secousse la plus « révolutionnaire » est sans doute celle concernant l'abolition de la polygamie qui fait de la Côte d'Ivoire le premier pays d'Afrique francophone à adopter une mesure aussi radicale. Pour ce faire, la loi reprend dans l'article 2 alinéa 1, la formule de l'article 147 du Code civil français « *Nul ne peut contracter un nouveau mariage avant la dissolution du précédent* ». En d'autres termes, la polygamie est purement et simplement supprimée. En ce qui concerne le sort des unions polygamiques contractées antérieurement à la date d'entrée en vigueur de cette nouvelle loi, l'époux polygame conserve le droit acquis pour ses mariages antérieurs, mais ne pourra contracter un nouveau mariage qu'après dissolution de tous les mariages dans lesquels il se trouvait précédemment engagé[9].

Désormais, seul l'État peut conférer la légalité du mariage qui, dans le droit traditionnel, ne nécessitait aucune intervention des pouvoirs publics. Au terme de l'article 50 de la loi 64-375, c'est le mariage qui crée la famille légitime. La loi de 1964 prévoit aussi le principe de la liberté de consentement. Ainsi, l'âge requis est de 20 ans révolus pour l'homme et 18 ans révolus pour la femme (art. 1). Toutefois des dispenses ou autorisations spéciales peuvent être accordées par le Président de la République pour motifs graves (grossesse, etc.)[10]. En ce qui concerne la dot, la loi ivoirienne est toujours aussi radicale, alors que l'attitude des législateurs africains varie de sa réglementation à sa suppression. De façon complète et immédiate, la dot est abolie en Côte d'Ivoire et la prohibition est assortie de sanctions sévères (emprisonnement et amende).

---

[9]Article 10 de la loi n° 64-38
[10]Depuis la loi de 1983, ces dispenses sont accordées par le Procureur de la République

Mais la portée de ce code civil qui consacre la famille nucléaire de type occidental et la rapidité avec laquelle il est mis en vigueur deux mois plus tard malgré une période de transition prévue de deux ans sont à l'origine des difficultés rencontrées. L'attachement des populations aux pratiques traditionnelles représente également un autre handicap, ainsi que la méconnaissance des lois par les citoyens et plus particulièrement par les femmes. Dans une étude de cas portant sur les femmes Bété et Dioula, (Risa Ellovich, 1985 : 11) démontre que non seulement les femmes sont moins informées que les hommes sur les lois mais qu'il y a aussi des différences entre des ethnies : les femmes bété (largement catholiques) sont plus informées sur leurs droits que les femmes dioula (musulmanes), *« parce qu'elles ont été en contact avec les missionnaires catholiques depuis plus de 80 ans »* (Ellovich 1985 : p. 191). Enfin, l'analphabétisme d'une partie de la population ivoirienne rend incompréhensible la politique d'intégration des femmes au processus de développement.

Les élites se rendent compte que l'application des lois de 1964 est difficile, thème largement abordé dans la presse ivoirienne : « Il y a seize ans ; la dot a la vie dure »[11], « Enquête treize ans après... Comment évolue la famille ivoirienne ? », « Un mari pour deux femmes », « Huit ans après, la polygamie ». Mais pour l'universitaire Abdou Touré, les répercussions des lois de 1964 sur la population ne sont pas totalement caduques. Révolutionnaire, cette loi ne l'est qu'en principe, elle ne l'est que dans la théorie. Dans la pratique, elle entérine des pratiques déjà à l'honneur dans la classe supérieure éduquée à l'occidentale, et il ne semble pas malgré l'intérêt qu'elles lui portent, qu'elle inquiète et révolte outre mesure, les classes subalternes qui sont généralement très habiles et savent parfaitement jouer sur les deux registres, à savoir les lois coutumières et les lois « modernes » (Touré 1981 : 158).

Pour J. Emane, au contraire, on se trouve ici en présence d'un exemple unique dans les législations africaines d'introduction d'un régime de communauté dans un système qui n'est nullement préparé pour le recevoir. Cette loi n'a malheureusement pas donné les effets escomptés, déclare Maître Bitty Christiane, non seulement parce que les couples manquaient d'esprit communautaire, mais surtout à cause

---

[11]*Ivoire Dimanche*, n° 555 - Septembre 1981

des inconvénients qu'elle comportait. Il s'agit du manque de liberté dans le choix du régime, l'inégalité des époux marquée par la soumission de la femme qui n'avait pas de pouvoir, même sur ses biens propres (Emane 1967 :87).

Les femmes craignent l'utilisation par l'homme des revenus communs à des fins personnelles et perpétuent pour certaines la pratique de la séparation des biens comme l'écrit en 1979 Colette Lecour Grandmaison. Elles perpétuent cette pratique de la séparation des biens fondée d'une part sur la tradition africaine où propriété personnelle du produit du travail et absence de communauté des biens entre époux sont la règle. Nous avons également le devoir qu'impose au mari la règle islamique de subvenir à l'entretien de la famille (Lecour 1979). Les femmes ne sont pas à court d'arguments pour expliquer cette rigueur : la polygamie, la précarité du lien conjugal (que confirme la fréquence des divorces), l'arbitraire de la répudiation constituant le faisceau de raisons le plus souvent invoquées[12]. Ainsi, la législation qui était censé assurer la promotion de la famille ivoirienne s'avère inefficace quinze ans plus tard et nécessite de nouvelles réformes. C'est l'objet de la réforme du 2 août 1983 qui vient compléter ou modifier celle de 1964.

B/ Le libéralisme affiché par la réforme de 1983 sur le régime matrimonial

La loi du 2 août 1983 intervient donc pour combler les lacunes de la première en tenant compte de l'évolution des mentalités. Elle dispose notamment que les époux ont maintenant le choix entre le régime de la communauté réduite aux acquêts, qui est le régime de droit commun, et le régime de la séparation des biens pour lequel il faut opter. Dans ce cas, chacun des époux conserve l'administration, la jouissance et la libre disposition de ses biens personnels et il est propriétaire du bien acquis par lui pendant le mariage. À la dissolution de ce dernier, aucune liquidation ou partage n'a lieu, chacun reprenant ses biens personnels. Dans ce régime, chaque époux n'a qu'une obligation, celle de contribuer aux charges du mariage (dans la mesure de ses possibilités).

---

[12]Statistiques données par Jacqueline Oble aux Journées nationales de la Femme organisées à Abidjan le 3 mai 1989.

Le législateur autorise en outre à changer de régime au cours du mariage, mais seulement après deux ans d'application du régime adopté et à condition que le changement soit conforme à l'intérêt de la famille. Ainsi, une enquête menée quatre ans après l'application de la loi de 1983 révèle que « *sur 2595 mariages célébrés, 167 couples seulement ont opté pour le régime de la séparation des biens. Parmi eux, on trouve toutes les catégories sociales. Dans une dizaine de cas, les femmes sont même sans profession* » (*Lecour op.cit.*). L'attitude des femmes est significative et montre que l'instrument juridique que représente la loi n'est pas entré dans les mœurs.

Maître Christiane Bitty[13] estime toutefois qu'il n'y a pas eu remise en cause totale de la loi de 1964 par la loi de 1983. À part l'introduction d'un nouveau régime de séparation des biens, la loi de 1964 a été maintenue dans la plupart de ces dispositions et seuls certains points ont été aménagés pour les rendre conformes à l'évolution des mentalités et des mœurs.

On assiste par exemple au maintien de l'article 59 de la loi n° 64-375 qui fait peser les charges du mariage à titre principal sur le mari, ce qui est sans nul doute contradictoire avec le principe d'égalité des droits et de réciprocité. Le mari reste également l'administrateur des biens communs. Mais cette prérogative est contre-balancée par le fait que la femme garde quand même l'administration de ses biens réservés (salaires).

L'exemple du travail salarié est significatif à la fois des évolutions et du maintien des préjugés socio-culturels. En schématisant, on aboutit à ceci : pour l'homme, il est considéré comme un droit mais aussi comme un devoir tandis que pour la femme mariée, au contraire, l'exercice d'une profession n'a été pendant longtemps qu'une simple tolérance soumise à l'approbation du mari.

Alors que l'ancien article 67 du Code civil ivoirien (loi n° 64-375/1964) entérine cette idée et précise que : « *Si l'opposition du mari n'est pas justifiée par l'intérêt de la famille, la femme peut être autorisée par justice à passer outre* », la nouvelle législation de 1983 introduit deux nouvelles dispositions dont l'une a trait à la capacité reconnue de la jeune femme d'exercer une profession séparée et l'autre aux pouvoirs qu'elle a sur les produits de son travail. Selon l'article 67 du nouveau

---

[13] Notaire à Abidjan

Code : « *La femme peut exercer une profession séparée de celle de son mari à moins qu'il soit judiciairement établi que l'exercice de cette profession est contraire à l'intérêt de la famille* »[14].

Mais la liberté professionnelle de la femme mariée n'est pas totale, dans la mesure où celle-ci est limitée par l'intérêt de la famille. Dès lors, l'apport de la nouvelle loi consiste dans l'obligation qui est désormais faite au mari, et non plus à la femme, de saisir le juge, c'est-à-dire de déclencher lui-même l'action en justice (Idot 1987 : 28). L'article 68 vise, quant à lui, l'autonomie financière de la femme et dispose, contrairement au régime antérieur que chacun des époux perçoit ses gains et salaires et peut en disposer librement après s'être acquitté des charges du mariage.

La nouvelle loi accorde aussi l'autonomie bancaire à chacun des deux époux et permet aux femmes exerçant une profession séparée de celle de leur mari d'acquérir des biens réservés, privilège jusque-là réservé aux commerçantes. On assiste ainsi à la recherche d'une véritable égalité entre époux qui s'est faite, tantôt par l'acquisition de droits nouveaux pour la femme, tantôt par la limitation des pouvoirs du mari. Mais le code adopté en 1964 et réformé en 1983 n'est pas toujours respecté, et le législateur est loin d'avoir atteint son objectif.

C/ Les droits de la femme en ballotage face aux pratiques coutumières

L'observation de la réalité semble révéler l'inadaptation de nombre de mesures juridiques. Cette tendance est confirmée par plusieurs faits tels que le faible pourcentage de couples mariés devant l'officier d'État civil ou la persistance d'une polygamie non institutionnalisée (mariage coutumier, mariage parallèle, ...). Quelques chiffres rendent compte de cette situation.

Un sondage organisé en 1977 par l'Institut Ivoirien d'Opinion Publique (I.I.O.P.) signalait que sur cent femmes de plus de 18 ans vivant en milieu urbain, 29% étaient célibataires, 49% mariées coutumièrement, 9% mariées coutumièrement et à la mairie et 7% mariées à la mairie (Traoré 1977 : 76). Quelques années plus tard, en 1984, soit vingt ans après l'instauration du Code civil ivoirien, une enquête révèle que, pour l'ensemble des hommes mariés de plus de 15 ans, « 83% ont une épouse, 14% ont deux épouses, 2,5% ont trois

---

[14]Loi n° 83-800 du 2 août 1983.

81

épouses et 0,5% ont quatre épouses et plus » (Antoine et Henry 1984 :46).

Alors que l'on pouvait penser que l'urbanisation croissante et l'action du législateur seraient autant de facteurs de régression de la polygamie, on constate que celle-ci se maintient aussi bien dans les villes que dans les campagnes. Les enquêtes démographiques révèlent que c'est dans l'habitat dit « résidentiel » que se constituent les familles les plus nombreuses. Ainsi la famille étendue s'est reconstituée là où l'on a voulu promouvoir une famille nucléaire de type occidental. Précisons tout de même que dans ces cas-là, celle-ci est constituée des parents et enfants, mais également des neveux, cousins, etc. Nous avons retrouvé cette tendance dans des enquêtes auprès des femmes cadres moyens et supérieurs. Elles ont toutes souligné la présence de deux à cinq personnes chez elles.

La distribution des unions polygamiques connaît par ailleurs des variations selon des critères plus ou moins liés entre eux, comme le niveau d'instruction, l'ethnie, la religion ou la catégorie sociale. Comme le rappelle Maryse Duponchel (1972 :9), *« la polygamie a tendance à croître du fait de l'augmentation des revenus monétaires »*. D'autre part, en milieu urbain existent différentes formes de polygamie : celle qui est vécue ouvertement et officiellement et celle qui est clandestine et officieuse. Le phénomène de la « maîtresse » c'est-à-dire d'une femme entretenue par un homme marié a suscité et suscite encore une attention particulière, mobilisant régulièrement les journalistes et chroniqueurs de la presse nationale.

La difficulté de l'État ivoirien consiste en fait à gérer une institution qui touche au domaine privé, comme le soulignait déjà en 1964 Émilienne Abitbol (1966 : 305):« *les réformes ne vont pas sans risques. Il est toujours difficile de réglementer, par voie d'autorité les rapports familiaux surtout lorsqu'il en résulte un bouleversement complet des institutions préexistantes. Outre l'opposition que peut provoquer l'intrusion de l'État dans un domaine qui lui échappait autrefois totalement, il est impossible de prévoir les réactions sociales que susciteront le nouveau système et les désordres qu'il peut engendrer.* »

L'évolution des rapports entre époux en Afrique et tout particulièrement en Côte d'Ivoire est révélatrice de l'histoire sociale. Le contournement des lois (prises du haut des tribunes de l'Assemblée nationale) traduit à la fois leur inadaptation et leur inefficacité. Toutefois, en ce qui concerne la Côte d'Ivoire, le développement du phénomène urbain, la fin de la période de forte croissance économique (1960-1980), la précarité de l'emploi et la montée du chômage urbain constituent autant de préoccupations ayant engendré de sérieuses modifications tant sur le plan des mentalités que du point de vue des comportements.

L'émancipation mitigée de la femme dans la réforme de 2013

Si dans la nouvelle loi, l'émancipation de la femme fut marquée par la suppression de la prééminence du mari (A), il n'en demeure pas moins qu'à l'examen de ladite loi, la reforme est contrariée par des points en suspens (B).

A/ Une émancipation marquée par la suppression de la prééminence du mari

L'article 58 nouveau supprime l'omnipotence du mari et laisse ainsi la codirection de la famille aux deux époux. Cette suppression emporte deux grands effets. D'une part, elle entrevoit le choix collégial du domicile conjugal, et partant prête le flan à l'immixtion du juge dans le choix du domicile. D'autre part, elle renforce l'autonomie professionnelle de la femme, donnant lieu ainsi à la contribution aux charges du ménage.

La suppression de la prééminence du mari dans la direction de la famille a eu pour principale conséquence d'instaurer entre les époux une égalité dans le choix du domicile.En effet, Selon l'article 102 du code civil, « *Le domicile de tout ivoirien quant à l'exercice de ses droits civils, est le lieu où il a son principal établissement* ». Il est, pour toute personne le lieu géographique auquel la loi la rattache, qu'elle soit présente ou non en ce lieu indiqué (Thiero-Meman, 2015, 38). Il faut noter que si le législateur a défini le domicile en général[15], il n'a pas clairement dit ce qu'il entend par domicile conjugal.

---

[15] L'art. 102 du code civil relatif au domicile dispose que « Le domicile de tout ivoirien est au lieu où il a son principal établissement ». Il se distingue d'autres notions comme la résidence (lieu ou une personne vit de façon plus ou moins durable) et l'habitation (lieu ou vit une personne très brièvement et occasionnellement).

Ainsi, indistinctement, le terme résidence de la famille est-il utilisé pour désigner le domicile conjugal (Assi-Esso, 2008, 312). Toutefois, il faut convenir que le logement familial ne se confond pas toujours avec le domicile conjugal car il apparaît plutôt comme le « *lieu aménagé pour l'habitation des conjoints et de leurs enfants, nés ou à naître* » (Pougoue, 2006, 222). Sa fixation appartenait au mari en sa qualité de chef de la famille.

Bien sûr, cette solution de principe consacrée par l'article 60 alinéa premier[16] trouvait toute son application si et seulement si le domicile choisi par le mari ne présentait pas des dangers pour la famille ; auquel cas la femme, sur autorisation du juge, pouvait choisir une résidence séparée pour elle et ses enfants. Comme on peut le voir le choix du domicile ne résultait aucunement d'un choix conjoint des époux. Pire, la femme avait plutôt un domicile légal de dépendance car de façon autoritaire et légale, elle devait suivre son mari. Cette solution continue d'ailleurs d'être affirmée à travers certaines législations africaines[17].

Mais que faut-il entendre par domicile légal ? Hyacinthe Sarassoro répond clairement que « *si l'individu est en principe libre de choisir le lieu de son domicile, il arrive, cependant, que la loi impose des domiciles à certaines personnes, présumant (presomptio juris et de jure) qu'elles ont là, leur principal établissement* » (2014, 55).

Au nombre de ces personnes, figurait la femme dont le domicile n'était recherché ailleurs que chez son mari. Mais avec l'apport de la réforme du 25 Janvier 2013 instaurant la gestion conjointe de la famille, ce fut la consécration de l'égalité des époux dans le choix de la résidence de la famille à travers l'article 60 nouveau[18].

Cette solution novatrice, même si elle est salutaire, demeure inachevée car présentant des contrariétés avec la loi civile ivoirienne.

---

[16] Article 60 de la loi n° 64-375 modifiée par la loi n° 83-800 du 2 août 1983 précitée.

[17] Voir dans ce sens l'art. 153 du code de la famille sénégalais et l'art. 319 du code des personnes et de la famille du Mali qui consacrent encore la puissance maritale dans le choix du domicile, la femme obligée seulement de le suivre partout ou il habite.

[18] Art. 60 de la loi n° 2013-33 du 25 janvier 2013 relative au mariage « Le domicile de la famille est choisi d'un commun accord par les époux. En cas de désaccord, le domicile de la famille est fixé par le juge en tenant compte de l'intérêt de la famille ».

En effet, l'article 108 du TITRE III relatif au domicile dispose toujours clairement que « *la femme mariée n'a point d'autre domicile que celui de son mari…* ». C'est dire que les dispositions de l'article 108 du code civil doivent se conformer à l'article 60 nouveau qui instaure la collégialité dans la fixation du domicile conjugal.

Par ailleurs, plusieurs interrogations se dégagent dans le choix du domicile par les deux époux : Les époux sont-ils obligés de choisir un et un seul domicile conjugal ? Peuvent-ils s'entendre pour résider séparément notamment pour les besoins de leurs activités professionnelles? Autant de questions pertinentes auxquelles le législateur ivoirien n'a pas apporté des réponses définitives contrairement au législateur français. En effet, le code civil français relatif au domicile stipule que « *Le mari et la femme peuvent avoir un domicile distinct sans qu'il soit pour autant porté atteinte aux règles relatives à la communauté de la vie* ».[19] En disposant ainsi, le législateur français conformément à la loi du 11 Juillet 1975[20] a entendu supprimer une disposition discriminatoire au détriment de la femme.

Nous pensons donc légitimement que le souci d'égalité qui a animé le législateur ivoirien dès le départ devrait le conduire à laisser le choix aux époux de choisir « *le domicile de la famille* », sinon d'avoir la possibilité chacun de choisir une résidence séparée en fonction de leurs intérêts sans que cela n'entache leur vie de couple[21]. Dans la pratique, la résidence séparée est possible si les époux y consentent, particulièrement si pour une raison ou pour une autre ils sont amenés à vivre dans des endroits distincts. En effet, en l'absence de conflits, les époux aménagent leurs relations dans l'intérêt de leur ménage ou de leur famille (Gbaguidi 2003). Bien sûr, même si les époux ont un domicile distinct, cela ne peut les empêcher de vivre ensemble en un lieu que l'on appelle « *la résidence familiale* ». C'est fort à propos que Gérard Cornu (2006 :47) a pu affirmer que le domicile conjugal est mort, vive la résidence conjugale.

---

[19] Voir l'art. 108 du code civil français

[20] Sous l'empire de l'art. 213 du code civil initial, la femme n'intervenait pas dans le choix du domicile et était obligée de suivre son mari. Les lois du 18 février 1938 et celle du 22 septembre 1942 maintiennent cette prééminence du mari tout en associant la femme. La loi du 4 juin 1970 a tenté d'instaurer une égalité mais faute d'accord, le choix du mari primait.

[21] Voir à ce propos l'article de F. G, « Le nouveau domicile de la femme mariée », R.T.D. Com. 1979 p. 724 et suiv.

Le désaccord dans le choix du domicile va nécessiter l'intervention du juge qui devra trancher en tenant compte de la notion abstraite et fuyante de l'intérêt de la famille.En son alinéa 2, l'article 60 de la loi de 2013 affirme clairement que « *En cas de désaccord, le domicile de la famille est fixé par le juge en tenant compte de l'intérêt de la famille* ». Cette disposition soulève un certain nombre d'interrogations notamment : Pourquoi le juge doit-il intervenir dans les rapports personnels entre époux ? Cette solution va-t-elle dans le sens du principe de cogestion proclamé par le législateur ?

En tout état de cause le législateur français reste hostile à l'intervention du juge dans les différends familiaux et cela se perçoit à travers la rédaction de l'article 215 où aucune allusion n'est faite au juge pour trancher le conflit relativement au choix du domicile[22]. Cela peut être perçu même comme une fuite en avant. Par ailleurs, certains auteurs et non des moindres ont pu même évoquer la possibilité d'un « *tirage au sort* » en estimant fermement qu'une telle idée n'est pas aussi saugrenue que cela. « *Elle a au moins l'avantage de réduire l'ingérence du juge dans l'intimité de la famille* » (Gbaguidi 2003 : 167).

Loin de nous la volonté d'opter pour cette dernière solution aussi radicale qu'aléatoire, mais nous estimons que le juge doit être tenu loin de l'intimité du choix du domicile conjugal. Bien sûr, il faut convenir que le recours au juge a le mérite de trouver une solution peut-être imparfaite au conflit, évitant de ce fait un jugement qui prononce le divorce et la séparation de corps (Gbaguidi *ibid.*)[23]. En tout cas, cette solution prescrite par le législateur ivoirien aux termes de l'article 60 a le mérite de promouvoir la gestion commune de la résidence familiale[24] contrairement à certaines législations qui

---

[22] Art. 215 du code civil français se borne à dire que « Les époux s'obligent mutuellement à une communauté de vie. La résidence de la famille est au lieu qu'ils choisissent d'un commun accord… ».

[23] Pour le professeur Gbaguidi, le devoir de cohabitation est une obligation essentielle du mariage et si les époux arrivent à ne pas pouvoir vivre ensemble, le juge n'aura d'autre choix que de prononcer le divorce ou au mieux la séparation de corps.

[24] Cette disposition est conforme aux articles 2.1 et 6 du protocole à la charte africaine des droits de l'homme et des peuples relatifs aux droits des femmes.

continuent d'affirmer la prééminence du mari même en cas de désaccord dans le choix du domicile[25].

Cependant, nous estimons plutôt, à défaut d'accord entre les époux, de préconiser qu'ils s'en réfèrent à « *un médiateur conjugal* »[26] ou encore à des parents proches[27] qui pourraient favoriser la conciliation, sauvant ainsi l'égalité dans le choix du domicile et sauvegardant l'intimité du couple. Une autre solution qui emporte notre assentiment et de laquelle devrait s'inspirer le législateur ivoirien est celle préconisée par le droit de la famille Burundais[28]. En effet, cette disposition a le mérite d'impliquer le conseil de famille, plus proche des époux, dans le règlement du désaccord, écartant de fait le juge dont l'intervention peut laisser des séquelles indélébiles au nom d'un hypothétique intérêt de la famille. Et d'ailleurs, que renferme la notion d'intérêt de la famille qui doit motiver la décision du juge?

Les législations qui prévoient l'intervention judiciaire en cas de désaccord entre époux dans le choix du domicile préconisent que le juge doit trancher en ayant avant tout en ligne de mire l'intérêt de la famille. Toutefois, que faut-il entendre par intérêt de la famille ? Le juge est-il le mieux placé pour savoir ce qui est bon pour les époux ? Dans le cas extrême, qu'adviendra t-il si l'un des époux refuse le domicile imposé par le juge ? Il est bon de souligner que l'intérêt de la famille est une notion non définie par le législateur ivoirien et par conséquent susceptible de plusieurs interprétations possibles qui permettront au juge de décider avec mesure[29] sans écarter le fait qu'il

---

[25] Voir dans ce sens l'art. 156 du code des personnes et de la famille du Benin et l'art. 294 al. 1 du code des personnes et de la famille du Burkina Faso qui prescrivent que faute d'accord le domicile est fixé par le mari.

[26] Voir à ce propos P. SALVAGE-GEREST, « Le juge aux affaires familiales, (de l'homme orchestre du divorce à l'homme orchestre de l'autorité parentale) », in Dr. fam. 2003, chron. n° 12 qui prévoit par exemple de se référer à un médiateur pour régler le désaccord dans l'exercice de l'autorité parentale en lieu et place du juge.

[27] L'enquête sociologique que nous avons menée pour mesurer l'impact de la loi dans la société fait ressortir que près de 90% des personnes interrogées rejettent l'immixtion du juge dans le choix du domicile. Voir annexe 3 p. 135».

[28] Voir l'art. 124 du décret-loi n°1/024 du 28 Avril 1993 portant reforme du code des personnes et de la famille

[29] R. THERY, « L'intérêt de la famille », in *J.C.P.*1972 I, n° p. 485 ; J. Codjovi, « Le régime matrimonial légal dans les législations nouvelles des Etats

peut mal apprécier l'intérêt de la famille. Ce qui nous conduit du reste à être entièrement d'accord avec Alex Weil et François Terre (1978 :277) lorsqu'ils affirment qu'il serait prétentieux voire utopique pour le juge de vouloir trancher les conflits personnels des époux. Le juge ne pourra une fois son jugement rendu, utiliser la force publique pour maintenir un époux au domicile conjugal.

Cela dit, Le recours systématique au juge pour vider le contentieux en matière de choix du domicile familial doit être écarté en responsabilisant au mieux les époux. Et même si le juge devrait intervenir, son jugement devrait consacrer des résidences séparées et cette solution devrait être l'ultima ratio au nom de l'intérêt de la famille (Gbaguidi 2003 ; 167 et 168). Cette solution paraît plus raisonnable à notre sens au lieu que le juge soit tenté d'imposer obligatoirement le domicile conjugal.

Le législateur ivoirien, dans sa volonté de rendre effectif la cogestion de la famille, a clairement reconnu à chaque époux la liberté d'exercer une activité. Malheureusement il a omis de réglementer les situations où les époux collaborent dans le cadre de la même activité.

En effet, en matière d'exercice d'une activité professionnelle, les dispositions législatives étaient largement défavorables à la femme mariée. En effet, même si la loi de 1964 reconnaît la capacité civile à la femme[30], ce qui n'était pas le cas[31], l'article 67 dans la rédaction de la loi de 1964 reconnaissait au mari le droit de s'opposer à l'exercice d'une profession séparée par sa femme. Cette opposition ne pouvait être levée que par une décision de justice si elle n'était pas justifiée par l'intérêt de la famille. Le contrôle de l'activité professionnelle de la femme mariée par son mari était perçu comme une prérogative normale attachée à la fonction de chef de famille. Mais la loi n°83-

---

francophones d'Afrique de l'Ouest », in *R.B.S.J.A.* 1987 ainsi que la jurisprudence citée par l'auteur.

[30] L'art.61 souligne que « La femme mariée a la pleine capacité de droit. L'exercice de cette capacité n'est limitée que par la loi ».

[31] Dans la législation antérieure à la loi n°64-375 du 7 Octobre 1964 relative au mariage, la femme était frappée d'une incapacité générale d'exercice au même titre que le mineur non émancipé. Ainsi il lui était exigé une autorisation préalable de son époux pour l'exercice d'une activité professionnelle.

800 du 2 août 1983 assouplit considérablement les termes de cet article[32].

Cependant, la suppression de la notion de chef de famille et l'instauration d'une gestion collégiale du ménage a influencé considérablement l'article 67 dans le sens de la promotion de l'égalité entre époux. Ainsi l'article 67 nouveau de la loi n° 2013-33 du 25 janvier 2013 énonce clairement que « *Chacun des époux a le droit d'exercer la profession de son choix, à moins qu'il ne soit judiciairement établi que l'exercice de cette profession est contraire à l'intérêt de la famille* ».

La nouvelle rédaction de l'article 67 ne fait donc pas de différence entre le mari et la femme car ils sont indistinctement désignés par le terme époux. Chacun des époux peut donc choisir librement sa profession, l'exercer, en percevoir les fruits et disposer librement de ceux-ci après s'être acquitté bien sûr de sa contribution aux charges du ménage. C'est l'égalité complète ! (Gbaguidi 1995 : 5 et 6) Cette solution est particulièrement salutaire pour la femme car la possibilité pour elle d'exercer une profession séparée de son mari lui accorde des moyens de participer convenablement aux charges du mariage (Pougoue, 2006, op.cit. : 224), conférant de ce fait un sens à la gestion conjointe de la famille.

En fait, s'il n'appartient plus au mari d'entraver l'autonomie professionnelle de sa femme, cette possibilité est laissée désormais au juge qui doit décider en fonction de « *l'intérêt de la famille* » si le mari ou la femme peut exercer une activité. Par conséquent, si un époux estime que l'activité exercée par son conjoint est incompatible avec l'intérêt de la famille, il lui appartient de saisir le juge qui doit vider le contentieux. Il se pose donc la question récurrente de savoir : qu'est ce que l'intérêt de la famille ? Le juge est-il mieux placé pour apprécier ce qui est bon ou mauvais pour la famille ?

Comme l'on peut le voir, cette réforme qui représente sans nul doute une avancée salutaire sur le chemin sinueux qui mène vers l'égalité, n'en demeure pas moins difficile à mettre en œuvre car il pèse encore ici l'ombre du juge.

De prime abord il faut souligner qu'il n'ya pas de définition légale de la notion de charges du mariage. Mais en se fondant sur l'article

---

[32] L'Art. 67 de la loi n°83-800 du 2 Aout 1983 dispose que « La femme peut exercer une profession séparée de celle de son mari à moins qu'il soit judiciairement établi que l'exercice de cette profession est contraire à l'intérêt de la famille ».

52 de la loi relative au mariage[33], il faut entendre par charges du mariage les frais d'entretien du ménage, les frais d'éducation des enfants et même les frais de vacances et de loisir (Assi-Esso 2008, op.cit. : 316). Ces charges du mariage pesaient principalement sur le mari en sa qualité de chef de famille[34]. L'article 59 ancien a voulu ainsi implicitement affirmer la qualité de chef de famille et la primauté du mari qui font de ce dernier le « tuteur » de son épouse (Kaudjhis-Offoumou 1995: 32).

Cependant, la reforme de 2013 qui institue la codirection de la famille par les époux pose clairement que « *les époux contribuent aux charges du mariage à proportion de leurs facultés respectives* »[35]. Aussi bien le mari que la femme est donc obligé d'apporter sa contribution tant pécuniaire que matérielle nécessaire à la bonne marche du foyer. Une telle disposition semble conforme en théorie au principe de cogestion quand bien même elle aurait une conséquence moins intéressante pour les femmes (Sawadogo 2014: 383) qui sont généralement démunies.

Par ailleurs, la contribution réciproque aux charges du mariage oblige le législateur à reformer l'article 87 de la loi sur le mariage[36]. Cette disposition apparaît encore comme un pendant de la prééminence du mari dans la gestion des biens. De plus, elle n'apporte rien de nouveau car elle donne une arme que la femme possède déjà en temps normal[37]. Si d'aventure cet article doit être maintenu, sa nouvelle rédaction doit prendre indifféremment en compte le mari et la femme car l'institution de la codirection au sein de la famille expose chacun des conjoints au désordre des affaires de l'autre.

---

[33] Art. 52 de la loi n° 64-375 du 7 octobre 1964 relative au mariage modifiée en 1983 précitée.

[34] Voir à ce propos l'article 59 ancien : « L'obligation d'assumer les charges du mariage pèse à titre principal sur le mari ».

[35] Art. 59 nouveau de la loi de 2013-33 du 25 janvier 2013 relative au mariage.

[36] L'art. 87 de la loi relative au mariage dispose que «Dans le cas où le désordre des affaires du mari compromet les droits de la femme, celle-ci peut obtenir par décision judiciaire que lui soient confiées la jouissance et la libre disposition des fruits et revenus de ses biens propres ».

[37] Art. 83 nouveau de la loi de 1983 relative au mariage. Voir aussi F. Kaudjhis-Offoumou, op. cit. p. 45

B/Une réforme contrariée par des points en suspens

Dans nos analyses, nous pouvons retenir que la réforme de 2013 est marquée par des points en suspens affectant ladite loi de façon notable. Ces points touchent d'une part la situation malaisée du régime matrimonial et l'incohérence de la notion de puissance paternelle avec l'égalité du genre. D'autre part, ces points sont marqués par des contrariétés dans le choix du nom de famille et un devoir réciproque de fidélité entaché par les discriminations du code pénal.

Avec la loi de 2013, le régime de la communauté de biens réduite aux acquêts se trouve dans une position malaisée. Ledit régime demande donc une reforme. La réforme de la gestion de la communauté passe indubitablement d'abord par la suppression de la notion de biens réservés qui est une institution relativement récente.[38] Les biens communs réservés sont des biens acquis par la femme à l'aide de ses gains et salaires dans l'exercice d'une profession séparée de son époux[39]. En principe, ce sont des biens qui tombent dans la communauté en vertu de l'article 76 nouveau al.1 mais que la loi réserve spécialement à la libre administration, jouissance et disposition de la femme (Ehui 2012 : 55). Cette solution, loin d'être parfaite, était tout de même un palliatif à la gestion centralisée du mari et en l'absence d'une cogestion de l'ensemble des biens communs par les époux (Assi-Esso *op.cit.* : 321).

Toutefois, ces biens réservés au profit de la femme se justifient-ils encore aujourd'hui à l'heure de la cogestion ?

Si l'attribution de biens réservés à la femme lui conférait en théorie « *la qualité d'administratrice d'une fraction de la communauté* » (Voirin et Goubeaux 2010 : 69), la réalité était trompeuse. En effet il était quasiment difficile pour la femme de faire la preuve d'un bien réservé, la jurisprudence restreignant considérablement une telle qualification (*ibid.* : 69). Cela dit, la notion des biens réservés doit disparaître purement de notre législation maintenant. S'il est admis que les époux gèrent conjointement la famille, rien ne justifie que l'un ou l'autre

---

[38] Les biens réservés font leur apparition en France dans la loi du 13 juillet 1907 et en Côte d'ivoire, à la faveur de la loi n° 83-800 du 2 août 1983 précitée, modifiant la loi n° 64-375 du 7 octobre 1964 relative au mariage.

[39] Art. 76 nouveau al. 2 de la loi relative au mariage.

dispose de certains biens réservés quand bien même ils proviendraient de gains et salaires personnels.

Cela est contraire à l'esprit de la communauté[40] car dans cette logique la communauté serait dépouillée de biens communs. La gestion centralisée adoptée par la Côte d'Ivoire ayant montré ses limites, le législateur ivoirien doit repenser une nouvelle forme de gestion de la communauté conforme à l'esprit de codirection en couplant la gestion concurrente à la cogestion (Cabrillac 2015: 200). La gestion concurrente prend sa source dans le nouvel article 1421 du code civil français qui dispose que « *Chacun des époux a le pouvoir d'administrer seul les biens communs et d'en disposer* »[41]. De cet article il ressort que dans un tel système de gestion, chaque époux a un pouvoir égal et complet sur la communauté, sans avoir besoin du consentement de son conjoint (Malaurie et Aynes 1993: 172).

Cette conception nouvelle de la gestion des biens communs apparaît dans bon nombre de législations africaines qui veulent ainsi consacrer un juste équilibre entre les époux dans la gestion de la communauté[42], chacun ayant le pouvoir d'agir de façon autonome sur les biens communs. C'est à juste titre d'ailleurs que certains auteurs ont pu dire que la communauté est devenue un « *aigle à deux têtes* » (Calomer 1986). En tout état de cause un tel système paraît mieux instaurer une égalité entre époux et va entraîner naturellement la suppression de l'institution des biens réservés qui ne trouveraient plus de fondement juridique ou rationnel (Cabrillac op.cit. : 200), chacun étant gérant de la communauté.

Toutefois, peut-on affirmer pour autant que la gestion concurrente est dépourvue d'inconvénients? D'emblée, il faut convenir avec le professeur R. Cabrillac (*ibid.*) que la gestion concurrente est le système idéal quand c'est le grand amour entre les époux. Mais dans le cas contraire ou les « *deux têtes* » de l'aigle ne regarderaient pas dans la même direction, la gestion concurrente risque d'être une nouvelle machine à faire exploser le couple et à amplifier les crises conjugales (Malaurie et Aynes *op.cit.* : 172).

---

[40] Art. 76 al. 1 de la loi relative au mariage.

[41] L'art. 1421 du code civil français dispose que « Chacun des époux a le pouvoir d'administrer seul les biens communs et d'en disposer ».

[42] Voir dans ce sens l'art. 331 al. 1 du CPF du Burkina Faso, l'art. 418 du C.P.F. du Mali.

La notion de puissance paternelle, qui est toujours d'actualité dans le droit positif ivoirien[43], révèle déjà de par sa terminologie la prépondérance du mari dans la gestion du mineur (Assi-Esso *op.cit.* : 156). Aux termes de l'article 58 nouveau de loi de 2013[44], la famille est gérée conjointement par les époux dans l'intérêt des enfants. Cette disposition doit influencer inéluctablement le mode d'exercice de l'autorité parentale dans le sens d'un exercice conjoint de l'autorité parentale. En effet, en dépit de la consécration de la gestion conjointe de la famille à travers la nouvelle reforme, les prérogatives et les devoirs des parents vis-à-vis de leurs enfants mineurs relèvent toujours du monopole du père comme s'il était toujours le pater familias.[45]

Etymologiquement, l'expression « puissance paternelle » découle du latin « *patria potesta* » qui signifie pouvoir paternel. Elle était exercée exclusivement par le père[46] et encore dans le code napoléon elle a continué à projeter sur le mineur « *l'ombre intimidante et austère de la statue du commandeur* » (Cornu *op.cit.* : 151). C'est seulement la loi du 4 juin 1970 en France qui a substitué l'autorité parentale à la puissance paternelle, substituant ainsi « *autorité* » à « *puissance* » et « *parentale* » à « *paternel* » avec toutes les conséquences que cela implique (Carbonnier 2000: 845).

---

[43] Le chapitre premier de la loi du n° 70-483 du 3 août 1970 sur la minorité est encore intitulée la « puissance paternelle ».

[44] L'art. 58 de la loi n°2013-33 du 25 janvier 2013 dispose que « La famille est gérée conjointement par les époux dans l'intérêt du ménage et des enfants. Ils assurent ensemble la direction morale et matérielle de la famille, pourvoient à l'éducation des enfants et préparent leur avenir » modifie l'art. 58 anc. qui notait que « Le mari est le chef de la famille. Il exerce cette fonction dans l'intérêt commun du ménage et des enfants ».

[45] Le père était considéré dans la Rome antique comme le pater familias c'est-à-dire le père de famille ; ce qui traduisait déjà une prééminence du mari et une inégalité entre les époux dans le gouvernement de l'enfant

[46] Dans le droit romain ancien, le pater, c'est-à-dire le chef de la famille, exerçait un pouvoir viager et absolu comportant le droit de vie et de mort sur ses enfants, sa femme et ses esclaves en sa qualité de pater familias (chef de famille). La législation révolutionnaire vient bien sûr restreindre ce pouvoir absolu, mais il n'en demeure pas moins que le Code Napoléon a consacré la notion de puissance paternelle.

La Côte d'Ivoire, ancienne colonie française, qui n'a pas « *hérité sous bénéfice d'inventaire* » (Degni-Segui 2012 : 465)[47] du droit français a opté dès son indépendance pour une loi qui consacre la puissance paternelle que le père devait exercer sur ses enfants[48] à l'instar d'autres Etats francophones africains[49]. Si cette conception demeure tout de même très proche de l'idéologie des traditions africaines qui ont d'ailleurs une approche très dure de la puissance paternelle[50], il se pose indubitablement la question de savoir si ce droit patriarcal a encore sa place dans notre droit de la famille.

Nous comprenons donc que la Côte d'Ivoire ayant changé de conception dans l'aménagement des rapports entre époux placés désormais sous le sceau de la gestion conjointe, il va de soit que la terminologie de « puissance paternelle » change. La « puissance » doit se muer en « autorité » et « paternelle » en « parentale » (Terré et Fenouillet 2011: 861) car cela cadre mieux avec la réalité juridique[51] et biologique (Gbaguidi 2003). C'est dire que la mère ne doit plus être simple cotitulaire mais elle doit pouvoir exercer de concert et au même titre l'autorité parentale avec son mari. L'association égalitaire des parents doit représenter pour le législateur le modèle préférable (Labrusse-Riou 1984 : 269).

Par conséquent, le chapitre premier de la loi n° 70-483 du 3 août 1970 intitulé « *la puissance paternelle* » doit être dénommé « *l'autorité parentale* » dans l'optique d'une prochaine reforme. Dans le même ordre d'idées, l'article 6 al. 1 de la même loi qui dispose que « *durant le mariage, elle est exercée par le père en sa qualité de chef de famille* » doit être modifié dans le sens que l'autorité parentale soit exercée en commun

---

[47]L'auteur montre à quel point les pays de l'Afrique francophone ont fait du suivisme juridique sans tenir compte forcement de « certaines valeurs fondamentales répondant aux besoins et aux aspirations » des peuples africains.

[48] Voir dans ce sens la loi n° 70-483 du 3 août 1970 sur la minorité.

[49] Voir par exemple l'art. 86 ancien du code malien et l'art. 373 ancien du code béninois qui disposaient que c'est le père qui exerce la puissance paternelle.

[50] Dans la plupart des traditions africaines, l'enfant même majeur n'est jamais affranchi de l'autorité de ses parents et particulièrement de celle du père qui est communément appelé le « père de famille »

[51] Voir dans ce sens l'article 18.1 de la C.D.E, l'art. 2.1a et 6 du protocole à la charte africaine des droits de l'homme et des peuples relatifs aux droits des femmes.

par les père et mère indistinctement[52], la famille étant maintenant gérée conjointement, le père n'étant plus chef de famille[53].

Dans cette même logique, la loi donne clairement le droit de consentir au mariage du mineur aux « *père et mère qui exerce la puissance paternelle* »[54]. De même, le mineur émancipé ne pourra faire du commerce que sous la même condition[55]. Ces dispositions n'ont plus leur place dans notre droit de la famille conformément au principe de cogestion. Les deux exerçant en principe l'autorité parentale, une rédaction plus objective et moins discriminatoire de ces articles doit être adoptée. Cette réalité a été vite prise en compte par certaines législations[56] adeptes de la gestion conjointe et cela doit pouvoir inspirer le législateur ivoirien.

Le nom est l'appellation qui sert à désigner une personne dans la vie sociale. Il désigne souvent l'ensemble des vocables qui désignent une personne ou tout simplement il se confond avec le nom patronymique. Si l'attribution du prénom n'appellera pas ici des développements particuliers du fait que dans la pratique les parents l'attribuent d'un commun accord, il en va autrement pour le nom patronymique. Mais ce qu'il est important de noter c'est que toute personne a droit obligatoirement à un nom patronymique auquel s'ajoutent un ou plusieurs prénoms[57]. Cela dit, qui doit attribuer le nom patronymique ?

Il faut souligner de prime abord que les règles d'attribution du nom diffèrent selon qu'il s'agit de filiation légitime, adoptive ou naturelle. Toutefois, il s'agira pour nous de nous intéresser particulièrement à l'attribution du nom de l'enfant légitime ou adopté. « *Etymologiquement le nom patronymique ou encore « patronyme » signifie « nom du père »*, si bien que cet élément de l'appellation est à priori transmissible par filiation paternelle » (Thiero-Meman

---

[52] Voir par exemple la rédaction de l'art. 496 du code civil Gabonais et l'art. 514 al. 1 du C.P.F du Burkina Faso

[53] Le nouvel art. 58 prévoyant que les époux « assurent ensemble la direction morale et matérielle de la famille », il est logique de les associer dès lors qu'ils « pourvoient à l'éducation des enfants et préparent leur avenir ».

[54] Art. 5 de la loi de 1964 relative au mariage.

[55] Art. 114 de la loi n° 70-483 du 3 août 1970 sur la minorité.

[56] Voir à ce propos l'art. 148 du code civil français, l'art. 241 du C.P.F du Burkina Faso, l'art. 45 du C.P.F du Togo.

[57] Art. 1er de la loi n° 64-373 du 7 octobre 1964 relative au nom, modifiée par la loi n° 83-799 du 2 août 1983

1999 :25). Dans ce sens, le législateur tranche le cas de l'enfant légitime en disposant que, « *l'enfant né dans le mariage porte le nom de son père. Celui-ci peut demander qu'il y soit ajouté le nom de sa mère* »[58]. Il ressort clairement de cette disposition que la première possibilité la plus connue confère à l'enfant né dans le mariage le nom du mari qui peut subsidiairement demander qu'il y soit ajouté le nom de son épouse. Cette solution est originale[59].

S'agissant du nom de l'enfant adopté, la situation est en toute logique identique si l'on s'en tient au contenu de l'article 4 nouveau alinéa 2 de la loi n° 64-373 du 7 octobre 1964 relative au nom, modifiée par la loi n° 83-799 du 2 août 1983 qui pose qu' «*en cas d'adoption par deux époux, l'adopté ajoute à son nom celui du mari* ».

Comme l'on peut le constater, la prééminence du mari est clairement affirmée dans l'attribution du nom, ce qui heurte le principe de gestion conjointe de la famille et même, la vérité biologique de l'enfant. En effet, l'enfant légitime étant issu des deux parents, rien ne justifie que la prépondérance du père soit affirmée au détriment de la mère. Aussi, la suprématie masculine qui continue de régner dans l'attribution du nom de l'enfant légitime ou adopté doit-elle disparaitre au profit d'une attribution plus égalitaire.

En effet, une égalité serait souhaitable entre les père et mère dans l'attribution du nom patronymique. A l'instar de la quasi-totalité des législations africaines[60], le droit de la famille ivoirien reste toujours dominé par le système patronymique[61]. Evidemment dans ce système, l'enfant doit porter obligatoirement le nom du père. Toutefois, étant donné que la gestion conjointe de la famille est aujourd'hui consacrée à travers l'article 58 de la loi n° 2013-33 du 25

---

[58] Art. 2 al. 1 de la loi n° 64-373 du 7 octobre 1964 relative au nom, modifiée par la loi n° 83-799 du 2 août 1983

[59] Contrairement à la quasi-totalité des législations africaines, cette possibilité donnée par l'art. 2 de la loi ivoirienne sur le nom de pouvoir ajouter le nom de la mère au nom du père est dans la pratique inapplicable car elle heurte les mentalités africaines qui veulent que l'enfant porte seulement le nom du père à l'exclusion du nom de la mère.

[60] La plupart des législations africaines affirme la prééminence pure et simple du père dans l'attribution du nom patronymique. Voir dans ce sens l'art. 31 du CPF du Mali, l'art. 3 du CPF du Sénégal ou encore l'art. 36 du CPF du Burkina Faso.

[61] Certains pays ont opté pour le système d'attribution libre du nom patronymique à l'exemple du Cameroun qui le consacre dans l'art. 35 de l'ordonnance du 29 juin 1981.

Janvier 2013 relative au mariage, quel nom portera maintenant l'enfant légitime ou adopté ? Peut-on encore raisonnablement maintenir le système patronymique ?

Ces interrogations sont d'autant plus importantes sachant que durant le mariage, la loi civile doit consacrer l'égalité des sexes, les époux ayant les mêmes droits et devoirs et devant exercer les mêmes fonctions dans la famille (Cornu *op.cit.* : 654). C'est du reste cette position que le législateur français a comprise en tirant toutes les conséquences liées à l'article 213 du code civil français. En effet, la loi du 4 mars 2002 a bouleversé le système de dévolution du nom en substituant le nom de famille au nom patronymique. Par conséquent la loi donne aux deux parents une option à trois branches (Cornu *ibid.*). Soit ils peuvent donner à leur enfant commun le nom du père, soit celui de la mère ou simultanément leurs deux noms accolés dans l'ordre qu'ils décideront[62].

En notre sens, cette solution bien sûr révolutionnaire peut paraître irréaliste et rencontrer des résistances car « *le droit a peur des révolutions* » (Gbaguidi 2003 : 5 et 6). Mais sachant que le nom ne désigne pas seulement l'individu mais traduit son rattachement à une famille (Ombiono *op.cit.* : 45), le législateur ivoirien doit aller au bout de la logique et de la cohérence et mettre fin à cette discrimination. Pour ce faire, le nom de l'enfant doit refléter sa filiation qui est double et indivisible (Gbaguidi 2003).

Pour cette raison, la modification obligatoire de l'article 2 précité s'impose à l'effet de laisser le choix aux époux dans l'attribution du nom de leurs enfants. Dans le même cadre, l'article 4 nouveau alinéa 2 et l'article 4 bis[63] doivent être réformés pour qu'en cas d'adoption les époux aient les mêmes prérogatives dans l'attribution du nom patronymique de l'enfant adopté. Cela passe également par le renforcement de l'article 10 de la loi sur le nom pour éviter la diversité des noms dans la même famille ou des noms patronymiques trop longs[64].

---

[62] Art. 57 et 311-21 du code civil français.

[63] L'art. 4 bis dispose que « l'adoption plénière confère à l'enfant le mon de l'adoptant et en cas d'adoption par deux époux le nom du mari ».

[64] L'art. 10 de la loi sur le nom, en plus de limiter l'accumulation des noms patronymiques, doit préciser que le nom attribué par les parents à leur premier enfant est valable pour les autres afin d'éviter une diversité de noms qui pourrait fragiliser l'unité de la famille.

Toutes ces reformes devront aboutir *in fine* à l'abandon du nom patronymique au profit du nom de famille et à une réglementation véritablement égalitaire offrant la possibilité à la femme mariée de donner son nom à son enfant. Cette solution a le mérite de laisser au moins le choix aux deux époux d'attribuer par déclaration conjointe le nom patronymique de l'enfant.

Néanmoins, que faire en cas de désaccord ? A ce titre, nous estimons que le législateur ivoirien peut s'inspirer de la solution du droit français qui prévoit que dans un tel cas, l'enfant portera les deux noms des parents accolés dans un ordre alphabétique[65]. Cette solution est encore préférable au lieu d'imposer le nom paternel en cas de désaccord des parents.

Le devoir de fidélité entre époux ne prend tout son sens que dans une communauté de vie « *à laquelle il est inextricablement lié* » (Lamarche 2008-2009). L'article 51 de la loi sur le mariage énonce que les époux « *se doivent mutuellement fidélité* ». Ce qui signifie que l'un comme l'autre des époux ne doit avoir de rapports sexuels avec une autre personne que son conjoint. Il doit donc se consacrer corps et âme (Thiero-Meman 2010 :103) à lui.

Par conséquent toute relation extraconjugale aussi bien matérielle que morale est un délit d'adultère si elle est faite volontairement[66].

Cependant, est-il vrai de croire que le devoir de fidélité est véritablement un devoir réciproque ? D'emblée l'on serait tenté de répondre par l'affirmative en épousant la position deAssi-Esso qui affirme que « *le devoir de fidélité est un devoir réciproque qui s'impose avec la même force au mari et à la femme* » (Assi-Esso *op.cit.* : 310). Mais malheureusement la réalité des textes ne permet pas de partager entièrement un tel optimisme. En effet, l'article 391 du code pénal ivoirien continue de contenir des dispositions discriminatoires à l'endroit de la femme en ce qui concerne la répression de l'adultère[67].

---

[65] Art. 311-21 du code civil français.

[66] Jugement inédit du Tribunal de Première instance d'Abidjan, n° 3359 du 19 décembre 1986, cité par A.M. ASSI-ESSO, op. cit., p. 329. Le viol de la femme ne peut être qualifié d'adultère, nonobstant les arguments du mari dès l'instant que l'élément intentionnel (la volonté d'avoir des relations sexuelles) fait défaut.

[67] Art. 391 de la loi n° 81-640 du 31 juillet 1981, instituant le code pénal, modifiée par les lois n°95-522 du 6 juillet 1995, 96-764 du 3 octobre 1996, 97-398 du 11 novembre 1997 énonce que « sont punis d'un emprisonnement de deux mois à un an la femme convaincue d'adultère ainsi que son complice. Est puni de la

Aussi, si le mari commet par exemple son adultère à l'extérieur du foyer conjugal mais en changeant chaque fois de partenaire, il ne peut être puni pénalement (Kaudjhis-Offoumou 1995 : 30). Il est alors aisé de se rendre compte que cette disposition n'était que le reflet de la place prépondérante que le mari occupait au sein de la famille.

Toutefois, l'institution de la codirection de la famille qui vise l'égalité entre époux ne peut s'embarrasser de dispositions discriminatoires à l'endroit d'un époux. Pour cette raison, nous estimons qu'une adaptation urgente du code pénal s'impose pour garantir l'égalité des époux devant la loi car la mixité des règles en matière de répression doit être assurée (*ibid.* : 31). L'on gagnerait alors à « *établir des critères de conviction et sanction uniformes pour les deux conjoints, au nom de l'égalité entre les époux* » (Ouattara 2009 :313).

Tout compte fait, la répression du délit d'adultère étant fort peu usitée[68], il faut tendre aujourd'hui vers sa dépénalisation et se contenter de sanctions civiles. Il appartient aux époux de gérer de telles situations qui relèvent de l'intimité et qui touchent à la liberté individuelle de chacun (Lamarche *op.cit.*) par la voie du dialogue et de la compréhension mutuelle. Ni l'astreinte, encore moins l'emprisonnement ne peuvent constituer des solutions en soit pour garantir la fidélité des époux.

Conclusion

La Côte d'Ivoire, qui a hérité du système législatif français et qui a été influencée par ses propres réalités sociologiques, a consacré la prééminence du mari dans la direction de la famille dans la loi n° 64-375 du 7 octobre 1964.La reforme intervenue aux termes de la loi n°83-801 du 02 juillet 1983 portant modification de la loi sur le mariage n'a pu avoir raison de cette disposition. L'opinion publique étant restée réfractaire à cette époque à toute responsabilisation de la femme.

---

même peine le mari qui, dans la maison conjugale, a des relations sexuelles habituelles avec une femme autre que son épouse… ».

[68] Cour d'Appel d'Abidjan, 4 novembre 1968, R.I.D. 1969, n°4, p.57 ; Cour d'Appel d'Abidjan, 10 novembre 1970, R.I.D. 1971, n°3 p.75. Deux décisions essentielles qui sanctionnent pénalement le délit d'adultère mais la sanction concernait des femmes.

A cet effet, l'introduction brutale de la codirection dans notre droit de la famille par la loi de 2013, si elle constitue sans aucun doute une avancée notable pour l'émancipation de la femme, recommande des aménagements sérieux dans la conduite des rapports juridiques entre époux. En outre, les époux, en s'unissant par le mariage visent essentiellement à procréer. C'est dire que les droits de la femme dans la direction de la famille dépassent les simples relations entre époux et doivent être appréciées sous l'angle de la direction des enfants. Aussi serait-il impérieux d'étudier l'adaptation nécessaire des règles relatives à l'enfant tant l'impact de la cogestion sur les enfants parait énorme.

Bibliographie Selective

Antoine (P) et Henry(C), 1984, « Du célibat féminin à la polygamie masculine Les situations matrimoniales à Abidjan », in *La nuptialité en Afrique. Étude de cas*, Paris,O.R.S.T.O.M.

Cornu (G), 2006, *Droit civil, la famille,* Paris, édition Montchrestien, 9è éd.

Duponchel (M), 1972, *État matrimonial en milieu urbain : polygamie et mariages interethniques à Adjamé (quartier d'Abidjan)*, Abidjan, Ministère de la Santé Publique.

Ehui (F.T.), 2012, *Droit des régimes matrimoniaux, des successions et des libéralités*, Sonsteg Edition.

Emane (J), 1967, « Les droits patrimoniaux de la femme mariée ivoirienne », *Annales Africaines*, Paris, Ed. Pedone.

Folquet (L.G.), 1974, « La situation juridique de la femme mariée dans le nouveau droit de lafamille ivoirienne », *Revue juridique et politique Indépendante et Coopération*, Paris, Ediafric, 636-637.

Gbaguidi (A.N.), 2003, « L'égalité dans les rapports personnels entre époux dans le nouveaucode de la famille du Benin », in *Recht in AfriKa, Law in Africa, Le Droit en Afrique,*Vol. n°2, 167-188.

Houphouët-Boigny (F), 1978, *Anthologie des discours 1946-1978*, Abidjan, CEDA.

Idot (L), 1987, « Le droit de la famille en Côte d'Ivoire : un exemple de droit mixte », Revue *CIREJ*, n°2, novembre.

Idot (L), 1987, « Le nouveau droit ivoirien des régimes matrimoniaux : une réformeinachevée », *Études et Documents*, n°1.

Kaudjhis-Offoumou (F), 1995, *Les droits de la femme en Côte d'Ivoire*, KOF-Edition – Ed.NETER.

Kaudjhis-Offoumou (F), 2006, « L'avenir de la famille à travers les instruments juridiques internationaux et régionaux relatifs aux droits humains », in, *D. MAUGENEST et T. HOLO*, (sous la dir. de), *L'Afrique de l'ouest et la tradition universelle des droits de l'homme*, Colloque d'Abidjan, les éditions CERAP.

Kouakou (K.J.), 2014, « Une famille sans chef est-elle réellement possible ? », Edition vol.10, *European Scientific Journal*, 207-215.

Labrusse-Riou (C), 1984, *Droit de la famille, 1- les personnes*, Paris, Ed. masson.

Lamarche (M), 2008-2009, « Etat matrimonial » in P. Murat, dir, *droit de la famille*, Paris, Dalloz.

Lecour (G.C.), 1979, « Contrat économique entre époux dans l'Ouest africain », *L'Homme*, Vol. 3-4, 159-170.

Lohoues-Oble(J), 1984, *Le droit des successions en Côte d'Ivoire : tradition et modernisme*, Abidjan, Nouvelles Editions Africaines.

Mazeaud (H), 1951, « Une famille sans chef », *Dalloz*, Chron. 141.

Mazeaud (H.L.) et Chabas (F), 1995, « Leçons de droit civil », T.1, Vol.3 dans L. Leveneur, dir., *La famille*, 7ème éd., Edition Montchrestien.

Mbaye (K), 1968, *Le droit de la famille en Afrique Noire et à Madagascar*, Paris, Larose.

Ouattara (A), 2009, « De nouvelles perspectives pour le droit ivoirien en matière de rupture du lien conjugal? Réflexions hypothétiques sur les incidences du jugement français dutribunal de Lille du 1er avril 2008 », in *Revue de droit international et de droit comparé*, n°2, 279-320.

Silue (N), 2005, *L'égalité entre l'homme et la femme en Afrique noire francophone, essai sur la condition juridique de la femme en droit social ivoirien*, Université Paris X Nanterreet Université Abidjan Cocody, Thèse de doctorat.

Thiero-Meman(F), 1999, *Le nom patronymique en République de Côte d'Ivoire*, Paris XNanterre et Université de Cocody Abidjan, Thèse de doctorat.

Thiero-Meman(F), 2015, *Droit des personnes, droit de la famille*, Abidjan, éditions ABC.

Toure (A), 1981, *La civilisation quotidienne en Côte d'Ivoire. Procès d'occidentalisation,* Paris Ed. Karthala.

Traore(A), 1977, *L'évolution de la famille en Côte d'Ivoire,* Séminaire national de sensibilisation sur l'éducation à la vie familiale, Abidjan, Ministère de la Condition Féminine.

Weil (A) et Terre (F), 1978, *Droit civil, les personnes, la famille, les incapacités,* 4è éd., Paris, Dalloz.

Zamble (F), « Des femmes ont-elles peur de cogérer le foyer? », in www.ipsinternational.org/fr/consulté le 11 septembre 2014 à 3h 04 mn.

Chapitre 6

Du code de la famille de 1972 a la loi sur la parité de 2010 au Sénégal

Fatou Saar

Introduction

La participation des femmes sénégalaises à la lutte pour les indépendances, le rôle qu'elles ont joué dans la grève des cheminots en 1947, et surtout les responsabilités qu'elles ont assumées depuis les crises économiques des années 80 avec les programmes d'ajustements structurels, les ont conduites à une prise de conscience de leur poids dans la société. Tout cela les a amenées à revendiquer plus de droits et une application de la constitution qui en son article premier stipule que la république est laïque, démocratique et sociale. Elle assure l'égalité devant la loi de tous les citoyens sans distinction d'origine, de race, de sexe et de religion.

Pour s'opposer à leurs revendications citoyennes, on invoque souvent les textes sacrés. Ainsi, des conservateurs appartenant à différentes confréries se réclamant du soufisme et des acteurs se réclamant du *salafisme*[1], malgré leurs profondes divergences, trouvent un consensus autour du rejet du code de la famille, adopté sous le régime de Senghor en 1972. Depuis lors, les organisations hostiles au Code de la famille n'ont jamais désarmé et les changements de régime ont été saisis comme une opportunité pour remettre en question le statut de la femme. Malgré tout, sur quatre décennies, non seulement les femmes et la société sénégalaise ont résisté à toutes les tentatives de remise en question des droits de la femme, mais des acquis importants ont été obtenus, à travers plusieurs modifications et amendements du Code allant dans le sens de l'amélioration de la condition de la femme. Leur combat sera couronné par le vote de la loi sur la parité en 2010.

---

[1] Un mouvement religieux de l'islam sunnite, prônant un retour aux pratiques en vigueur dans la communauté musulmane à l'époque du prophète de l'Islam.

Pour comprendre les acquis obtenus dans l'amélioration de la situation des femmes, malgré les assauts répétés des conservateurs, il faut (i) porter un regard sur la place qu'elles occupent et le rôle qu'elles jouent dans l'espace religieux, (ii) examiner les processus qui ont mené au vote du code de la famille et de la loi sur la parité (iii) revenir sur les résistances récurrentes des religieux (iv) analyser la place des femmes dans le dispositif de la nouvelle offensive religieuse et enfin (v) analyser les politiques dans le nouveau contexte de radicalisation et les futurs possibles.

Le rôle des femmes dans l'espace religieux au Sénégal

Les femmes de l'élite religieuse et celles des milieux populaires ont apporté une contribution remarquable à la consolidation de la religion musulmane au Sénégal. Au Sénégal, les noms des guides religieux sont toujours associés à celui de leur mère, ce qui est probablement un résidu d'une société matrilinéaire[2] et d'un système de représentations d'une culture qui accorde une place centrale à la femme. Les mères des fondateurs des confréries sont devenues des figures emblématiques pour les sénégalais. A l'instar de Sokhna Mame Diarra Bousso pour les Mourides et Fawade Wélé pour les Tidjanes. Mais au-delà des imaginaires, les faits montrent que les femmes ont joué des rôles déterminants dans l'espace religieux comme épouses, mères et filles. Trois figures symbolisent cette réalité, Soxna Asta Walo, la mère érudite[3], Mame Diara Bousso, l'épouse engagée, et Sokhna Maïmounatou Mbacké (1908-1999), la fille modèle[4]

Sokhna Asta Walo Mbacké est la figure féminine religieuse la plus ancienne connue, dont les actes ont été relayés par la tradition orale.

---

[2]Dans les sociétés matrilinéaires la femme avait une place centrale car, la filiation passait par la mère et l'enfant était l'héritier du frère de sa mère. Jusqu'après les indépendances ce système juridique était en vigueur dans certaines communautés au Sénégal, mais toujours est-il qu'à ce jour, l'oncle maternel continue à jouer un rôle important dans la vie des enfants de sa sœur.

[3]Les informations obtenues auprès de la famille Mbacké grâce à Serigne Khadim Sylla, sont plus proches de la réalité car les traditionalistes racontent qu'elle a vécu 130 ans.

[4] Les entretiens avec Sokhna Bally Mbacké, qui a pris la relève de sa mère, pour la célébration de la nuit du leylatoul Kadr, nous ont permis de mieux connaître l'histoire de Sokhna Mai.

Elle serait née vers 1800 et est décédée vers 1885. Femme aux grandes connaissances islamiques, elle a enseigné le coran et les sciences religieuses (théologie, jurisprudence, soufisme, exégèse du Coran…). Ses contemporains lui ont conféré la stature des plus grands érudits de son époque, du fait de sa pédagogie et de son engagement au service de son sacerdoce. Son souci de la pudeur vestimentaire était élevé à un degré tel qu'elle portait des habits qui couvraient la totalité de son corps au point qu'on ne la distinguait pas d'un homme. Cette femme fut à l'origine de la formation sociale et spirituelle de beaucoup d'hommes de la confrérie mouride, et sa fille Mame Diarra Bousso en est un produit incontestable.

Sokhna Maryama Bousso, plus connue sous le nom de Mame Diarra (1833-1866), fut éduquée par sa mère. Sous sa direction, elle maîtrisât le Livre Saint (qu'elle écrivit de mémoire plusieurs fois) et les sciences religieuses. Femme d'une grande spiritualité, elle était aussi connue pour ses aumônes fréquentes et sa constante sollicitude envers les démunis. Elle fournissait aux personnes âgées du bois pour se chauffer durant les périodes de grand froid. Sa piété, lui valut le surnom de Jâratul Lâhi (la voisine de Dieu). Sokhna Diarra Bouso a enseigné le coran à ses enfants et a développé en eux, le sentiment religieux et la pureté morale. Elle leur racontait l'histoire de gens pieux pour les inciter à suivre leur exemple. Ce que fit son fils Ahmadou Bamba, dès le plus bas âge. L'influence de Mame Diarra Bousso sur la société sénégalaise se traduit par son nom porté par des milliers de femmes. Dans la ville de Porokane, où elle repose, son imposant mausolée est visité chaque année par des millions de fidèles. La Fondation qui porte son nom depuis 1999 compte plus de 100 000 membres regroupés dans 3000 Dahiras affiliés, et le complexe islamique accueille des centaines de jeunes filles, qui sont toutes ses homonymes. La journée religieuse qui lui est dédiée, dénommée le « Magal de Porokhane », draine des millions de fidèles venant de tous les continents.

Sokhna Maimounatou Mbacké, symbolise l'image de ce qu'Ahmadou Bamba conçoit comme devant être l'éducation des filles dans l'Islam. Avec une parfaite maîtrise du saint coran qu'elle a su calligraphier de mémoire, ses solides connaissances des sciences fondamentales que sont la Théologie (Tawhîd), la Jurisprudence (Fiqh) et le soufisme ou la mystique musulmane (Taçawwûf) ont fait d'elle une femme de savoir, capable d'égaler les plus grands érudits de son époque. Sa large production littéraire, ses nombreux poèmes de haute facture, témoignent de sa vaste érudition et de sa parfaite maîtrise de la langue arabe.Elle consacra toute sa vie à la lecture du Saint Coran et aux actes de dévotion. Dans sa demeure, elle avait aménagé une chambre réservée uniquement à la lecture du livre sacré.Sa maison était un centre de formation et d'éducation spirituellepour les filles qui lui étaient confiées. Elle a formé et éduqué toute une génération de femmes et de filles à l'apprentissage du Saint coran.

Femme entreprenante, elle s'adonnait à l'agriculture et à l'embouche bovine. Les produits tirés de ses activités étaient exclusivement destinés à des dons et à la préparation de la nuit du Laylatoul Khadr[5], pendant laquelle, un nombre incalculable de bœufs, de moutons, de chameaux et de coqs étaient immolés pour offrir des repas copieux à tous les musulmans de la cité. Pour cette nuit sacrée, Sokhna Maïmouna Mbacké faisait parcourir le Coran plusieurs centaines de fois à travers les 400 lieux de prières que comptait Touba à cette époque. Pour l'année 2017, sa fille Sokhna Baly Mbacké nous a confié que des millions de francs ont été distribués aux différents daaras de Touba pour la lecture du coran. Désormais, pour tous les sénégalais et les musulmans d'Afrique, le nom de Sokhna Maï Mbacké est lié à jamais à cette nuit, qu'elle a hissée à une dimension jamais atteinte.

Dans les milieux populaires, grâce à leurs associations, les femmes sont les principales animatrices de l'espace religieux. Du fait de leur grande capacité de mobilisation de ressources financières, elles sont les principales contributrices dans l'organisation des manifestations comme les chants religieux, les *ziara* (pèlerinages), *le Maouloud* (Célébration de la naissance du Prophète), *le Magal* (Célébration de la déportation d'Ahmadou Bamba au Gabon), ou les journées culturelles. Elles s'impliquent aussi dans la gestion des mosquées, pour l'entretien et les équipements.

Le rappel du rôle joué par des femmes dans l'ancrage de la religion dans la société sénégalaise permet de comprendre pourquoi les idéologies importées des sociétés arabes, où la femme est réduite

---

[5] Nuit ou le coran a été révélé.

presque à néant ont du mal à s'implanter dans un espace social où la tradition et la culture accordent une place centrale à la mère. Au Sénégal, l'Islam a intégré cette donne, au point que même si elles ne sont pas fondatrices de confréries, à l'intérieur de chaque confrérie, des femmes ont réussi à s'imposer dans l'imaginaire des sénégalais comme des symboles puissants.

Processus d'évolution des droits des femmes au Sénégal

Du vote du code de la famille en 1972 au vote de la loi sur la parité en 2010, l'espace sociopolitique sénégalais est marqué par une tension permanente sur le statut de la femme, qui constitue un point d'achoppement des différentes conceptions juridiques de l'organisation des rapports familiaux et constitue, de ce fait, un enjeu fondamental. Sur cette question, l'État sénégalais doit faire face à différents groupes religieux qui prônent l'application des textes religieux mais aussi aux islamistes.

Le code de la famille de 1972 et la résistance des religieux

La première décennie de l'indépendance ouvre une réflexion sur la place de la famille dans le projet de société. Le 12 avril 1961, une commission de « codification du droit des personnes et du droit des obligations » fut mise en place. Elle a permis de constater la diversité des régimes avec 79 coutumes recensées. Cependant, il faudra attendre le 23 décembre 1965 pour voir le Président Léopold Sédar Senghor désigner à nouveau un Comité des « options » pour le Code de la famille, composé de 32 membres, dont des députés, des magistrats, des cadis (Juges musulmans) et des représentants des autorités coutumières et religieuses, pour examiner les informations récoltées. Les conclusions ont permis de nourrir les réflexions du Comité de rédaction du code de la famille, mis en place en juillet 1966 et qui avait en charge l'unification des différentes formes de lois.

Résultat d'un travail d'élaboration consensuel, ce code a opéré une synthèse entre le droit traditionnel issu des coutumes locales, le droit islamique émanant du Coran et le droit moderne inspiré de l'école juridique française. Le code de la famille, adopté au titre de la loi n° 72-61 du 12 juin 1972, mit un terme au pluralisme de statuts issus de la période coloniale. Ses principales caractéristiques sont l'unification de la loi, l'affirmation affichée du caractère laïc de l'Etat, la reconnaissance des principes des droits individuels et du principe de l'égalité de tous les citoyens.

Des chefs religieux, réunis en Conseil supérieur islamique avaient notifié au Premier ministre d'alors, Abdou Diouf, leur opposition à certains articles du projet du code de la famille qu'ils jugeaient en contradiction avec le dogme islamique. Leurs objections ne furent pas prises en compte. Malgré tout, le Conseil reconnut la prévalence du choix de l'Assemblée nationale comme expression de la souveraineté populaire en déclarant ceci : « Il n'est point et ne saurait nulle ment être dans nos intentions de nous ingérer dans la conduite des affaires de la nation qui vous échoit de par la volonté du peuple souverain ».

Selon Marie Brossier (2004), l'opposition unanime des religieux au projet du code de la famille n'est pas prouvée. En réalité, ils n'avaient pas tous la même position, que ce soit en 1966, lorsqu'ils furent invités à donner leurs recommandations au sein du Comité des options, ou en 1972, lorsqu'ils cherchèrent à adopter une position commune face au projet de code. C'est ce qu'explique Pape Aldiouma Fall (2003), à l'époque administrateur civil, qui a déclaré que la séance fut houleuse et que les marabouts s'étaient divisés en deux camps, l'un pour et l'autre contre. Suite à la vive polémique qu'elle avait engendrée, la séance fut levée sans décision et donc sans consensus.

Sous le régime du président Léopold Sédar Senghor, le code a été relativement accepté même s'il était mal appliqué dans les zones rurales sous influence des religieux. En effet, le Calife général des Mourides, Abdoul Ahad Mbacké, a récusé la validité du Code de la famille sur toute l'étendue du territoire de Touba.

Le départ de Senghor en 1981 et la faiblesse supposée du régime de Diouf va occasionner la première remise en cause du code lors de l'anniversaire des dix ans de son application, sans toutefois pouvoir en ébranler les fondements. Par ailleurs, durant les années 80, la dynamique portée par la conférence mondiale des femmes de Nairobi en 1985 va favoriser l'éclosion d'organisations féminines pour la défense des droits des femmes. Des associations comme Yewu Yewi[6]

---

[6] Première association qui s'est déclarée ouvertement féministe, créée par Marie Angélique Savané en 1984.

vont défier de manière permanente les groupes religieux en portant haut le débat. Ainsi, aux discours des fondamentalistes, elles réagirent par l'organisation d'un colloque sur le thème : « cultures en crise : quelles alternatives pour les femmes africaines ? » tenu à Dakar du 17 au 20 avril 1989 (Kane 2008).

Le combat mené par des intellectuelles féministes comme Penda Mbow (2001) et les associations comme Yewu Yewi, va porter ses fruits. En effet, les évolutions démocratiques vont entraîner une prise en compte des revendications des femmes. Le projet de loi 89-01 du 17 janvier 1989 voté à l'Assemblée nationale modifie le code de la famille et améliore certaines procédures afin de mieux protéger les intérêts légitimes de l'épouse. L'article 19 est modifié pour permettre à l'épouse d'administrer provisoirement les biens de son mari absent ; l'article 80 est modifié pour permettre à l'épouse de disposer en même temps que son mari d'une copie du livret de famille ; l'article 154 qui donnait au mari le pouvoir de s'opposer à l'exercice d'une profession de son épouse et l'article 13 qui fixait le domicile de la femme à celui de son mari sont abrogés.

Après la conférence mondiale des femmes de Beijing de 1995, la polémique va être relancée autour du projet de la loi limitant la polygamie à deux épouses, impulsée par les organisations de femmes, mais sans succès. Les groupes religieux en profitèrent pour reprendre du service et la critique du Code de la famille devint leur exercice favori. Cheikh Abdoulaye Dièye, leader d'un parti religieux, le FSD-BJ (Front pour le socialisme et la démocratie-Benno jubeul)[7], créé en 1996, fut l'un des plus grands pourfendeurs de cette loi.

En 1998, les associations féminines lancèrent le débat sur l'autorité parentale et la lutte contre les violences faites aux femmes. Leur combat aboutit au vote de la loi contre les violences faites aux femmes en 1999. Quant au projet de loi reconnaissant l'autorité parentale, il a été rédigé mais a été bloqué avec le changement de pouvoir en 2000.

Le Code de la famille qui, dès le départ, s'est inscrit dans une perspective de protection des femmes, notamment par rapport à la

---

[7] FSD-BJ : Front pour le socialisme et la démocratie a apparemment changé d'orientations depuis le décès du fondateur. La ligne défendue par son fils qui a pris la relève s'inscrit clairement dans un projet de société démocratique et égalitaire.

répudiation et à la polygamie, a connu des avancées remarquables, sauf sur les questions de polygamie et du divorce qui sont encore pour les femmes une source d'insécurité. En effet, à ce jour, le Code de la famille n'a pas complètement aidé à l'éradication de la répudiation et on assiste à une recrudescence de la polygamie. Même dans les milieux intellectuels, le nombre de ménages monogames qui se sont transformés en ménages polygames s'accroît. L'explication est à trouver dans la forte intériorisation d'une culture qui n'accepte pas le célibat des femmes. Celles-ci n'ont d'autres choix que d'accepter la polygamie, même en cas d'indépendance économique. Ainsi, comme le relate Marie Boissier, insidieusement, d'une contestation de la polygamie des années 60 par les normaliennes[8], vécue comme une atteinte à la dignité de la femme, à la revendication de statut de couple moderne par Yewu Yewi, dans les années 80, on passe à une simple revendication de la reconnaissance du droit de la femme à exercer son autorité sur ses enfants dans la famille.

La seconde alternance et la grande offensive contre le code de la famille

Les élections de mars 2000, qui ont permis un changement pacifique du pouvoir, ont ouvert une ère de réflexion sur les fondements moraux de la société et les débats formulés à partir de 2002 ont porté sur la famille. A nouveau les extrémistes saisirent cette opportunité pour essayer d'imposer un code de statut personnel porté par le Comité islamique pour la réforme du code de la famille au Sénégal (Circofs), créé en 1996 par le Collectif des associations islamiques, fondé lui même en 1974.

Le Circofs, qui prône la création d'un État islamique, milite pour le rétablissement de la répudiation, l'élimination de l'héritage de l'enfant dit « naturel », le maintien de l'autorité du père. Il tiendra une conférence à Dakar le 12 octobre 2002, pour présenter son avant-projet de code applicable aux musulmans et devant se substituer au code en vigueur[9].

---

[8] Les normaliennes sont les générations des sénégalaises ayant fréquenté l'école normale des jeunes filles de Rufisque créée sous la colonisation et qui ont porté le combat pour l'émancipation de la femme.

[9] Ce projet de code du statut personnel est composé de 276 articles, répartis en sept livres. Le Livre 1 porte sur le mariage et les obligations qui en résultent. Le Livre 2 traite du divorce, tandis que le Livre 3 parle de l'adoption, la filiation et la

La demande d'audience envoyée au chef de l'État, Abdoulaye Wade par le Comité de suivi sera rejetée, et c'est depuis le Japon où il était en visite officielle, en mai 2003, que le président a répondu en ces termes : « Le code de la famille est une loi. Le Président de la République doit respecter les lois. L'exécutif que je préside n'a pas l'intention de présenter un projet de loi et s'opposera à sa modification ». Le Président Abdoulaye Wade ira plus loin et va dénoncer le caractère politique de l'action du Circofs. Selon lui, ils ont laissé ses prédécesseurs l'appliquer pendant 30 ans. Il estime en effet que si leur président Me Babacar Niang[10] était conséquent, il aurait dû mettre toutes ces réformes dans son programme de campagne présidentielle ; il leur suggérera d'attendre les prochaines élections pour faire une campagne sur la charia.

Le Circofs n'a pas abandonné pour autant ses velléités de réforme et s'est attelé à la mise en œuvre d'un programme de sensibilisation des populations sur ses objectifs et à des fins de pressions sur le pouvoir. En 2004, il saisit à nouveau le chef de l'État qui, après avoir accepté le principe d'étudier leur demande,[11] finit par leur répondre qu'une commission a été constituée pour étudier le projet de réforme.

Le Président Wade va contre attaquer, en démentant que les chefs religieux aient rejeté le code de 1972 car lui même faisait partie du « Comité des options » en 1966 en sa qualité d'avocat.Les membres du Circofs appuyés par un autre collectif composé de 17 associations islamiques, cherchèrent d'autres soutiens et essayèrent d'enrôler les familles religieuses en leur présentant le Code du Statut Personnel comme étant une continuité du code qu'avaient proposé les guides religieux à Senghor en 1971. Mais les khalifes généraux ne se sont jamais prononcés personnellement sur la question et n'ont été impliqués qu'indirectement par leurs porte-paroles.

---

garde de l'enfant. Le Livre 4 traite de la tutelle et le Livre 5 du testament. Les Livres 6 et 7 portent sur les successions et le waqf (les biens inaliénables).

[10]Me B. Niang avocat à la cour, membre du parti marxiste PAI (Parti africain pour l'indépendance) jusqu'à sa dissolution en 1963, puis du RND (Rassemblement national démocratique) de Cheikh Anta Diop. À la suite des élections législatives de 1983, il rompt avec le RND et forme le PLP (Parti pour la libération du peuple). Il s'engage dans la voie de l'islamisation à la fin des années 1990 en acceptant sa nomination à la tête du CIRCOFS.

[11] Cette rencontre n'a finalement pas eu lieu.

Le Circofs, n'ayant pu valider le soutien des khalifes généraux, cherchera un appui du côté des groupes secondaires tels que : (i) le Collectif des jeunes chefs religieux du Sénégal (CJCRS), créé en 1998 et officialisé en 2002, présidé par Modou Bousso Dieng, (ii) le Collectif des femmes musulmanes (CFM) qui fustige les organisations de défense des intérêts de la femme et des droits de l'homme.[12]

Les membres du comité ont fait la tournée des régions pour sensibiliser les imams. Ils ont investi les lieux de culte avec des prêches du vendredi, particulièrement virulents, réclamant la restauration de la loi islamique, mais ils n'ont pas réussi à faire l'unanimité. Le président de l'Association des imams et oulémas du Sénégal, El Hadj Moustapha Guèye, supposé être un des signataires du projet en 2002, en a récusé dès 2003 la paternité et a dénoncé les conditions de rédaction peu transparentes. Parce que selon lui, les porteurs de ce code ont déclaré travailler depuis 1996, alors qu'il a été saisi pour la première fois en 2002. Il a émis des réserves quand à l'opportunité de l'initiative qui peut pousser les autres communautés religieuses à en faire de même. Selon lui, il était plus important de préserver l'équilibre entre les communautés puisque le code ne contredit pas l'application du droit islamique et a des dispositions destinées aux musulmans. Il considère que le véritable problème ce sont les musulmans eux-mêmes qui lorsqu'ils ne trouvent pas leur intérêt à être jugés sur ces dispositions, choisissent qu'on leur applique le droit général. Le Circofs se voit ainsi donc fragilisé auprès des acteurs religieux et attaqués par ses adversaires.

La riposte des femmes et des mouvements laïcs

Des 2002, des associations de femmes, celles de défense des droits humains, des députés et des universitaires constituèrent un front, en réaction au projet du Circofs qu'ils considéraient comme étant rétrograde, dangereux et une menace pour l'unité nationale.

Des personnalités comme Penda Mbow, professeur d'histoire à l'université de Dakar et leader du mouvement citoyen et les membres du réseau Siggil Jigeen, composé de 18 ONG œuvrant pour une

---

[12] Voir Sénégal: Une réforme à reculons du code de la famille. L'Economiste.www.leconomiste.com/article/senegal-une-reforme-reculons-du-code-de-la-famille, Edition n°1668 du 23/12/2003.

promotion du statut de la femme, ont soutenu la nécessité du maintien du code de la famille en vigueur, pour la sauvegarde de la laïcité de l'État et de son équilibre. Dans la même lancée, le 12 juin 2004, un Collectif pour la défense de la laïcité et de l'unité nationale au Sénégal voit le jour. Il permet de rallier divers réseaux et collectifs autour de la nécessité d'une mobilisation pour préserver l'unité nationale, la laïcité et les acquis démocratiques. Pour contrer les revendications du Comité islamique, le front des laïques entame une campagne et opère un travail systématique de délégitimation du Circofs.

A partir de 2007, les femmes prennent l'initiative de déclencher la bataille pour la loi sur la parité qui sera rejetée la première fois par la Cour constitutionnelle, avant d'être adoptée en 2010[13].Le vote de cette loi a entraîné des réactions parfois violentes de la part d'acteurs politiques et religieux extrémistes qui l'ont qualifiée de loi maçonnique[14]. Les guides des confréries n'ont pas élevé la voix, car le Président avait pris soin d'obtenir leur accord. Seul, Serigne Mansour Sall[15], fils d'un guide religieux de la ville de Louga, située à l'intérieur du pays, est monté au créneau pour dénoncer cette loi.

Les élections législatives de 2012 se sont déroulées avec une application intégrale de la loi sur la parité car le nouveau régime en place, se trouvant face à la même assemblée qui l'avait adoptée, ne pouvait initier une quelconque modification qui n'aurait aucune

---

[13] En avril 2010, le président Wade après avoir modifié la constitution avait réintroduit un projet de loi pour la parité intégrale et contraignante car exigeant une liste alternée homme femmes sous peine de non recevabilité. Informées de la volonté de certains groupes religieux de se dresser contre le projet de loi, des femmes se sont organisées le 16 avril 2010 au Bureau Régional de l'Unesco à Dakar (BREDA) afin d'analyser la situation et de dégager une position commune avant la levée de bouclier annoncée par les mouvements intégristes. Elles ont créé caucus des femmes leaders pour la défense du projet qui battra campagne à travers tout le pays avec succès.

[14] À la masse des sénégalais sensibles aux discours des fondamentalistes religieux proclamant que la parité a pour ambition la déstabilisation de la société, il a fallu montrer que les femmes impliquées dans ce processus sont des mères et des épouses respectables qui se sont battues en exigeant que les salariées puissent prendre en charge leurs époux et leurs enfants, donc ce ne sont pas celles-là qui allaient déstabiliser la société

[15] Il faut reconnaître qu'il a de tout temps adopté une position plus proche des Salafistes que des confréries traditionnelles notamment en ce qui concerne les divergences sur les fêtes religieuses.

chance de passer. Quant aux élections locales de 2014, elles ont révélé l'opportunisme des acteurs politiques. Ceux-là mêmes qui ont accepté cette loi sous le Président Wade se sont reniés sous le Président Macky Sall ; mais la peur du vote sanction des acteurs politiques après l'échec de la manipulation de Touba[16], les a obligés à taire en public leurs récriminations pour s'adonner à de basses manœuvres. En effet, ce sont des acteurs politiques qui ont manipulé les autorités de Touba pour les inciter à refuser la parité, en convoquant le statut particulier de la ville sainte. Ils ont voulu simuler une confrontation entre les femmes qui portaient le combat et celles de la localité de Touba. Mais les femmes du Caucus des femmes leaders, avisées à temps ne se sont pas rendues à Touba.La loi fut appliquée avec 42,7% de femmes présentes dans les conseils locaux, mais l'acte posé par la ville de Touba sur la parité a été révélateur de la faiblesse de l'Etat de droit.

La radicalisation de l'espace religieux et fragilisation de l'Etat démocratique

S'il n'y a pas encore d'actes répréhensibles posés par les extrémistes, ils sont quand même de plus en plus présents dans l'espace public, notamment dans la banlieue de Dakar et dans les régions périphériques, d'où sont issus les membres des groupes partis combattre avec Daech en Syrie ou avec le groupe de Syrte en Libye. Mais le processus de contestation de l'islam confrérique au Sénégal remonte à la période coloniale. Le discours fondamentaliste n'est pas nouveau. Les premières organisations se sont inscrites dans la lutte contre le colonialisme. La plus connue est l'Union Culturelle Musulmane (UCM), dirigée par Cheick Touré. Dès sa naissance en 1953, l'UCM opta pour l'Etat islamique, l'instauration de la Sharia et la critique de l'Islam confrérique.

A partir de 1960, les indépendances obtenues, ses membres ont pris pour cible l'occident, confondant dans leur dénonciation les gouvernants et les chefs de confréries considérés comme des collaborateurs des pouvoirs en place. Mais les efforts déployés par le

---

[16]*Touba* est la deuxième ville la plus peuplée du pays après Dakar et est la capitale de la confrérie musulmane des Mourides. Les autorités religieuses de Touba ont une grande influence religieuse et politique.

Président Senghor viendront à bout de cette organisation en faisant bénéficier à la plupart des membres des largesses du pouvoir. Son influence a diminué significativement, et à partir des années 70, l'UCM perd son caractère de mouvement islamique indépendant.

Les discours réformistes actuels se sont introduits au Sénégal dans les années 70, sous l'influence des idéologies salafistes et wahhabites, qui sont convaincues que l'islam confrérique tel qu'il est pratiqué est un islam impur et qu'il faudrait retourner à un islam plus conforme à celui du VIIème siècle[17]. Durant cette période de grandes sécheresses, seuls les pays du Golfe sont venus en aide aux pays du sahel, car les pays occidentaux faisaient face à la crise causée par le choc pétrolier. Ils sont venus creuser des puits, aider les gens à construire des mosquées etc., tout en diffusant un autre discours religieux.

Dans les années 1980, lorsque les pays Africains ont été soumis aux politiques d'ajustement structurel imposées par la Banque mondiale et le Fonds monétaire international (FMI) avec des baisses d'investissements publics dans les services sociaux de base, ce sont les organisations islamistes qui à travers des ONGs ont apporté des appuis dans l'éducation, la santé, l'accès à l'eau et en produits alimentaires.

Parmi les mouvements qui se sont le plus illustrés dans la contestation de l'islam traditionnel, il y a les Ibâdu Rahmân (Association des Serviteurs de Dieu) nés en 1978, idéologiquement proches des Frères Musulmans. La majorité de ses fondateurs étaient d'anciens membres de l'UCM. Ils sont très actifs dans l'encadrement des jeunes qui commence au lycée et se poursuit à l'université avec l'association des élèves et étudiants musulmans du Sénégal (AEMS). Il y a également le mouvement Al-Falâh, une émanation du salafisme wahhabite et sous forte influence saoudienne. Il existe d'autres mouvements et associations qui ne sont pas toujours identifiables et qui sont financés par les monarchies pétrolières du Golfe comme l'Arabie Saoudite.

A partir des années 2000, des groupes radicaux rivaux se sont implantés au Sénégal avec une présence visible en Casamance qui est

---

[17] Ces derniers sont appelés les « Salafs » d'où vient donc l'expression « salafisme».

une zone de turbulence politique du fait d'un mouvement séparatiste mais surtout un espace faiblement influencé par l'islam confrérique. C'est d'abord un petit groupe de chiites sénégalais qui sont allés construire des éco-villages avec l'ONG Mozdahir International, et ensuite des organisations proches de l'Arabie saoudite qui ont donné de l'argent à des groupes de la banlieue de Dakar pour aller y construire des mosquées. Ce qui traduit la rivalité des puissances du Moyen-Orient sur fond de concurrence de modèles religieux.

Les facteurs de la radicalisation islamique sont à chercher *dans la fragilisation de l'Etat, qui n'a plus été capable de faire face aux crises économiques récurrentes* avec comme conséquence la pauvreté croissante et la dualité du système éducatif qui n'offre pas les mêmes avantages à tout le monde.

Bien avant l'indépendance, les vagues d'étudiants formés dans les pays arabes, de retour au Sénégal, se sentant exclus du modèle politique et administratif reposant essentiellement sur la langue française ont créé des organisations de défense de leurs intérêts. Le discours sur la laïcité a été un moyen pour des groupes d'intérêt religieux de construire de nouveaux rapports de force pour bénéficier des avantages, que la participation au pouvoir octroie. Les principaux acteurs se sont retrouvés ambassadeurs sous Senghor (Moustapha Cissé, Ahmed Lyane Thiam, Saliou Kandji), ministres avec Abdoulaye Wade (Bamba Ndiaye) et avec Macky Sall (Imam Mbaye Niang). Latif Guèye avait obtenu un poste d'ambassadeur avec Abdoulaye Wade. Pour d'autres c'est aussi une opportunité de capter les ressources des pays du Golfe à travers les nombreuses ONGs.

Les stratégies de contrôle de l'espace social sénégalais par les extrémistes

Les principales stratégies développées par les extrémistes sont les suivantes : l'alliance avec les confréries religieuses et le contrôle des consciences par les actions humanitaires, la formation et la communication.

Malgré la pluralité des lieux d'énonciation et les divergences idéologiques entre les mouvements fondamentalistes, ils ont pour point commun la contestation des confréries. Mais face à la domination des ordres établis, ils ont fini par se rendre compte que la lutte contre les marabouts est contre-productive, compte tenu de leur popularité continue (Loimeier 2003: 245). A partir des années 90, ils ont cherché à faire cause commune avec les familles religieuses, en insistant sur l'unité et la solidarité entre musulmans.

Cette stratégie va rendre floues les distinctions entre soufis, réformistes et autres musulmans (Villalón 2004: 69). Ces mouvements religieux, en nouant une alliance avec les familles traditionnelles essayent de trouver des sujets consensuels dont les plus convoqués seront la laïcité, la franc-maçonnerie, l'homosexualité et le statut de la femme. Toutefois, la destruction des mausolées des saints à Tombouctou au Mali en 2012 par les groupes terroristes[18] et l'enlèvement des filles au Nigéria par Boko Haram en 2013 ont marqué un tournant important dans les rapports entre les confréries religieuses et les mouvements extrémistes. Les guides religieux traditionnels ont compris qu'ils pouvaient être la cible des extrémistes.

Les questions de la franc-maçonnerie et de l'homosexualité reviennent de manière récurrente dans les débats au Sénégal. L'ONG Jamra sera celle qui se sera le plus illustrée sur le sujet pour dénoncer le phénomène. A partir des années 2000, la laïcité et l'homosexualité seront convoqués dans le débat politique pour invalider dans la conscience populaire la candidature des adversaires, ce sera le cas à l'élection présidentielle de 2012 et aux locales en 2014. Quand à la femme, elle est de manière permanente objet de débats.

La stratégie de contrôle des consciences et de l'endoctrinement pour une adhésion à la vision de l'aile radicale se fait à travers des programmes d'assistance, des espaces de formation et par les médias. Les femmes des milieux populaires sont encadrées à travers des structures caritatives, qui leur offrent aide et assistance en produits alimentaires, notamment lors des fêtes religieuses. Des centres

---

[18]Le chef de file des salafistes wahhabites au Sénégal Ahmad Lô ; dans les conférences publiques condamne fermement la violence mais dans un de ses célèbres ouvrages, il considère qu'il faut combattre le soufisme qui serait une entrave au Jihâd. Après les attentats de Bamako en novembre 2015, il a organisé un colloque dans son université, sur la notion de Jihad. Il disait qu'il ne fallait pas faire le Jihad, non pas parce qu'il serait contre l'idée, mais parce que les conditions qui le permettent religieusement ne seraient pas encore réunies. (Cf Bakary Samb)

médicaux sont créés à Dakar[19]pour la prise en charge des soins de santé des populations les plus pauvres. Le déficit de la prise en charge de l'éducation des enfants à laissé la porte ouverte à la création de multitudes d'écoles religieuses qui dans leur enseignement au quotidien, ont entrepris un travail de lavage de cerveaux des enfants pour détruire l'image des fondateurs des confréries. Les formations s'adressent aussi aux adultes avec un impact certain. Aujourd'hui, face aux femmes qui se battent pour leurs droits, ce ne sont plus seulement des hommes qui se dressent sur leurs chemins mais d'autres femmes formées à une idéologie conservatrice, ayant un bon niveau d'éducation. Elles sont souvent étudiantes, cadres dans divers services et généralement issues des couches intermédiaires et supérieures des milieux urbains et font l'exégèse des textes religieux sur tout ce qui touche à la femme.

Les médias constituent de puissants moyens d'endoctrinement des masses, par le biais d'une multitude de programmes religieux inspirés par les courants extrémistes pendant que les groupes confrériques se préoccupent davantage de questions politiques. En effet, ils ont été investis par les extrémistes qui ciblent de manière insidieuse les femmes. Les programmes présentés n'ont jamais été aussi conservateurs et réducteurs des droits des femmes. La portée de ces discours peut être mesurée à l'aune des réseaux d'organisation de femmes qui se multiplient et qui petit à petit s'approprient l'idéologie extrémiste et cela se traduit de manière visuelle par le code vestimentaire. Si elles ne sont pas toutes radicalisées, elles ont une sympathie de ces mouvements et de plus en plus empruntent le voile islamique. La télévision a joué un rôle déterminant avec l'apparition de présentatrices vedettes voilées, et aujourd'hui le phénomène n'est pas seulement banalisé mais attire la jeunesse. Elles sont devenues des modèles.

---

[19] Ahmed Khalifa Niasse le déclare dans une émission avec RFI que son père en 1920 déjà avait mis en garde les sénégalais en écrivant que le wahhabisme pourrait renverser les valeurs de l'Islam.
http://www.seneweb.com/news/Audio/ahmed-khalifa-niass-sur-rfi-laquo-nbsp-l_n_186741.html

Les futurs possibles

L'avenir du duel entre laïcité et extrémisme religieux est incertain du fait de l'affaiblissement de l'état de droit et du mouvement social féminin avec des germes de radicalisation des femmes. Dans un tel contexte, les confréries demeurent la force sociale la plus à même de défendre les femmes. Au moment où les forces politiques sont en réelle déliquescence, il n'est pas absurde d'envisager une alliance entre le mouvement social féminin et les confréries.

La constitution du Sénégal ne permet pas la création d'un parti islamiste, mais ils sont nombreux à afficher leurs particularités, même si dans les textes ils sont conformes à la loi. C'est le cas du MRDS « le mouvement de la réforme pour le développement social », présent à l'Assemblée nationale, ainsi que d'autres partis reconnus comme étant d'obédience confrérique tels que le Parti de l'Unité et du Rassemblement (P.U.R) et le *Parti* de la vérité pour le développement *(PVD)*. Aucun de ces partis n'a réussi à s'imposer politiquement, mais la fragilité du système politique, en quête d'alliances de tous bords, leur accorde une importance qui ne correspond pas à leur poids électoral, ce qui constitue un risque de recul des acquis démocratiques. Le cas du Mali, avec l'Imam Dicko qui en 2010 a contraint le Président Amadou Toumani Touré à capituler pour l'adoption du nouveau code de la famille, pourrait ne pas être un simple cas isolé.

Aujourd'hui, les héritiers des fondateurs des confréries semblent de plus en plus intéressés par l'exercice du pouvoir politique, délaissant le rôle qu'ils jouaient auprès des populations. L'arrivée de nouveaux acteurs religieux plus proches des populations et de leurs préoccupations constituent un risque de rupture du « contrat social sénégalais » au sens de Donal B. Cruise O'BRIEN (1992). Il a expliqué que les rapports entre l'Etat et le peuple se sont construits autour des marabouts confrériques qui servaient d'intermédiaires, ce qui a contribué à la stabilité au Sénégal.

Les associations de femmes qui avaient amorcé un recul depuis 2000[20] sont plongées dans une profonde léthargie. Le peu de cas

---

[20] L'avènement de la première alternance politique en 2000 a vu l'entrée des principaux partis de gauche dans le gouvernement libéral du Président Wade. Les femmes de ces partis qui étaient les principales leaders du mouvement associatif se

accordé aux militantes de la société civile après l'avènement de la loi sur la parité a eu pour conséquence une lassitude combinée au fait que celles qui sont épuisées par des décennies de combat préfèrent se retirer sans qu'une relève ne se soit assurée. Au même moment, les associations proches de l'idéologie extrémiste se multiplient et consolident leurs positions. En effet, si dans les années 80, le refus de serrer la main à une femme était considéré comme ridicule, dans les années 90 les femmes voilées sont acceptées et dans les années 2000 elles sont devenues des modèles au point d'inspirer de nombreuses femmes.

Les germes de radicalisation des femmes sont bien présents au Sénégal, comme le montrent les enquêtes du Bakary Samb de Timbuctu Institut. Ces études menées en 2016 portant sur 400 jeunes des banlieues de Dakar, âgés de 18 à 35 ans, montrent certes que dans leur grande majorité les populations étaient méfiantes vis-à-vis des différentes formes de radicalisation, car 90,3% des sondés ont dit ne pas avoir l'intention de s'engager dans un groupe qui défend un islam dit « radical », les 9,7% qui se disent prêts à rejoindre un groupe radical affichent un rejet du système éducatif « *officiel* » et ont un sentiment de « *marginalisation* ». Mais ce qui attire l'attention est que, sur 25 personnes qui se disent prêtes à s'engager dans un groupement qui défend l'Islam, 11 sont des femmes (soit 44% des jeunes radicalisés) et deux femmes sont prêtes à rejoindre un groupe jihadiste. D'ailleurs sur les 42 personnes actuellement en détention pour fait ou soupçon de radicalisation on compte 3 femmes.

Les confréries islamiques prônant un islam apaisé constituent pour le moment un rempart contre la radicalisation islamiste, mais l'avenir est plein d'incertitudes car c'est du flanc de ces familles qu'émergent aujourd'hui des discours importés. Par ailleurs, leurs accointances répétitives avec les différents pouvoirs politiques au gré des alternances risquent d'entacher leur crédibilité. Malgré tout, ces confréries constituent les meilleurs alliés des femmes, du fait de leurs conditions d'émergence qui laissent une place de choix aux mères des fondateurs. En effet, leurs guides doivent leur légitimité aux vertus reconnues à leur mère.

---

sont trouvées dans une situation inédite ; se sentant obligées de soutenir le gouvernement de leurs partis en renonçant à la critique y compris en ce qui concerne les questions de femmes.

Conclusion

De 1972 à 2010, la bataille pour l'amélioration du statut juridique et politique de la femme s'est heurtée à la résistance continue de groupes conservateurs. Malgré tout, des évolutions remarquables ont pu s'opérer grâce à l'engagement de deux hommes que sont Léopold Sédar Senghor et Abdoulaye Wade, et aussi grâce à la capacité de résistance de mouvements féminins soutenus parfois par des organisations de droits humains quand des questions touchent à des points communs comme la laïcité. Cela a permis de stopper la velléité de jeter les bases d'un état islamique à partir de la question de la femme. Mais il n'y a aucune certitude pour l'avenir face à l'affaiblissement du mouvement social féminin, des confréries religieuses et la fragilité des partis politiques. Il n'est pas absurde d'envisager demain le triomphe du radicalisme, dans un contexte où les acteurs politiques mettent leurs ambitions personnelles au-dessus d'un projet de construction d'une nation et où toutes formes de compromissions sont admises, le seul objectif étant d'accéder au pouvoir.

Bibliographie

Brossier (M), 2004, « Les débats sur le droit de la famille au Sénégal : Une mise en question des fondements de l'autorité légitime ? », *Politique africaine*, n° 96, 78-98.

Circofs, 2002, *Projet de code de statut personnel*. Dakar, Institut islamique de Dakar, année 1422/2002 (2ᵉ éd.).

Diarra (O), 2003, « Débat sur le code de la famille : les vérités de Moustapha Guèye », *Le Matin*, 21 mai 2003.

Diop (E. M.) et Sall (S.N.), « Penda Mbow sur le code de la famille : "Wade n'avait pas d'autre solution" », *Le Populaire*, 19 mai 2003.

Drame (F), 2003, « Code de la famille : les islamistes n'ont pas baissé le pavillon". *Wal Fadjri*, 30 décembre 2003.

Fall (P. A.) « Dabakh y était toujours opposé », *Le Quotidien*, 21 octobre 2003.

Kane (H), 2008, *L'Émergence d'un mouvement féministe au Sénégal : le cas du YEWWUYEWWI PLF*. Sous la direction de Fatou SARR et

121

Moustapha TAMBA. Université Cheikh Anta Diop de Dakar, Faculté des lettres et sciences humaines (FLSH) Département de sociologie.

Cruise (O.D.), 1992, «Le contrat social sénégalais à l'épreuve», *Politique africaine*, n° 45, mars1992, 9-20.

Mbow (P), 2001, « L'islam et la femme sénégalaise », *Ethiopiques,* n° 66-67, 203-222.

Mbow(P), 2010, « Contexte de la réforme du Code de la famille au Sénégal ? », *Droit etcultures*, n° 59, 87-96.

Sambe (B), 2015, Boko Haram : du problème nigérian à la menace régionale, Dakar: Editions Timbuctu.

Villalón (L.A.), 2004, "Senegal", *African Studies Review*, Volume 47, 61-71.

Chapitre 7

Chronique d'une révision du code de la famille au Mali : Une occasion manquée?

Bouaré Bintou Founé Samaké

Introduction

Le 3 Août 2009, l'Assemblée Nationale du Mali a adopté le Code des Personnes et de la Famille mais il ne sera pas promulgué par le Président de la République à cause des pressions d'ordre religieux. Ce Code était un texte consensuel, novateur et réformateur. Il est le fruit de larges concertations ayant impliqué toutes les sensibilités politiques, économiques, sociales et religieuses ainsi que toutes les couches socioprofessionnelles de notre pays. Les résultats des premiers ateliers de concertation réalisés en 1996 ont amené le gouvernement à ouvrir un vaste chantier de réformes. Des concertations régionales ont été organisées dans toutes les capitales régionales et le District de Bamako, suivies d'une synthèse nationale. Des commissions ont été mises en place en 2005, puis en 2008 pour l'enrichir et l'améliorer. Ainsi, des innovations importantes figuraient dans ce nouveau code sur les sujets comme la succession, le mariage, la parenté, la filiation, la nationalité, le divorce et les régimes matrimoniaux.

Dès son adoption en 2009 par l'Assemblée Nationale du Mali, le Code des Personnes et de la Famille a rencontré une résistance farouche de la part de certains courants islamiques du Mali, lesquelles ont fait reculer le Président de la République. Le gouvernement renvoie le texte à l'assemblée nationale où il fait l'objet de profondes modifications dans le cadre d'un comité paritaire composé des représentants du Haut Conseil Islamique du Mali et de ceux du parlement. Suite à leurs travaux, le nouveau code est adopté en 2011. Cette résistance est un sujet de préoccupation qui demeure jusqu'à présent. Que s'est il donc passé pour qu'on arrive à une situation pareille ?

Le contexte d'élaboration et d'adoption du Code

Le 26 mars 1991, alors que soufflait sur l'Afrique un vent de démocratisation, le Mali tournait une page de son histoire, après plus de six (6) mois de contestations de toutes sortes. Des manifestations d'élèves et d'étudiants soutenues par les femmes hostiles au pouvoir, à Bamako et dans certaines villes du pays, aboutirent à un coup d'Etat entraînant la chute du régime suite à des événements sanglants. Cette date est sans conteste celle qui a suscité beaucoup d'espoir chez les populations, surtout les femmes et les jeunes, du fait qu'elle consacrait pour la plupart des Maliens, l'aube d'une ère nouvelle; la fin de la situation figée dans laquelle le pays se trouvait: verrouillage des institutions, fermeture à toutes idées de dialogue avec des structures autres que celles du parti unique, surdité totale à des reformes et au cri d'angoisse du peuple pour plus de liberté et de démocratie. Le 26 mars 1991 symbolisait aussi l'expression de la profonde volonté de changement pour le renouveau, longtemps souhaité par les populations pour plus de justice, d'équité et de mieux-être.

Les femmes maliennes ont saisi cette opportunité pour exprimer leur volonté à faire prendre en compte leurs droits pour un mieux-être. Elles ont mis en place de multiples associations et organisations non gouvernementales pour faire valoir leur engagement à promouvoir et défendre leurs droits. C'est ainsi que la constitution du 14 février 1992 adoptée tout juste après les évènements de mars 1991, stipule dans son préambule que « La République du Mali proclame sa détermination à défendre les droits de la Femme et l'Enfant ». Elle consacre également le principe de l'égalité et prohibe toute discrimination fondée sur le sexe[1].

Déterminée à renforcer et à protéger les acquis issus de la révolution du 26 mars 1991 mais aussi à s'impliquer dans l'entreprise de défense des droits de la femme, l'Association des Juristes Maliennes (AJM) a initié le débat sur les voies et moyens d'appuyer les autorités politiques dans la mise en œuvre de l'engagement expressément pris dans la Constitution en faveur des droits de la Femme. Elle a initié un atelier dont le thème était : « Quelle réforme

---

[1] Article 2 de la Constitution du 14 Février 1992 de la république du Mali

juridique au Mali pour une égalité effective entre citoyens ? » Cet atelier a recommandé la mise en place d'un centre d'information et d'assistance juridique pour les femmes et d'un groupe d'appui à la reforme juridique. Ce groupe s'est donné comme objectif de proposer à ceux qui ont en charge l'initiative et l'adoption des lois, les dispositions qui permettent l'amélioration de la condition de la femme en tant que citoyenne, épouse, et mère dans un Etat démocratique.

Ainsi le Groupe D'Appui à la Reforme Juridique (GAREJ) a été mis en place par l'Association des Juristes Maliennes constituée d'experts dans les différents domaines du droit. Ce groupe a mené la réflexion autour de l'analyse des différents textes internes pour y identifier les discriminations qui touchent au statut de la femme malienne en tant que citoyenne, épouse et mère et les conventions internationales de protection et de promotion des droits de la femme ratifiées par le Mali. Cette analyse s'est déroulée dans le cadre d'une étude intitulée « La situation de la femme dans le droit positif malien et ses perspectives d'évolution ». L'étude du groupe a porté sur les domaines suivants : Le régime successoral, le Code domanial et l'accès des femmes à la terre, le Code Pénal, le système fiscal, le Code du mariage et de la Tutelle, le Code de Parenté, le Code de Nationalité, le Code du Travail et de Prévoyance Sociale, et enfin les Conventions Internationales ratifiées par le Mali.

La première partie de l'étude a porté sur les acquis en matière d'adaptation de l'ordre juridique interne aux normes consacrées par la communauté internationale et la deuxième partie sur la nécessité de compléter l'effort normatif pour mieux prendre en compte le principe d'égalité. Au terme de cette étude, il apparaît que le Mali s'efforce d'honorer les engagements qu'il a pris au plan international d'œuvrer pour la suppression des discriminations et des inégalités dont sont victimes les femmes et aussi de leur accorder une protection particulière dans certains domaines. Cependant, pour améliorer la situation actuelle, il faut un patient travail d'éducation et de sensibilisation pour vaincre les pesanteurs sociales qui font obstacle à la réception dans le droit positif malien de certaines normes internationales ; il faut aussi créer les conditions de l'application effective des engagements déjà pris. Tout cela ne peut être fait sans la mobilisation des femmes pour la défense de leurs droits. Si les associations de femmes doivent être soutenues et assistées à cet effet, l'impulsion ne peut en être donnée que par la création d'un Observatoire national des droits des femmes qui va œuvrer de concert avec le Commissariat à la Promotion de la Femme.

L'étude a conclu que la lutte des femmes pour la prise en compte par le droit positif malien de ces diverses préoccupations va certainement aboutir, mais elle risque d'être longue car un changement de mentalité du peuple du Mali profond sur ces questions sera difficile à obtenir. A l'ouverture des travaux de restitution de l'étude, la présidente de l'AJM avait également souligné que « le travail final qui sortira de cet atelier d'évaluation entrera dans le patrimoine de tous ceux qui s'investissent sur le terrain de l'élimination des obstacles qui entravent l'épanouissement de la femme, l'exercice de ses droits en tant que citoyenne et son intégration au développement ». La Coordinatrice du Commissariat à la Promotion de la Femme s'est engagée à faire siennes les recommandations de l'étude et de les inscrire dans les axes prioritaires du gouvernement.

En 1997, le Secrétariat chargé des questions féminines rattaché à la primature a été érigé en Ministère de la Promotion de la Femme, de l'Enfant et de la famille. L'un des axes prioritaires de ce Ministère a été de relire les textes internes pour y relever les discriminations et combler les vides juridiques. Pour ce faire le ministère a mis en place une commission interministérielle élargie à la société civile pour mener la réflexion sur la relecture des textes se rattachant à l'état des personnes et de la famille. Ce ministère a formulé les recommandations de l'étude en communication écrite près du gouvernement pour une relecture des textes régissant l'état des personnes et de la famille. Le processus de réflexion et de relecture a débuté en 1998 et va durer plus de dix ans. Durant cette longue période d'hésitation et de concertation qui avait impliqué toutes les couches sociales, le contexte social, économique et politique du Mali a beaucoup changé et a été un paramètre important qui n'a pas été pris en compte dans le processus. En effet, au moment où la première mouture du code des personnes et de la famille a été déposée sur la table de l'Assemblée Nationale, la société malienne était partagée entre modernité (engagement internationaux à mettre en œuvre, Etat démocratique et égalité constitutionnelle) et tradition (religions et coutumes). Les décideurs politiques et administratifs s'efforçaient à trouver un consensus entre modernité et tradition. Cependant la relecture du droit de la famille était nécessaire dans la mesure où le Mali devrait tenir ses engagements relatifs à la ratification des principaux instruments juridiques de promotion des droits humains, mais aussi combler les insuffisances et vides juridiques de la législation.

La première mouture du Code des Personnes et de la Famille a été adoptée le 3 août 2009. Elle était un texte consensuel, novateur et réformateur. Elle a été le fruit de larges concertations ayant impliqué toutes les sensibilités politiques, économiques, sociales et religieuses ainsi que toutes les couches socioprofessionnelles de notre pays. Des innovations importantes figuraient dans des matières comme la succession, le mariage, la parenté, la filiation, la nationalité, le divorce et les régimes matrimoniaux. Mais à son adoption, le Code a été vigoureusement rejeté par des courants islamistes. Qu'est-ce que les islamistes reprochent à ce Code ?

Les points de discorde soulignés par le Haut Conseil Islamique

Adopté par le Gouvernement en Conseil des ministres le 13 Mai 2009, le projet du Code des Personnes et de la Famille a été soumis à l'Assemblée Nationale qui l'a voté le 03 Août 2009 avec une large majorité. Le texte voté par les députés a aussitôt déclenché l'hostilité du Haut Conseil Islamique qui a mobilisé ses adhérents, des milieux conservateurs et, curieusement, des médias. Un grand meeting regroupant plus de cinquante mille participants a été organisé dans le plus grand stade de Bamako. Pour fustiger le Code, plusieurs chefs religieux avaient fait le déplacement sur Bamako. Des meetings se sont tenus dans d'autres grandes villes du Mali. Face à cette fronde religieuse, les pouvoirs publics, les partis politiques, la Société Civile – à quelques rares exceptions près- sont restés discrets, pour ne pas dire muets et ont reculé. Avaient-ils sous-estimé la réaction du « camp d'en face » ?

Pour donc rompre ce silence et contenir ce mouvement qui prenait de plus en plus de l'ampleur et commençait à véhiculer d'autres messages qui ne sont pas en lien avec l'adoption du Code, le chef de l'Etat après avoir consulté les Institutions de la République, la société civile, les communautés religieuses, les familles fondatrices de la ville de Bamako et le Barreau, s'est adressé à la nation en renvoyant le Code devant l'Assemblée Nationale pour une nouvelle lecture. Dans son adresse à la nation, il a cependant souligné que Le Code des personnes et de la famille est particulier parce que régissant trois domaines clés : la foi, la tradition et la vie intime et que toute réglementation ayant trait à ces domaines, porte directement sur les fondements même de la famille et de la société. Le chef de l'Etat a également mis l'accent sur le double objectif de cette règlementation qui est de favoriser un élan de modernisation et de préserver les fondements de notre société. C'est face donc à ces deux objectifs que nos gouvernements successifs ont peiné à trouver une solution consensuelle dans laquelle se reconnaîtront tous les maliens et toutes les maliennes. Les échecs répétés dans le cadre de la relecture dudit Code prouvent à suffisance que les changements de société ne se décrètent pas, car délicats et difficiles. Les récents évènements de Bamako et de l'intérieur du pays doivent nous interpeller et surtout nous rappeler que le débat n'est pas clos[2].

Le Haut Conseil Islamique n'a pas produit de document officiel mentionnant leurs points de revendications par rapport au Code des Personnes et de la Famille. Cependant lors du meeting d'explication suite à l'adoption du Code, des points suivants ont été mentionnés dans l'intervention de son Secrétaire Général.

Le Haut Conseil Islamique a été associé aux concertations ayant abouti à ce projet de code des personnes et de la famille. Cependant, depuis les concertations régionales et la synthèse nationale jusqu'aux conclusions des travaux de la commission de réflexion sur ledit projet créée par décision N° 08-004/MJ-SG du 10 janvier 2008, ils n'ont cessé de relever que plusieurs de ces dispositions qui cadrent pas avec nos valeurs religieuses et sociétales. Ils ont estimé que ce projet ne prenait pas en compte toutes les réalités maliennes. Par exemple, qu'en est-il de la valeur juridique d'un mariage célébré par un Ministre de culte ? En d'autres termes, les mariages religieux et coutumier qui constituent une réalité malienne ne sont pas valorisés dans le nouveau projet? Le Projet de code, selon le Haut Conseil Islamique du Mali,

---

[2] Cf. Extraits de l'intervention du chef de l'Etat sur le Code des personnes et de la famille, dans le quotidien *Essor* n°16515 du 27-08-2009.

transgresse beaucoup de valeurs traditionnelles jugées positives. Il citent entre autre autres : la qualification du mariage d'acte laïc (Article 281) ; la fixation de l'âge minimum de mariage à 18 ans pour la fille (Article 282) ; le divorce parce que la femme (l'épouse) refuse de contribuer aux charges de ménage (Article 317 et 347) ; la légitimation de l'enfant né hors mariage (article 481) ; l'attribution des mêmes droits et devoirs à l'enfant légitime et à l'enfant naturel (Article 481) ; l'adoption –filiation (Article 533 et 539) ; l'imposition, comme droit commun, du mode de dévolution de l'héritage selon les dispositions du droit dit positif (Article 748) ; l'exclusion des parents dans l'héritage de leurs enfants au motif que le défunt possède des enfants ;(Article 771) ; le droit d'occupation pour l'époux ou l'épouse d'un immeuble au moment de l'ouverture de la succession (Article 798) ; la saine pratique de la circoncision et de l'excision considérée comme une atteinte à l'intégrité du corps humain (Article 5).[3]

Toujours selon le Haut Conseil Islamique, la succession telle que régie par les dispositions du projet de texte constitue l'une des plus graves atteintes à la religion et aux coutumes de l'immense majorité des maliens. Pour eux, le baptême, le mariage et les funérailles sont des évènements sociaux fondamentalement religieux ou coutumiers. Et ils sont célébrés commet tels et ne constituent point des pratiques laïques dans la société malienne. La succession aussi demeure une obligation religieuse pour le musulman qui est tenu de respecter les règles qui la régissent, lesquelles règles sont clairement et fermement définies par Allah dans le Saint Coran. Par conséquent, selon eux, le respect des religions et des coutumes des Maliens, le souci de l'élaboration d'un code qui tienne compte de la réalité malienne, exigent que la succession au malien soit régie d'office, selon les règles de sa religion ou de ses coutumes. Cependant, toute personne peut, de son vivant, par écrit, exiger que sa succession soit régie selon les règles du droit dit positif. En outre, une fois l'option adoptée, elle devra s'appliquer de façon intégrale (définition des biens de la succession, des héritiers, et de leurs parts respectives). Et ne saurait être remise en cause par les héritiers.

---

[3] Exposé du Secrétaire Général du Haut Conseil Islamique au meeting d'explication suite à l'adoption du Code des personnes et de la famille (9 août 2009)

Sur l'une des causes possibles du divorce qui porte sur le refus de la femme de participer aux charges du ménage, le Haut Conseil Islamique écrit :

> Le mari étant le chef de famille (Article 314), les charges du ménage lui incombent, selon nos valeurs culturelles et religieuses. Au Mali, la femme, de façon naturelle, a toujours contribué volontairement aux charges du ménage et ce selon ses moyens. Mais l'obliger à le faire au motif qu'elle dispose de revenus ((Article 314) et aller jusqu'à permettre au mari de demander le divorce si elle ne le fait pas (Article 347), sont des exigences et visions d'une autre culture, d'un autre milieu. Vouloir coûte que coûte établir une soi-disant égalité entre l'homme et la femme dans le foyer, et sur tous les plans, peut porter gravement atteinte à certains droits élémentaires de la femme, à ceux conférés par nos valeurs traditionnelles et religieuses, comme par exemple le fait de posséder et de disposer librement de ressources financières propres.[4]

Il en ressort que pour le Haut Conseil Islamique le principe de l'égalité fonctionnelle de l'homme et de la femme dans le foyer en faveur de l'autorité de l'homme consacrée par les textes sacrées de l'islam.

L'autre question épineuse est celui de l'attribution d'un effet juridique au mariage religieux. Dans son rapport, le Haut Conseil Islamique affirme :

> Les conclusions des différentes concertations régionales sur le projet de Code des personnes et de la famille, organisées du 10 au 22 octobre 2000 par le ministère de la promotion de la femme, de l'enfant et de la famille (MPFEF) ont toutes demandé que soit donné au mariage religieux un effet juridique. Curieusement, cette forte demande n'a pas été mentionnée dans le document de la synthèse nationale (desdites concertations) tenue les 11,12 et 13 septembre 2001 à Bamako. Pis, le MPFEF a produit à la même période un document non daté, intitulé « la question de l'attribution d'un effet juridique au mariage coutumier ou religieux ». Dans ce document, il trouve

---

[4] Exposé du Secrétaire Général du Haut Conseil Islamique au meeting d'explication suite à l'adoption du Code des personnes et de la famille (9 août 2009)

impossible le fait de donner un effet juridique au mariage coutumier ou religieux. Son argumentaire s'appuie sur les points suivants : aucun fondement juridique ; aucun motif d'intérêt public ou d'ordre public ; fonctionnalité incertaine.[5]

En effet, le Ministère de la Femme, de l'Enfant et de la Famille arguait que « L'article 25 de la constitution du 25 février 1992 pose le principe de la laïcité de l'Etat, la constitution consacre ainsi la règle de la séparation des pouvoirs spirituel et temporel et invite à son respect strict. Ce principe constitutionnel s'oppose à la reconnaissance d'une valeur quelconque au mariage coutumier ou religieux. » [6]

Mais pour les responsables du Haut Conseil Islamique du Mali :

…ces arguments ne résistent pas à l'analyse rigoureuse de la question. En effet, le caractère laïc de l'Etat ne signifie pas du tout que l'Etat est opposé aux religions ou n'en tient pas compte. Au Mali, le Ministère de l'Administration Territoriale et des Collectivités Locales ne s'occupe-t-il pas de l'organisation, de bout en bout, du pèlerinage cinquième pilier de l'islam à la Mecque ? L'article 2 de la constitution du 04 Octobre 1958 de la France dispose : « la France est une République indivisible, laïque, démocratique et sociale. Elle assure l'égalité devant la loi de tous les citoyens sans distinction d'origine, de race ou de religion. Elle respecte toutes les croyances. » Si le problème réside dans le qualificatif laïc utilisé dans la définition du mariage, alors pourquoi ne pas supprimer purement et simplement ce qualificatif ? Affirmer qu'il n'existe aucun motif d'intérêt public ou d'ordre public à l'attribution d'un effet juridique au mariage religieux, c'est refuser, d'une part, de reconnaître qu'actuellement au Mali les ministres de culte célèbrent plus de mariage que les officiers d'état civil et c'est avoir, d'autres part, du mépris pour les millions de maliennes mariées seulement sous l'empire de la religion.[7]

---

[5] Exposé du Secrétaire Général du Haut Conseil Islamique au meeting d'explication suite à l'adoption du Code des personnes et de la famille (9 août 2009)

[6] Constitution Malienne du 25 février 1992

[7] Exposé du Secrétaire Général du Haut Conseil Islamique au meeting d'explication suite à l'adoption du Code des personnes et de la famille (9 août 2009)

Ce qui est en jeu ici n'est pas seulement le principe même de la laïcité de l'Etat mais aussi son sens dans le contexte du Mali, le conflit d'interprétation autour de sa mise en œuvre. Il n'est pas question ici de revisiter tous les articles du projet de code de la famille contestés par ces autorités religieuses, mais d'illustrer leurs résistances par quelques extraits de leur réquisitoire. Le Haut Conseil Islamique conclut son propos sur le projet en ces termes : « En définitive, pour nous, le projet en l'état est loin de refléter la réalité de la société malienne. Il ressemble, à bien d'égards, à celui d'un autre milieu, d'une autre culture. En dépit du caractère laïc de l'Etat et du souci de respecter les engagements internationaux, nous pouvons et devons éviter de nous renier au travers d'un code des personnes et de la famille inadapté. »[8]

A cause de cette fronde du Haut Conseil Islamique du Mali, le Code a donc été renvoyé devant l'Assemblée Nationale pour une relecture. Une commission paritaire Haut Conseil Islamique et Parlement a été mise en place. Suite aux travaux de cette commission, une nouvelle mouture du Code a été déposée sur la table de l'Assemblée Nationale. Le nouveau Code a été adopté le 2 Décembre 2011.

Ce nouveau Code a été perçu comme une victoire du Haut Conseil Islamique et des courants conservateurs face aux défis de promotion du statut de la femme. Il faut également souligner qu'aucune réaction ou vive contestation n'a été enregistrée contre ce nouveau code. Cependant lors de son adoption, le ministre de la justice n'a pas souhaité être présent à l'Assemblée Nationale pour soutenir cette deuxième mouture face aux députés, probablement en guise de protestation. Des commentaires écrits et des lettres de contestation ont été adressés au ministre de la justice de l'époque et au chef de l'Etat. Le commentaire d'un conseiller technique du ministère de la justice a retenu notre attention et nous allons le partager, car il résume les critiques portées contre la version du code de 2011. Ce conseiller technique écrit :

---

[8] Exposé du Secrétaire Général du Haut Conseil Islamique au meeting d'explication suite à l'adoption du Code des personnes et de la famille (9 août 2009)

Le nouveau document du Code des personnes et de la famille a été adopté à l'unanimité le 2 décembre 2011 par l'Assemblée Nationale. Ce texte, dénoncé par les organisations féminines et par quelques organisations de défense des droits de l'homme est toutefois en nette régression par rapport au précédent et fait litière d'un code laïc et moderne promoteur de l'émancipation des femmes. Il n'est pas indifférent de noter que : C'est la même assemblée nationale qui a voté à l'unanimité en 2009 et en 2011 ; nombreux sont ceux qui expliquent cette versatilité par des préoccupations purement électoralistes. Le Ministre de la Justice, en conseil de Cabinet du 20 décembre 2011, n'a pas caché son amertume et a clairement indiqué, devant toute l'équipe ministérielle, qu'il ne se reconnaissait pas dans le nouveau code et qu'il se refusait donc de le commenter publiquement. Le président de la république, compte tenu du nombre d'amendements proposés (51), aurait pu retirer le projet de loi au motif qu'il ne correspondait plus au projet initial proposé par le gouvernement. Il ne l'a pas fait, selon de nombreux observateurs du département, par peur d'ouvrir un nouveau front alors qu'il est par ailleurs confronté à des problèmes sociaux, sécuritaires (dans le nord du pays) et électoraux. L'examen du nouveau code des personnes et de la famille permet de constater qu'il est en régression par rapport au précédent texte, qu'il n'est pas conforme à la Constitution, et qu'il est contraire aux engagements internationaux du Mali.[9]

Le code finalement adopté sous la pression du Haut Conseil Islamique du Mali ne serait pas en conformité avec les conventions internationales que le Mali a ratifiées et qui reconnaissent à la femme les mêmes droits qu'à l'homme : la convention pour l'élimination de toutes les formes de discrimination à l'égard des femmes (CEDEF) ratifiée par le Mali le 10 septembre 1985 , le Protocole à la Charte Africaine des droits de l'homme et des peuples relatif aux droits des femmes, adopté en 2003 par les chefs d'état de l'Union Africaine et ratifié par le Mali le 16 septembre 2004 (Protocole de Maputo) et la déclaration solennelle des Chefs d' état africains sur l'égalité entre Homme et Femme de 2004.

---

[9]Le point de vue d'un conseiller technique au Ministère de la Justice du Mali.

En conclusion

L'adoption du nouveau Code des personnes et de la famille par l'Assemblée Nationale permet ainsi de constater :

- le poids du Haut Conseil Islamique dans la vie publique, son refus d'accorder toute émancipation à la femme et son souhait de la maintenir, dans le respect des traditions religieuses, dans un état de sujétion par rapport au mari,
- la négation de l'Etat de droit dans la mesure où une loi inconstitutionnelle et contraire aux engagements internationaux du Mali est adoptée par la représentation nationale,
- une certaine forme de passivité, voire de démission du pouvoir politique qui, au nom de la préservation de la paix sociale, a renoncé à la vision progressiste proposée par le précédent texte.

En effet, pour s'adapter au nouveau contexte social et se conformer aux engagements pris au plan international, l'État se devait de relire des textes liés à la famille et aux personnes afin de permettre au Mali d'entrer dans une ère de modernité. C'est une grande transformation pour le pays parce qu'il y a une modification du modèle prévalent : avant c'était l'homme qui était placé au centre de la société alors que le nouveau code donne une place importante à la femme. C'est la première fois que l'on accorde l'autorité parentale à la femme ou encore que l'on puisse concevoir qu'une femme travaille et qu'elle ne puisse pas être présente au foyer constamment. Mais le changement radical nécessite un changement de culture ainsi qu'une adaptation des normes et des valeurs existantes, ce qui n'est pas le cas ici.

La population qui avait besoin d'être informée sur le code ne l'a pas été et dans un pays à 95% musulman, il est difficile d'expliquer du jour au lendemain pourquoi on prévoit un article sur l'héritage alors que la Sharia le prévoit déjà. En effet, les juristes ont essayé de travailler avec les représentants locaux, mais l'information est mal parvenue aux populations locales et les détracteurs du Code ont pu profiter de cela pour désinformer les personnes. Cela soulève un deuxième problème qui est le manque d'information fiable. Une grande partie de la population est illettrée et surtout très portée sur la religion, ainsi c'est tout à fait compréhensible que le Code soit mal accepté. Le mieux aurait été de réunir une grande partie de la population et d'expliquer clairement que le Code ne va pas à l'encontre de la Sharia, mais vient plutôt compléter celui-ci et va empêcher les abus. En plus de cela, travailler en collaboration étroite avec les membres du HCI afin de leur montrer à quel point ce code ne va pas en contradiction avec la religion, le fait d'avoir les dirigeants musulmans aux côtés des avocats aurait permis une meilleure acceptation. Ce qui souligne bien la dualité du Mali, qui est tiraillé entre le désir de modernité et l'ancrage de la tradition et de la religion. Il faut donc travailler sur le changement de la culture avant de se lancer dans le changement de la législation. Il est temps d'expliquer clairement que la femme n'est pas inférieure à l'homme et qu'elle est un acteur important de la vie sociale.

Chapitre 8

La lutte des femmes pour un statut au Niger de 1960 à 2015

Mahaman Alio

Introduction

Les luttes sociales ont intéressé les chercheurs en sciences sociales qui ont montré leur contribution à l'évolution des sociétés humaines. Mais les luttes des femmes, tout comme l'histoire des femmes, ont été négligées pendant longtemps par ces sciences sociales.

En 1965 encore, Pierre Grimal, parlant de la marginalisation de la femme dans les productions historiques, écrivait :

Les historiens n'écrivent guère que l'histoire des hommes…Ils profitent de l'ambiguïté, en bien des langues, confondant sous un même nom les représentants de l'espèce humaine en général et ceux du sexe masculin ; sous prétexte de raconter l'histoire des « hommes », ils s'en tiennent à celles des maris, des frères, des fils et des pères (Grimal 1965:7 cité par Bah 2015 : 97).

Cette marginalisation s'est aussi constatée dans la question de l'égalité des droits entre les hommes et les femmes. Selon Diakité, « malgré l'affirmation de l'égalité juridique, demeure une inégalité de fait, générée par le contexte socio-économique, l'impact des traditions, l'analphabétisme et la pauvreté.» (Diakité 2016 :45). C'est pour résoudre l'un des problèmes majeurs des femmes mariées, notamment la question de la répudiation et de l'héritage que les femmes nigériennes ont, depuis longtemps, cherché un code de la famille qui les protège des abus.

En 1993, un projet de code de la famille a été initié par les associations féminines, mais il a soulevé un tel tollé, surtout de la part des Associations islamiques, très nombreuses au Niger, que le gouvernement a dû reculer, en renonçant à le mettre en application (Alio 2005). Quelques années plus tard, en 1998, un autre problème surgit avec la CEDEF (Convention sur l'élimination de toutes les formes de discrimination à l'égard des Femmes), dont la ratification a aussi été «bloquée» par les mêmes associations islamiques. Avec le blocage de la mise en application du code de la famille, le gouvernement, comme par compensation, s'est attelé à développer des programmes et des stratégies pour l'amélioration des conditions de vie des femmes. Dès 2000, l'Assemblée nationale adopte une loi sur les quotas, loi qui stipule que pour les postes électifs, un dixième au moins des élus dans chaque parti doit être de l'un ou de l'autre sexe et pour les postes nominatifs, 25%. Ce qui a relevé le niveau de représentation des femmes dans les instances comme l'Assemblée Nationale où elles sont passées d'une femme sur 83 députés à la première Assemblée de la Ve République entre 1999 et 2004 à 27 femmes aujourd'hui sur 171 députés. Cette loi votée en 2000 a été révisée et les quotas sont montés de 10% (postes électifs) et 25 % (postes nominatifs) à 15 % et 25%[1].

La principale question est de savoir si la loi sur les quotas a émoussé l'élan des femmes pour l'élaboration et la mise en application d'un code de la famille ? Ou alors l'expérience amère de 1993 où des oulémas ont imploré la malédiction divine sur les propagateurs ou rédacteurs du projet de code, a-t-elle dissuadé les initiateurs et les a amenés à se résigner ? Les différents programmes et stratégies visant à autonomiser les femmes et à améliorer leurs conditions de vies peuvent-ils remplacer, en ce qui concerne la vie de la famille, le code de la famille ?

Les combats des femmes de 1960 à 1993

Dès les années 1960, les femmes du Niger, à travers l'Union des Femmes du Niger (U.F.N), affiliée au Rassemblement Démocratique Africain (RDA), parti au pouvoir, avaient demandé une nouvelle législation sur le mariage et l'institution d'un nouveau contrat de mariage qui puisse garantir à la femme une protection contre la répudiation une fois mère de quatre enfants (Clair 1965 : 178).

---

[1] D'ailleurs les femmes sont actuellement mécontentes de l'application partielle de cette loi, puisque selon elles, ce gouvernement n'a pas respecté les dispositions de la loi, le nombre de femmes nommées étant en déca du quota, 8 femmes sur 42 ministres.

Mais ces revendications resteront lettre-morte et il faudra attendre 1975 quand à la faveur de l'Année Internationale de la Femme et de la volonté du régime de Seyni Kountché de faire participer les femmes à son projet de société, on verra naître et se développer l'idée d'un code de la famille.

Sur le plan interne aussi, le Conseil Militaire Suprême, instance dirigeante du Niger a levé l'interdiction des mouvements associatifs[2], ce qui permit la création de l'Association des Femmes du Niger le 21 Septembre 1975 (Dunbar 1991). Cette Association fera du code de la famille l'une de ses principales revendications.

Sur le plan international, la conférence de Mexico de 1975 a élaboré un plan d'action mondial pour la promotion de la femme. Ce plan invitait le gouvernement à « la réalisation de l'égalité dans l'exercice des droits civils, sociaux et politiques comme ceux qui ont trait au mariage, à la nationalité et au commerce[3] ». Les femmes nigériennes ont fait leur ce plan d'action mondial[4].

Au cours de sa première année d'existence, l'AFN (Association des Femmes du Niger) s'est attelée aux travaux préliminaires d'élaboration du code de la famille. Elle a formé une commission spéciale chargée dans un premier temps de mener des enquêtes sur les us et coutumes de différentes communautés culturelles du Niger, et sensibiliser les femmes sur l'idée et la nécessité d'un code[5].

Le travail de cette commission n'eut pas un grand succès car il achoppa sur un désaccord entre l'AFN et l'Association Islamique du Niger, créée le 13 Septembre 1974 et qui représentait l'Islam Officiel[6].

L'idée du code fut donc mise de côté et c'est en 1985 qu'elle sera relancée lors d'un séminaire organisé par l'AFN en collaboration avec le Ministère de la Santé. En 1987, harcelé pour des litiges de succession, le Général Kountché instruisit le Ministre de la Justice de mettre sur pied un comité d'élaboration du code de la famille. Ce

---

2 Par ordonnance n* 75-11 du 13 mars 1975

3 Sahel-Hebdo n°22 du 8 mars 1976 p.25

4 Voir résolution du premier Congrès de l'AFN sur la politique internationale, Sahel-Hebdo n°80 du lundi 30 mai 1977, p.17.

5 Sahel-hebdo numéro Spécial du samedi 18 décembre 1976, p.45.

6Elle est chargée de coordonner les activités du pèlerinage, repartir les fonds extérieurs destinés à la construction des mosquées et prendre des dispositions pour l'installation au Niger d'une université islamique pour l'Afrique de l'Ouest, conformément à la décision de l'OCI prise au sommet de Lahore (Inde) en février 1974, voir Sahel- Hebdo n°19 du 16 février 1976.

comité fut mis en place en Janvier 1987[7]. Il s'inspira des expériences d'autres pays musulmans ayant déjà un code (Tunisie, Mali, Sénégal).

Jusqu'en 1990, les Associations et les autorités ont procédé méthodiquement. Mais le vent de démocratisation qui a soufflé sur le Niger à partir de la Conférence Nationale Souveraine va entraîner une floraison d'Associations féminines et islamiques, plus combattantes et plus averties que les deux vieilles associations (AFN et AIN) proches du pouvoir. Les Associations féminines (RDFN et AFJN)[8] se sont saisies de la question du code de la famille et en ont fait une revendication. Autour de cette question, elles ont fait l'unanimité. Les associations islamiques aussi ont radicalisé leur position vis-à-vis du code quand son projet a été porté à la connaissance du public à partir de janvier 1993. Les partis politiques eux, abordent la question avec prudence pour ne pas heurter la sensibilité de leur électorat dans un pays à 98,7 % musulman9. C'est pour toutes ces raisons que l'application du code de la famille a été mise en veilleuse jusqu'à l'oubli. Ayant constaté cet échec, les promoteurs du code et le Ministère en charge de la promotion de la femme ont changé leur fusil d'épaule pour revoir la méthode et procéder avec précaution avec l'aide des institutions financières comme la Banque mondiale et la banque africaine de développement.

Après le blocage du code, de nouvelles initiatives[10]

Après le constat du blocage né de l'activisme des associations islamiques surtout, les promoteurs du code ont affiché un profil bas et la question n'est ramenée sur le tapis que plusieurs années après. C'est ainsi que le Ministère en charge de la promotion de la femme a négocié avec la Banque mondiale, en l'an 2000, le financement d'un projet intitulé «Fonds de développement institutionnel pour l'amélioration du statut juridique de la femme». Ce fonds a permis de

---

7 Soli Abdourhamane, Ministre de la Justice de 1987 à 1989 dans Sahel- Hebdo n°169 du 10 avril 1988.

8 Rassemblement Démocratique des Femmes du Niger et Association des Femmes juristes du Niger.

9 Selon El-Hamet, membre de l'Association Nationale pour l'Appel et la Solidarité Islamique dans Anfani n°44 du 1er au 15 juin 1994, p.6

10 Toutes les informations sur cette partie proviennent de Mme Abdourhaman Amina Moussa, 2005, «Le code de la famille au Niger : historique et perspectives» in Actes du colloque *Quel droit de la famille pour le Niger?*, FSEJ, 21-23 novembre 2005, pp.157-166

mener certaines activités notamment une enquête sur l'option des Nigériens en matière de statut personnel et surtout l'étude sur le statut juridique de la femme et la loi au Niger. Cette étude a révélé, à travers l'état du statut juridique de la femme selon les Conventions internationales, la Constitution de l'époque, le code civil, le droit coutumier et le droit musulman, la persistance des normes discriminatoires à l'égard des femmes, l'existence des normes non discriminatoires mais dont l'application n'est pas effective et des domaines où existent des vides juridiques qu'il fallait combler.

Cette étude, qui a été relue par 30 chefs traditionnels et 30 oulémas des différentes régions et qui a été validée en 2003, a permis d'engranger des résultats et a servi au Ministère de la promotion de la femme pour élaborer, avec l'appui de la Banque africaine de développement, un projet intitulé «Renforcement de l'équité en matière de genre» avec pour objectif d'élaborer un code de statut personnel consensuel. On abandonne l'ancienne notion de code de la famille pour tendre vers une notion plus générale de statut personnel et surtout la recherche du consensus dès le début du processus. Malgré tout, la démarche pour un code de la famille a presque échoué. A la place, le Ministère en charge de la promotion de la femme élabore des programmes et des stratégies pour l'autonomisation économique des femmes, l'allègement des tâches ménagères et la promotion politique des femmes.

Programmes, projets et stratégies de promotion de la femme

Avec l'échec de la mise en application du code de la famille, le gouvernement s'est attelé à promouvoir la femme à travers des programmes, des projets et des stratégies, surtout en cherchant toujours le consensus et l'appui des milieux religieux. Un certain nombre de documents devant servir de guide et d'orientation pour tous les acteurs, ont d'abord été produits :

La Politique Nationale de Genre. Le gouvernement a commencé d'abord par élaborer, à travers le Ministère de la promotion de la femme et de la protection de l'enfant, la Politique Nationale de Genre en juillet 2008. C'est un document de 50 pages qui analyse la situation du genre au Niger, précise le cadre stratégique d'orientation de cette politique du genre ainsi que le cadre institutionnel de sa mise en œuvre. Dans sa préface au document, le Premier Ministre de l'époque, Monsieur Seyni Oumarou a écrit:« En prenant part au Sommet du millénaire en 2000, le Niger s'était engagé...à atteindre les Objectifs du millénaire pour le Développement (OMD), dont l'un porte sur l'égalité des sexes et l'autonomisation des femmes (OMD 3).Pour donner suite à cet OMD3, la prise en compte du genre dans tous les documents de politiques, programmes devient un impératif. C'est ainsi que le document de Stratégie de Développement Accéléré et de Réduction de la Pauvreté (SDRP) 2008-2-12 en a fait un de ses principes majeurs»[11].

Modules thématiques Genre et islam. Il s'agit d'un document élaboré à la suite d'un forum international sur l'équité de genre dans un contexte islamique, tenu en 2012 au Niger. Ce forum avait recommandé, entre autres, d'initier des formulations modulaires sur des thématiques relatives aux violences basées sur le genre à l'endroit des leaders religieux et coutumiers, afin de leur offrir des outils et des méthodes de prêche tels que définis dans le Saint Coran et la Sunna. Ce document réunit donc six modules thématiques, notamment : la modération en islam, la communication en islam, la pédagogie spéciale en islam, la jurisprudence en islam, la morale en islam et la culture générale en islam. Les oulémas cooptés pour faire ces prêches devaient utiliser les radios communautaires pour toucher le monde rural.

*Beijing +20.*Il s'agit d'un document élaboré en février 2015, comme rapport d'analyses des tendances et progrès réalisés au Niger depuis la Déclaration et le Programme d'actions adoptés à la quatrième Conférence mondiale sur les femmes (Beijing 1995) ainsi que les textes issus de la 23e session extraordinaire de l'Assemblée Générale en 2000. Il s'agit de voir les obstacles qui entravent la mise en œuvre du programme d'actions et la réalisation de l'égalité entre les sexes et de l'autonomisation des femmes. Dans ce document on a un rappel chronologique des dates historiques de la situation des femmes au Niger :

✓ 1987 :Nomination de la première femme dans un gouvernement de la République du Niger

---

[11] Préface au document de Politique Nationale de Genre

✓ 1988 : Loi facilitant l'accès des femmes aux méthodes contraceptives modernes

✓ 13 mai 1991 : Marche de près de 20.000 femmes contre la sous-représentation des femmes dans le comité préparatoire à la Conférence nationale

✓ 13 mai 1992 : Première journée de la femme nigérienne

✓ 1996 : Adoption de la Politique de la promotion de la femme

✓ 13 aout 1999 : Ratification par le Niger de la Convention sur l'Élimination de toutes les formes de discrimination à l'égard des femmes (avec réserves); Mise en place des cadres régionaux, dont le protocole additionnel de Maputo

✓ 2000 : Adoption de la loi sur les quotas, relative à la représentation de l'un ou l'autre sexe au poste nominatif (25%) et électif (10%).

✓ 2003 : Loi punissant les auteurs des Mutilations Génitales Féminines

✓ 2006 : Loi sur la santé de la reproduction autorisant la femme à se procurer des contraceptifs modernes sans autorisation de son mari

✓ 13 juillet 2008 : Adoption de la Politique Nationale du Genre dont le but est de corriger les iniquités et inégalités de genre et d'opérationnaliser les principes constitutionnels d'égalité et de non-discrimination; Adoption de la Constitution de la 7e République consacrant le principe d'égalité entre tous les Nigériens (art.10), elle prévoit explicitement une disposition qui met à la charge de l'État l'obligation de veiller à l'élimination de toutes formes de discrimination à l'égard de la femme et de la jeune fille (art.22); Procès contre l'État gagné devant la cour de la CEDEAO par une femme plaignante

✓ 2011 : Déclaration de Politique générale

✓ 2014 : Adoption par le gouvernement de la loi sur le quota, révisé à la hausse.[12]

Ce document montre toutes les avancées significatives faites dans le cadre de la promotion de la femme et de la protection de la petite fille.

Réponse au questionnaire de la Commission de l'Union Africaine sur le Genre. C'est un document non daté, qui fait état de l'avancement de l'égalité de genre au Niger. Il semble être une réponse à un

---

[12] Voir p.10 du document

questionnaire de l'Union Africaine sur la question du genre au Niger et surtout la décennie des femmes africaines. Le document retrace les avancées significatives sur l'égalité de genre.

Les actions concrètes : projets et programmes concernant les femmes et les filles

A) Projets et programmes concernant les femmes

Plusieurs programmes, projets et stratégies, ont été mobilisés par l'État et les partenaires pour promouvoir l'approche genre dans tous les secteurs du développement. La transversalité de la question du genre se manifeste par le fait que, dans chaque ministère (surtout à l'agriculture et à l'éducation), une cellule genre est mise en place, avec un point focal, qui doit être une personnalité assez haut placée pour influer sur les décisions du ministère. Chaque fois qu'un programme, un projet, une politique ou une stratégie sont mis en place, veiller à ce que l'aspect genre soit pris en compte. Des écoles comme l'ENSP (École Nationale de Santé Publique) et l'IFTIC (Institut de formation aux techniques de l'information et de la communication) sont cooptées et appuyées pour intégrer l'aspect genre dans leurs curricula. Ces écoles sont appuyées par l'UNFPA[13].

Même au niveau des entités décentralisées, le plan de développement communal doit prendre en charge le genre et en général les partenaires appuient toute initiative dans ce sens.

La question du genre est intégrée même dans les stratégies de lutte contre les changements climatiques et la résilience des populations. Le NEPAD a lancé, en 2015, le Programme d'appui à l'égalité de genre, à l'agriculture et aux changements climatiques. L'État du Niger lui-même a initié quelques stratégies et programmes pour booster la position de la femme au Niger :

On estime au Niger que la femme travaille entre 14 et 16h par jour. Pour alléger ces tâches, la stratégie consiste à regrouper les femmes en groupement et il leur est affecté un moulin à grains, une farineuse et des batteuses et elles sont formées pour gérer ces installations.

---

[13] Je remercie vivement Monsieur Nourou Souley Dambadji du Ministère de la Promotion de la Femme et de la Protection de l'enfant qui m'a donné beaucoup d'informations et de documents pour préparer ce texte.

La maison des femmes: ce sont des centres de formation, information, encadrement et suivi des femmes. On les forme au leadership, au séchage des produits maraîchers, à la couture, à la production d'huile d'arachide. Ceci leur permet de faire, dans leur foyer, des activités génératrices de revenus (AGR). Le Niger s'est inspiré de l'expérience espagnole dans ce domaine. Il y a aujourd'hui six maisons de femmes au Niger, à Niamey, Tahoua, Dosso, Agadès, Maradi et Zinder.

Les centres multimédia forment les femmes en informatique. Les frais d'inscription sont de 5000 f et à la fin de la formation, elles reçoivent un diplôme qui leur permet de chercher un emploi.

Programme École des maris : cette initiative émane du constat que dans les villages, la position du mari est cruciale dans la fréquentation des centres de santé par les femmes. Personne n'ose amener une femme dans un centre de santé sans l'autorisation de son mari. L'école des maris consiste donc à réunir huit à douze hommes mariés, volontaires, en groupe de discussion avec un coach et on les sensibilise pour laisser leurs épouses fréquenter les centres de santé. Ils sont chargés après d'aller sensibiliser leurs pairs. On a remarqué une évolution dans le comportement des maris, qui, parfois, construisent des routes d'accès aux centres de santé ou construisent des maisons pour les infirmiers. C'est l'ONG Songes-Niger qui fait la mise en œuvre de cette stratégie.

Les centres de formation et de promotion féminine : ce sont les anciens foyers féminins où en général les filles et les femmes apprenaient la couture et la cuisine. Les activités de ces centres sont élargies à l'alphabétisation et beaucoup d'autres activités de formation des femmes.

Le Programme de soutien médical et financier en faveur des femmes et des filles souffrant de la fistule obstétricale dans les États membres de la CEDEAO : c'est un programme mis en place par le Centre de la CEDEAO pour le développement du genre. Il fait de la prévention et la prise en charge médicale des femmes fistuleuses. Il alloue par exemple de petits fonds aux femmes traitées pour leur permettre de mener des activités économiques. Pour leurs déplacements, il leur fournit des kits qui permettent leur transport dans les moyens de transport sans que les autres passagers soient indisposés. Par exemple pour l'année 2015, une subvention de 31.603.123 f CFA a été accordée au Niger pour la prise en charge des femmes souffrant de la fistule obstétricale. Ainsi, pour cette même année 2015, un total de 75 femmes ont été opérées et réinsérées dans les régions de Zinder (33 femmes), Tahoua (9), Et Niamey (33). Pour l`année 2016, un total de 80 femmes ont été opérées et réinsérées dont 60 à Zinder et 20 à Tahoua.

*Programme d`appui technique et financier aux femmes transformatrices des produits agricoles, halieutiques et artisanaux:* Il s`agit d`un programme qui aide les groupements féminins légalement reconnus, disposant d`un compte bancaire, œuvrant dans les secteurs cités ci-haut et pouvant contribuer pour au moins un quart du budget demandé. Ce budget ne doit pas dépasser 3.000.000 f.

Programme autonomisation des femmes et dividende démographique au Sahel: le programme mené avec l`appui de la coopération italienne a pour objectif général de contribuer à l`autonomisation des femmes et des filles dans les huit régions du pays. Il vise à développer des qualifications professionnelles et entrepreneuriales chez les femmes et les filles, augmenter l`accès aux financements des activités génératrices de revenus et renforcer le dispositif de stage et apprentissage pour une meilleure insertion socioprofessionnelle.

La loi sur le quota : en 2000, le gouvernement adopte la loi n°2000-008 du 7 juin 2000, instituant un système de quota dans les fonctions électives (10%) et dans les fonctions nominatives (25%). Cette loi a été révisée en 2014 par la loi 2014-64 du 5 novembre 2014 qui élève le quota des fonctions électives à 15% au lieu de 10 %.

B) Projets et programmes concernant les filles

Programme adolescentes (appelé en haoussa ilimin matassa: éducation des jeunes): ce programme, appuyé par l`UNFPA, vise à réduire le mariage précoce et les grossesses précoces. La stratégie consiste à regrouper des jeunes filles déscolarisées ou même non scolarisées âgées de 10 à 19 ans. On leur dispense des modules d`alphabétisation, de compétences de vie, des activités génératrices de revenus, etc. Elles seront chargées après, d`organiser des dialogues communautaires avec les populations. Les ONG chargées de la mise en œuvre de ce programme sont Songes-Niger et Lafiyar Matassa.

Programme d`appui à la promotion des jeunes filles dans le secteur de la formation spécialisée technique et professionnelle par la mise à disposition de* *bourses d`excellence: le Centre de la CEDEAO pour le développement du genre a initié depuis 2010 ce programme qui vise à accompagner les jeunes filles vulnérables et brillantes afin de leur permettre d`être à l`abri de tout besoin et se consacrer exclusivement à leurs études. L`objectif principal est «d`aider les filles à obtenir une éducation de qualité, les compétences et le soutien dont elles ont besoin pour entrer dans un monde qui leur offre des opportunités pour aspirer à un développement durable.».

Loi portant sur la protection de la jeune fille en cours de scolarité: cette loi initiée par le gouvernement n`a pas reçu l`assentiment de l`Assemblée nationale et n`a donc pas été votée. L`un des articles qui posent problème, est l`article 14 qui dit : Quiconque aura contracté mariage avec une jeune fille en cours de scolarité sans autorisation préalable sera passible d`une peine d`emprisonnement de 6 mois à 2 ans et d`une amende de 500.000 à 1000.000 f ou de l`une de ces deux peines seulement.

Diverses autres mesures ont été prises par les différents gouvernements pour améliorer le sort des femmes : gratuité de la césarienne, de la consultation prénatale, du dépistage et de prise en charge des cancers gynécologiques, etc.

Conclusion

L`État du Niger, avec l`appui de ses partenaires, a consenti beaucoup d`efforts pour la promotion de la femme nigérienne. Sur le plan du statut personnel, un code de la famille a été initié mais, vu la résistance des milieux islamistes extrémistes et le manque de tact dont ont fait preuve ses rédacteurs, il a été ajourné sine die. L`État a donc changé de tactique et a initié plusieurs projets et programmes d`autonomisation des femmes, de leur formation et des stratégies pour arriver à un consensus dans tous les actes qui seront posés et qui pourraient heurter la sensibilité des milieux religieux ou coutumiers. Le gouvernement a cependant compris que le sort de la femme ne pourra être amélioré qu`en donnant à celle-ci les armes de la modernité, notamment l`éducation et la formation technique et professionnelle et il s`y attelle.

Bibliographie

Alio (M), 2005, «Une révolution avortée : le code de la famille au Niger», in Actes du colloque, *Quel droit de la famille pour le Niger?*, FSEJ, 167-181.

Arnfred (S) et *al.*, 2004, *African gender scholarship: concepts, methodologies and paradigms*, Dakar, Codesria.

Bah (M), 2015, *Le genre dans l'historiographie de l'Afrique de l'Ouest et du centre*, Dakar, Codesria.

Beijing+20, 2015, Rapport d'analyses des tendances et progrès réalisés au Niger.

Butter (J), 1990, *Gender trouble: Feminism and the subversion of identity*, New York Routledge.

Clair (A), 1965, *Le Niger, pays à découvrir*, Paris, Hachette.

Cooper (B), 1997, *Marriage in Maradi: gender and culture in a Hausa society*, Heinemann, Portsmouth.

Cooper (B), 1997, *Marriage in Maradi*, Heinemann

Diakité (M), 2006, *Le statut juridique et social de la femme au Niger*, thèse de doctorat en droit privé et sciences criminelles, Université de Perpignan Via Domitia.

Diakité (M), 2016, « Situation juridique et avenir de la femme au Niger », *Revue franco maghrébine de droit*, n°23, 45-78.

Djermakoye (D.M.), 1975, "La femme, la fonction et le foyer",*Sahel hebdo.*

Djermakoye (D.M.), 1975, « l'action libératrice de femmes doit toucher les femmes rurales »*Sahel Hebdo.*

Dunbar (A.R.), 1991, "Islamic values, the state and the development of women: the case of Niger" in Coles (C) and Mack (B) ed., *Hausa women in the twentieth century*, University of Wisconsin Press, 69-89.

Dunbar (A-R.) et Hadiza (D), 1992, "Islam, Public policy and the legal status of Women in Niger", Préparé pour l'USAID/Niamey, Office of Women in Development.

Leila (A), 1992, *Women and gender in Islam: Historical roots of a modern debate,* NewHaven, Yale University Press.

Mernissi (F), 1987, *Beyond the Veil: male-female dynamics in modern Muslim society*, Bloomington, Indiana Univ. Press.

République du Niger, *Politique Nationale de Genre*, juillet 2008

Weybi, Mensuel d'information et de promotion de la femme nigérienne, n° 001/1994 « Spécial code de la famille ».

Chapitre 9

Représentations sociales de la femme par les Nigériens et attitude envers le code de la famille au Niger

Fatchima Mayaki

Introduction

Initialement conçu pour promouvoir et renforcer l'équité de genre au Niger, notamment réduire les injustices envers les femmes, le texte de l'avant-projet de code de la famille a été abandonné. En effet, la résistance des populations (y compris les femmes) à toute réorganisation des rapports familiaux a eu raison du projet. La question des rapports hommes / femmes ayant été réglé depuis la création du monde, et ayant été renforcée par les textes religieux, une grande partie de la population estime que rien ne doit changer.

La représentation du genre fait l'objet de débats dans plusieurs domaines scientifiques, de la biologie à la philosophie en passant par la politique, la sociologie, la psychologie, etc. Le développement de la différence des sexes se trouve au cœur de la méta-analyse freudienne. La construction de l'identité sexuelle est un processus dynamique, long et complexe. Cependant, comme l'affirme Horney (1953), des facteurs socioculturels déterminent le comportement. Nous pensons que ces facteurs socioculturels créent des croyances communément partagées au sujet du rôle et de la place dévolue à chaque sexe. Ce processus plutôt discriminatoire à l'égard des femmes, parfois, les dépersonnalise et limite leur pouvoir de décision. L'homme et la femme dans toutes les sociétés sont astreints à des rôles plus ou moins institutionnalisés. Les rôles des deux sexes et les normes connexes sont spécifiques à toute culture et peuvent varier d'un pays à un autre. Elles sont au cœur de l'organisation sociale et de ce fait ont une influence sur le comportement des membres.

L'expression « l'homme est le sexe fort » trouve tout son sens dans les sociétés traditionnelles nigériennes. Le modèle traditionnel de la famille tel que les fonctionnalistes (comme Parsons, 1955) le décrivent reste d'actualité: « la famille est un couple marié avec des enfants, dans lequel le père travaille, assure la subsistance et le statut social du ménage alors que, la femme élève et s'occupe des enfants ». Au Niger, cette différenciation des rôles perdure, tant en milieu urbain qu'en milieu rural traditionnel. Dans la société traditionnelle nigérienne, chaque élément du couple a un rôle bien déterminé. La norme, pour une femme est de faire des enfants sans penser à priori à l'incidence sur sa santé ou sans penser à comment assurer leur avenir. De plus, une femme est valorisée parce qu'elle obéit à son mari et à sa belle-famille.

Dans les milieux traditionnels villageois nigériens, le niveau de scolarisation des filles est très faible (le taux brut de scolarisation des jeunes filles au cycle de base est 16,6% : Institut National de la Statistique, 2013) car, les parents en l'occurrence les pères pensent qu'une femme instruite est une « femme perdue ».Généralement, l'avis des mères n'est pas pris en compte pour envoyer les enfants à l'école. En référence à certains imaginaires sociaux, on se dit qu'elle va évoluer avec des hommes, prendre de mauvaises habitudes, renier son statut de femme. De plus, ils pensent que pour s'occuper de son foyer, une femme n'a pas besoin d'aller à l'école.

Les structures sociales, les institutions ou les échelles de valeur reflètent dans une certaine mesure le point de vue et les besoins des hommes. Ils jouissent dans la plupart des domaines d'une position plus valorisée que les femmes dans la plus part des pays du monde. Cette constatation est encore plus aiguë dans les pays en voie de développement et notamment au Niger, où les structures sociales restent de type traditionnel. Dans le discours commun, le partage des rôles a été fait par Dieu : « aux hommes de décider et aux femmes d'obéir. Il en est ainsi depuis la nuit des temps ». Ils profitent de l'ambiguïté, en bien des langues, confondant sous un même nom les représentants de l'espèce humaine en général et ceux du sexe masculin ; sous prétexte de raconter l'histoire des « hommes », ils s'en tiennent à celles des maris, des frères, des fils et des pères. Appréhendées en tant que guide d'action, Moscovici (1990) dit que les représentations permettent aux individus de s'orienter au sein de leur groupe. Abric (2001) citant Jodelet (1989) dit de la représentation que c'est *« une forme de connaissance, socialement élaborée et partagée ayant une visée pratique et concourant à la construction d'une réalité commune à un ensemble social »*. Selon Abric (*2001*), la représentation est en fait une vision fonctionnelle du monde, qui permet à l'individu ou au groupe de donner un sens à ses conduites, et de comprendre la réalité, à travers son propre système de références. Ainsi, grâce à la représentation, un individu restructure-t-il la réalité environnante relative à un objet particulier .Elle permet aussi d'intégrer ses expériences antérieures (rôle de l'homme par exemple, valorisation de la femme féconde) et son système d'attitudes et de normes.

Elles facilitent la compréhension et l'explication en ce sens qu'elles facilitent la communication sociale. Par exemple, le rôle socialement dévolu à l'homme c'est de pourvoir aux besoins de sa famille, de protéger les différents membres de cette famille. A partir de cette représentation, on peut expliquer que les femmes doivent obéir et se soumettre. Du fait que ce principe soit socialement partagé, le problème de la justesse de la représentation ne se pose plus. Cet accord plutôt unanime favorise l'élaboration d'une identité sociale en conférant à chaque groupe une identité qui le différencie d'un autre. Les représentations sociales constituent un repère pour l'individu en lui permettant d'anticiper ses comportements et de répondre aux attentes des autres membres du groupe. Par conséquent, un individu dont l'environnement social valorise le rôle de l'homme dans la société ou valorise beaucoup plutôt l'image maternelle de la femme ou sa place au foyer, en tient compte dans ses décisions afin d'être en conformité avec son groupe d'appartenance. Pareillement, l'individu peut justifier par exemple son refus du code de la famille, du fait que dans son environnement, il est très mal vu de faire de la femme l'égale de l'homme ne serait-ce qu'en droits.

C'est dans ce cadre, que nous posons la représentation de la femme dans la société nigérienne comme étant une entrave à l'édification d'un code de la famille susceptible de promouvoir une autre vision de la femme. Tant que l'homme se perçoit comme maître absolu, et tant que les femmes le perçoivent ainsi, il est difficile d'édifier un code de la famille ; surtout que certaines interprétations parfois erronées faites de la religion musulmane corroborent cette situation. Par exemple, dans la sourate 4, verset 11 (Voici ce que Dieu vous enjoint au sujet de vos enfants : au garçon une part comme celle de deux filles…), l'on pense que Dieu considère qu'un homme vaut deux femmes

De ce qui précède, nous postulons que la représentation de la femme dans la société nigérienne est en mesure d'influencer l'attitude envers l'édification du code de la famille.

Méthodologie de l'étude

1. Variables

Deux variables sont testées, à savoir la représentation de la femme et l'attitude envers l'édification d'un code de la famille au Niger.

L'attitude envers l'édification du code de la famille (M = 3,08 ; ET = 2):C'est la variable dépendante ou expliquée. Elle est mesurée par trois items conformément aux trois dimensions de l'attitude (cognitive, affective et conative). Comme exemple d'items, nous avons « *je suis favorable à l'édification d'un code de la famille* » ou « *l'édification d'un code de la famille a de nombreux avantages* ».Le test de fiabilité indique que l'échelle a une très bonne fiabilité : α = .92

La représentation de la femme dans la société nigérienne (M = 4,75 ; ET = 2,18): c'est la variable explicatrice. Elle comporte 7 items. Cette échelle a été construite et testée en 2008 (Mayaki et Kouabenan) dans le cadre de travaux pour une thèse. Les différents items renvoient au rôle que la femme peut jouer dans le couple, ou renvoient à la perception de la femme par l'environnement social. Comme exemple d'items nous avons : « *la femme est le décideur du foyer* » ; « *la femme est libre d'exercer une activité* » ; « *la femme doit être soumise à l'homme*» ou « *le rôle de la femme c'est de faire des enfants* » ou encore « *la femme doit avoir les mêmes droits que l'homme* ». L'échelle a une bonne fiabilité (α = .74).

2. Participants

L'échantillon comporte 150 individus tous habitant en milieu urbain, à Niamey la capitale du Niger. Le choix du site s'explique d'une part par l'accessibilité qu'offrent les moyens de transport. Cet échantillon de convenance comporte 75 femmes et 75 hommes. La moyenne d'âge est de 37 ans (E.T = 8,11). L'échantillon est composé de 15 étudiants et 15 étudiantes, 15 oulémas hommes et 15 oulémas femmes, 15 commerçants et 15 commerçantes, 15 techniciens et 15 techniciennes de surface, 15 enseignants et 15 enseignantes. Bien qu'il s'agisse d'un échantillon de convenance, nous pensons que des proportions égales interrogées pourraient éventuellement servir de base de comparaison pour plus de renseignements.

3. Matériel et procédure

Un questionnaire est élaboré. Il comporte 03 questions sur l'attitude et 09 sur la représentation de la femme. Ces questions sont mesurées par des échelles de type Likert à sept points de 1 pas du tout d'accord à 7 tout à fait d'accord. Des questions d'identification ont complété le questionnaire ainsi qu'une question ouverte : « Que représente pour vous le code de la famille » ? Le questionnaire de type Likert offre l'avantage de ne pas répondre simplement aux questions par oui ou par non. Il permet de voir dans quelle mesure les gens sont d'accord ou non avec une déclaration. Cette approche permet d'obtenir un regard plus nuancé sur ce que les gens pensent du sujet de recherche avec une meilleure qualité psychométrique.

Il s'agit d'une enquête en porte à porte pour tous les participants. Ceux qui savent lire et écrire, remplissent directement le questionnaire en présence du chercheur. Pour ceux qui ne savent pas lire, nous traduisons les questions et reportons les réponses au fur et à mesure. Cette différence dans le mode peut constituer à priori un biais ; mais 80% de la population du Niger sont analphabètes (INS, 2013). Ne pas en tenir compte biaiserait beaucoup les résultats des études et par conséquent les solutions aux problèmes.

La méthode d'approche consiste en un bref exposé du sujet de l'étude et une mise en confiance quant à la confidentialité des réponses. Pour ceux qui ne parlent pas français, l'exposé est fait en langues nationales (Haoussa et Zarma).

Résultats : Présentation et analyse

Les résultats sont traités avec SPSS 17. Outre le test de fiabilité à l'aide d'un alpha de Cronbach, une analyse de corrélation a été faite. Nous avons utilisé le coefficient r de Pearson. Ainsi on remarque que les deux variables sont fortement corrélées et de manière très significative et négative ($r = -.70$; $p < .0001$). Ces résultats indiquent que la représentation de la femme évolue en sens inverse de l'attitude envers l'édification d'un code. Plus les Nigériens ont une représentation « positive » de la femme, moins ils ont une attitude favorable envers un code de la famille. Cependant, nous retenons que la corrélation n'induit pas nécessairement des liens de causalité.

Tableau 1 : Corrélations entre l'attitude envers l'édification d'un code de la famille et la représentation de la femme au Niger

Variables	Attitude envers le code
Représentation de la femme	-,707**
Attitude envers le code	1

** Corrélation significative à 0.0001

Pour tester l'effet de la représentation de la femme, une ANOVA est effectuée. Elle nous montre que la représentation de la femme en milieu nigérien (B = 1,94 ; p < .0001) est en mesure d'expliquer l'attitude envers l'édification d'un code de la famille. Le test est statistiquement très significatif (F (1, 149) = 197,76 ; p < .0001).

Tableau 2 : Effet de la représentation de la femme sur l'attitude envers l'édification d'un code de la famille au Niger

Modèle		Coefficients non-standardisé		Coefficients Standardisé		
		B	Erreur standard	Beta	t	p
1	(Constant)	-,093	,301		-,308	,759
	Rep. Femme	1,924	,137	,707	14,063	,000

1. Variable dépendante: attitude envers le code

A la question que représente pour vous le code de la famille, on observe que globalement la population étudiée a une attitude plutôt négative du code de la famille. Ainsi, plus de 67% des personnes interrogées pensent que le code de la famille est un reniement des valeurs traditionnelles et 65% que c'est une entorse à l'Islam qui a déjà prévu les droits et devoirs de chacun dans le Coran et les Hadiths (recueils des paroles du prophète Mahomed). Cela veut dire que même les femmes qui sont les principales concernées adhèrent à ce point de vue. 48% des femmes interrogées pensent que le code de la famille est un pas vers l'acculturation. Il s'agirait à leur avis de normes importées qui s'éloignent de leurs valeurs et ne tiennent pas compte de nos réalités. Seuls 15,33% pensent que le code participe à l'instauration d'une équité entre femmes et hommes et 20 considèrent que le code est une solution possible aux problèmes de famille.

On remarque que la conception de la famille au sens traditionnel du terme est très ancrée dans l'imaginaire social dépassant même la conception musulmane. Pour une meilleure lisibilité des résultats, le tableau suivant en donne un aperçu.

<u>Tableau 3</u> : **Représentation du code de la famille**

Représentation du code de la famille	N	%
Un moyen d'instaurer l'équité entre l'homme et la femme	23	15.33
Un reniement des valeurs traditionnelles	101	67.33
Une entorse à l'Islam	87	58
L'émancipation de la femme	40	26.66
Un signe de modernité	5	0.33
Une solution aux problèmes des familles	30	20
Une acculturation	73	48.66

Pour comprendre ces résultats, il importe d'analyser la représentation de la femme à travers les différents items qui la mesurent. Il faut rappeler que les échelles vont de 1 pas du tout d'accord à 7 tout à fait d'accord. En considérant les résultats, on remarque que les items qui stipulent « la femme est libre d'exercer une activité » (M = 1,13 ; E.T = 0,50) et « la femme est le décideur du foyer » (M = 1,17 ; E.T = 0,71) ont la plus faible moyenne. Les personnes interrogées n'ont pas accepté l'idée. Ces personnes n'adhèrent pas à l'idée qu'une femme devraient assurer des responsabilités familiales, ni même exercer un métier de son choix. Elle est considérée comme un être faible (M = 5 ; E.T = 2,06). Dans la même lancée, on remarque que l'item qui propose que la femme soit soumise à l'homme est presque à saturation : M = 6.78 (E.T = 0.94). Pratiquement, tel est le cas lorsque le rôle de la femme se résume à faire des enfants. Les différents résultats sont présentés dans le tableau 4 qui suit.

Tableau 4 : Représentation de la femme

Représentation de la femme	M	E.T
La femme est le décideur du foyer	1.17	0.71
la femme doit être soumise à l'homme	6.78	0.94
le rôle de la femme c'est de faire des enfants	5.85	1.89
la femme a les mêmes droits que l'homme	3.86	1.94
La femme est libre d'exercer une activité	1.13	0.50
La femme doit être à la charge de l'homme	4.60	2.11
La femme est un être faible	5	2.06

Discussion

Les femmes sont construites comme des exécutantes des décisions prises par leurs époux. Les normes sociales et culturelles formalisent ces rapports. Toute l'éducation sociale semble basée sur la soumission de la femme à l'homme en assignant dès le jeune âge un rôle à chacun. Le genre affecte l'interaction sociale. Cette séparation des rôles date de la plus jeune enfance. D'autres études (Leslie et Beverly, 1997) montrent que les mères semblent davantage encourager les filles lorsqu'elles font des remarques affiliatives et de soutien aux autres, alors qu'elles encouragent davantage l'autonomie et l'indépendance chez les garçons. Une méta-analyse (Leaper et al.1998) confirme l'existence de pratiques de socialisation différentes selon le sexe. L'identité du genre détermine la motivation à se comporter de façon conforme à son genre alors que les stéréotypes sont déterminés par la société. Ces rapports entre hommes et femmes sont le fruit d'un long processus d'acquisition sociale qui influence la vie des individus. Ce processus valorise la conformité avec les normes établies pour chaque sexe et favorise les attributions de rôle.

Toutes les sociétés ont des normes et valeurs qui structurent la vie des hommes et des femmes de la communauté. Les normes sont constituées par les attentes sur la façon dont les personnes doivent se comporter dans différentes situations. Elles relèvent d'une convention sociale admise par les individus. Les valeurs culturelles sont un facteur déterminant dans l'établissement des rapports entre les hommes et les femmes. En ce sens, elles créent des normes. Ces normes et valeurs interviennent chaque jour, dans chaque comportement des membres de la société. Elles permettent de différencier les membres d'une société par rapport aux membres d'une autre société. Elles instituent le permis et l'interdit, et servent de ce fait de repère pour les individus.

Dans la société traditionnelle nigérienne, chaque membre du couple a un rôle bien déterminé. La norme, pour une femme est de faire des enfants, de savoir tenir un foyer, de bien faire la cuisine. De plus, une femme est valorisée quand elle obéit à son mari et à sa belle-famille. Dans ce contexte, promouvoir un code de la famille qui remette en question ces acquis est un exercice difficile.

La représentation de la femme dans la société nigérienne influence l'acceptation du code de la famille. Certains auteurs comme Marlow, Schneider et Nelson (1996) décrivent les femmes comme des personnes dépendantes, qui ont des qualités émotionnelles et affectives qui correspondent au rôle maternel. Pour une femme, avoir un autre comportement signifie qu'elle est contre typique. Par exemple, une femme qui aspire à des fonctions d'exercice de pouvoir, est perçue comme masculine. De ce fait, elle est discriminée non seulement par « les hommes puisqu'elle ne reste pas à sa place de femme, mais aussi par les femmes parce qu'elle devient traîtresse de sa condition et les abandonne » (Marlow et *al., op. cit.*). Le fait que la femme sorte de sa condition de mère, d'épouse, d'un rôle qui se réfère à la sphère familiale, provoque une réaction catégorielle.

La femme est le plus souvent éduquée pour jouer le rôle de maîtresse de maison et s'occuper d'assurer le bien-être de la famille. La femme digne, honorable, celle qui est citée comme exemple social dans les sociétés nigériennes, c'est celle-là qui remplit ses obligations comme l'entend la société. Sans se plaindre, en faisant preuve d'une patience et d'un renoncement à elle-même. C'est celle qui est en mesure de combler les attentes sociales. Attentes faites de soumission et d'abnégation.

Peut-être aussi que pour comprendre la perception des femmes par elles-mêmes, il faut partir d'un raisonnement à contrario. La femme du fait qu'elle soit décrite comme le pilier psychologique de la famille acquiert une position privilégiée. Elle devient la gardienne des secrets familiaux, elle devient le rempart de son mari, devenant par-là, la vraie force qui domine tout. De manière consciente ou inconsciente, les femmes ne veulent pas renoncer à ce privilège. Somme toute, pourquoi chercher à être l'égale de quelqu'un qu'on peut dominer sans en avoir l'air ? A la dominance physique et économique des hommes, les femmes ont à travers les âges, développé une autre forme de dominance basée sur la soumission. L'apparente soumission des femmes ne serait peut-être qu'une manipulation psychologique inconsciente, acquise depuis la création de nos sociétés.

Le comportement primitif vise à protéger la femme en tant que génitrice, dans un processus inconscient de protection de l'espèce humaine. L'homme est le bouclier et tout ce qui se passe derrière le bouclier est administré par les femmes. Les individus qui sont en face ne voient pas derrière le bouclier, donc ils ne voient pas non plus les mécanismes qui permettent de tenir le bouclier. Ces mécanismes sont gérés par les femmes. C'est connu l'adage « derrière chaque grand homme se trouve une grande femme ». Il serait plus simple de dire « à côté de chaque homme se trouve une femme ». À partir de ce raisonnement, on peut penser que les femmes satisfaites de gérer ce pouvoir de l'ombre, qui expose moins, ne veulent pas s'encombrer d'un système qu'elles pensent en leur défaveur. En acceptant de prendre le parti de l'égalité juridique, elles perdent en réalité leurs pouvoirs sur leurs hommes.

Il est important de souligner que la vision des femmes martyrisées par les hommes telle qu'elle est véhiculée par l'Occident est erronée, même si, comme dans toutes les sociétés, des abus existent. Dans la gestion au quotidien (politique, économique), les femmes sont certes presque absentes, mais en réalité, elles détiennent beaucoup de pouvoir à l'intérieur des alcôves, surtout en combinant le rôle de la femme - mère et celui de la femme -épouse et maîtresse. Raison peut-être pour laquelle une partie des femmes interrogées refusent de prendre parti pour le code de la famille, malgré que celui-ci répare des préjudices constatés notamment en cas de divorce, et aussi dans le domaine de la gestion du patrimoine. La femme représente le pilier des valeurs, c'est elle qui entretient les liens familiaux. Konaré (2006) l'a bien souligné : « *La mère est l'icône de la maison. Son premier rôle demeure l'éducation des enfants, mais en réalité, elle régente la vie de l'ensemble de la communauté familiale... C'est que dans le mental collectif, la réussite de l'homme dépend de sa mère : le nom, c'est le père mais la force, la baraka, c'est la mère, assène le dicton populaire...Le père n'est que géniteur.* »

Conclusion

La promotion du code de la famille pose des problèmes qui vont au-delà des comportements observables. Elle doit aussi dépasser la conception des pays occidentaux sur les rapports sociétaux au Niger. Dans plusieurs domaines, les femmes sont lésées dans leurs droits et il est nécessaire de corriger. Mais pour ce faire, il importe d'abord de connaître réellement l'organisation sociale en place, ensuite déterminer les réels problèmes dans cette organisation afin de proposer des solutions adéquates. Il importe de partir d'études historiques et anthropo-sociologiques pour comprendre le comportement à la base de la perception des femmes par les hommes et celui de la perception des femmes par elles-mêmes au Niger. Un comportement ne se met pas en place tout seul. En amont se trouvent plusieurs choses : croyances normatives, force de l'habitude, inducteurs d'action... Cette approche a manqué aux promoteurs du code de la famille. Personne ne se complait dans la servitude sans vouloir en sortir, si on peut parler de servitude dans ce cas. Il est bien possible d'édifier un code de la famille.

Bibliographie

Abric (J.C.), 2001, *Pratiques sociales et représentations*. Paris: Presses Universitaires de France.

Horney (K.), 1953, « La personnalité névrotique de notre temps », *Evolution Psychiatrique, 19,* 1, 161-169.

Institut National de la Statistique, (2013). Le Niger en chiffres. http:/www.ins.ne

Konare (A. B.), 2006, *Patrimoine immatériel : Musées africains et cultures vivantes*. Communication à la 2è Conférence du Conseil International des Musées Africains(AFRICOM), Le Cap, 4 Octobre 2006.

Leslie (D. L.) et Beverly (I. F.), 1997, « Gender role socialization and discipline processes inone and two parent families», *Sex roles, 36,* 1-2, 1-21.

Leaper (C) et *al.*, 1998, Moderators of gender effects on parents' talk to their children: a metaanalysis. *Development psychology*, 34, 1, 3-27.

Marlow (C.M.) et *al.*, « Gender and attractiveness biases in hiring decisions: are moreexperienced managers less biased? », Journal *of applied psychology*, 81, 11–21.

Mayaki (F.), 2008, *Effet des croyances, des normes et des valeurs sur le changement d'attitude : l'exemple de la planification familiale au Niger.* Thèse de doctorat nouveau régime sous la direction de Kouabenan D. R. Université Pierre Mendés France, Grenoble.

Moscovici (S.), 1960, *La Psychologie sociale.* Paris : PUF.

Parsons (T.), 1955, *Eléments pour une sociologie de l'action.* Paris, Plon.

Chapitre 10

Approches étatique et religieuse de l'accès de la femme musulmane à l'héritage au Cameroun

Alassa Fouapon

Introduction

Depuis plusieurs décennies, les Etats mettent de plus en plus l'approche genre au centre des politiques sociales. Le paradigme de développement s'est enrichi depuis les trente dernières années de différentes approches visant la promotion de la femme et autres personnes vulnérables. Quatre conférences mondiales (Mexico en 1975 ; Copenhague en 1980 ; Nairobi en 1985 et Beijing en 1995) ont été organisées par les Nations Unies, avec pour ambition de mettre en œuvre des stratégies d'action pour la promotion des droits des femmes (et autres personnes vulnérables). En Afrique, des initiatives similaires ont ainsi été prises et sont relativement encouragées par les Etats. Ces dernières emboîtent ainsi le pas aux grands changements mondiaux impulsés par les Nations Unies qui prônent le droit à l'épanouissement des populations féminines et leur contribution au développement global. Au Cameroun, l'Islam à travers la communauté musulmane est interpelé ces dernières décennies sur ces questions relatives au développement et aux droits de la femme. Il faut souligner que les sunnites représentent le courant majoritaire de la communauté musulmane. Ils sont constitués de plusieurs tendances sur le territoire camerounais notamment la « tidjaniyah », le « wahhabisme » et le « tabligh ». Dans son article le Chiisme au Cameroun, Souley Mane (2015) présente une analyse bien détaillé de tous ces courants de pensé sunnites. Concernant la tidjaniyah, il est le courant le plus présent au Cameroun. Cette confrérie fondée par Cheikh Ahmad at-Tidjani (1737-1815) est pratiqué par pres 60% des musulmans camerounais (Souley Mane, 2015). On retrouve également une minorité chiite en pleine expansion. Arrivé dans les années 90, sa progression reste très lente et sur le plan géographique ils sont encore dans très peu représentés. Nous retrouvons ce courant dans le littoral, le Centre, le Sud-Ouest et l'Ouest. Pour une grande clarté analytique, la présente réflexion s'articule autour de trois axes essentiels : Il s'agit dans une première partie de questionner de manière profonde l'influence traditionnelle et islamique sur l'accès de la femme à l'héritage; deuxièmement, mettre en exergue la complexité de l'application des prescriptions du code du mariage due à l'hétérogénéité des mentalités religieuses et traditionnelles, et enfin montrer à partir d'une expérience de terrain du Conseil Supérieur Islamique comment repenser le partenariat public-religieux afin d'anticiper sur les germes de conflit entre l'autorité spirituelle et le pouvoir temporel.

Influence traditionnelle et islamique sur le droit d'accès de la femme à l'héritage.

Bien avant l'avènement de l'islam, l'accès à l'héritage du moins en ce qui concerne les femmes dans les sociétés africaines posait déjà un problème. Mazigui (2016) les présente d'ailleurs comme étant des sociétés essentiellement phallocratiques, et justifie son point de vue du fait qu'elles soient d'une émanation patrilinéaire. Il convient ainsi de souligner que nous avons à faire aux sociétés patriarcales où l'homme tient une place prépondérante. Des exemples sont légion au Cameroun. C'est le cas de ce mythe Ouldeme du Nord-Cameroun dont fait état Colombel (1985 :79): « autrefois, c'était la femme qui restait dehors et se promenait. L'homme était à la cuisine. Un jour qu'il préparait la boule de mil, sa femme, apeurée par un monstre l'appela. Il lui demanda de surveiller le feu à sa place. C'est depuis ce jour que les femmes restent à la maison ». Dans la même veine, Zemplen (1992) fait référence au mythe de l'appétit sexuel des femmes chez les Moundang, qui remet aussi le pouvoir à l'homme et relègue la femme aux tâches ménagères.

Cette conception traditionnelle de la femme a eu des conséquences néfastes sur son statut au sein de la société et de la famille. Lequel statut était ainsi intimement lié à celui de ses parents ou de son mari, raison pour laquelle elle fut considérée comme une propriété de son père ou de son mari. Cette chosification de la femme s'est traduite dans les pratiques de la dot en contexte africain, au point où la femme semble vendue comme une marchandise. En plus de la dot, la femme mariée n'avait généralement pas droit à l'héritage et était considérée elle-même comme objet à hériter.

En ce qui concerne l'héritage, les prescriptions traditionnelles sont diversifiées. Chez les Fali du Nord Cameroun (Marga 1998 : 44), en cas du décès de l'époux, ses biens sont partagés alors que dans le royaume Bamoun de l'Ouest, le fils hérite de son père, y compris ses épouses, à l'exception de sa propre mère. Cette description met en exergue la marginalisation de la femme voire le refus catégorique de lui reconnaître un droit à la succession dans certains univers culturels avant qu'elles ne deviennent des sociétés musulmanes. L'étude menée au Grand Nord par Marga (*ibid.* : 82), a indiqué les causes des phénomènes défavorables à l'épanouissement des femmes. Ces causes seraient par ordre d'importance la tradition, les pratiques des hommes qui tentent à maintenir les femmes sous leur joug usant du fallacieux prétexte des exigences traditionnelles et religieuses, la religion elle-même et la sous scolarisation des femmes. Ainsi donc, parmi les causes profondes des pesanteurs qui freinent l'émancipation des femmes, la tradition occuperait la première place tandis que la religion ne viendrait qu'en troisième position. Cette étude insiste sur le caractère pernicieux de l'idée généralement répandue qui ferait croire que la religion (musulmane en particulier) serait la cause essentielle de la situation défavorable des femmes *(ibid.)*. Selon cette étude, il s'agirait tout simplement d'une manœuvre des hommes qui usent et abusent des préceptes religieux pour bafouer les droits des femmes *(ibid.)*. Néanmoins, il est tout aussi intéressant de savoir comment la question est appréhendée avec l'avènement de l'islam.

Le Cameroun est caractérisé par une grande diversité géographique, ethnique, culturelle et religieuse, et cela lui vaut d'ailleurs l'appellation « Afrique en miniature ». La cartographie de l'islam au Cameroun, notamment dans la première moitié du XIXe siècle, se limitait essentiellement à la partie septentrionale. Cependant, il fallut attendre la deuxième moitié du XIXe siècle pour que cette religion pénètre de nouveaux bastions dans la partie méridionale, dont principalement les pays Bamum grâce à l'action du roi Njoya et le pays Bafia grâce à l'engagement du chef supérieur Machia[1].

Au cours du XXe siècle, l'islam a conquis de l'espace et de nombreux adeptes au Cameroun. Le phénomène d'islamisation s'étend de plus en plus aux groupes sociaux qui, jusqu'à une époque récente, manifestaient une certaine réticence vis-à-vis de l'islam à en croire Taguem (2005 : 562). Ce qui fait qu'en dehors des sociétés haoussas du Sud Cameroun, les Bétis, les Ewondo, les Bamiléké, les Bassa ainsi que les Douala embrassent aussi l'islam et créent ainsi de nouvelles sociétés musulmanes dans les zones jadis bastions du christianisme. On ne saurait donc plus, compte tenu de cette évolution socio-spatiale, de parler d'une homogénéité de la société musulmane au Cameroun car, chaque groupe culturel a ses spécificités et ses particularités qui influencent aussi bien la pratique de l'islam que le statut de la femme.

C'est ainsi que la problématique de l'islam et du droit de la femme devient de plus en plus une préoccupation politique et un champ d'étude scientifique. On note alors au sein des populations une méconnaissance de la réalité des textes coraniques sur le statut de la femme dans l'islam et même de son accès à l'héritage. En effet, cette religion s'est présentée tout au long de son expansion pas comme une simple prescription spirituelle et intellectuelle mais aussi et surtout comme un nouvel ordre social et temporel. Ce postulat permit à l'islam d'avoir une influence spirituelle et temporelle dans les sociétés musulmanes. Sa conception globalisant tous les aspects de la vie politique, économique et sociale de ses adeptes, a considérablement influencé la conception sociale de la femme et a conféré à la femme un nouveau statut social et juridique, différent de celui qu'elle connut autrefois avec les sociétés traditionnelles.

Sur le plan économique, les droits financiers et les droits de propriété sont reconnus par la charia à la femme. Allah dit dans le

---

[1] Il faut dire que ces modes de pénétration de l'islam qui s'appuient sur les autorités locales n'est pas un phénomène nouveau. Au 7e siècle, le prophète Muhammad a invité plusieurs peuples à l'islam à travers les lettres envoyées à leurs rois. Les royaumes africains sont également révélateurs à ce sujet avec l'islamisation des rois tels que Kankan Moussa ou encore Idriss Alaoma dans le Kanem-Bornou. En pays Bamum et Bafia, même si le contexte n'est pas du tout identique, on note le rôle incontestable des rois et chefs dans la pénétration et la diffusion de l'islam dans leurs territoires.

coran[2] : « Ne convoitez pas ce qu'Allah a attribué aux uns d'entre vous plus qu'aux autres, aux hommes la part qu'ils ont acquise et aux femmes la part qu'elles ont acquise, demandez à Allah de sa grâce, car Allah est, certes Omniscient »[3]. La femme est propriétaire de ses biens, elle les gère comme bon lui semble, elle vend et elle achète, elle loue et elle fait des dons. Et si on abuse de ses biens, elle peut faire recours à la justice qui saisit la défense de ses propriétés[4]. Pour la plupart des imams que nous avons rencontrés dans les villes de Yaoundé, N'Gaoundéré, Maroua, Kumbo, Douala et Foumban, l'islam a mis fin à la pratique traditionnelle qui faisait de la femme un objet à hériter[5]. *Annisa* en son verset 19 est suffisamment clair sur cet état de choses. Il stipule que : « O les croyants il ne vous est pas licite d'hériter des femmes contre leur gré. Ne les empêchez pas de se remarier dans le but de leur ravir une partie de ce que vous aviez donné…et comportez-vous convenablement envers elles. Si vous avez de l'aversion envers elles durant la vie commune, il se peut que vous ayez de l'aversion pour une chose ou Allah a déposé un grand bien »[6]. Au sujet de l'héritage, le Cheikh Ayatou du complexe islamique de Yaoundé nous a confié que la loi islamique, c'est-à-dire la charia, a été légiférée dans le coran et la tradition prophétique pour préserver cinq choses, notamment la croyance, la vie sur terre, la préservation des biens, la préservation de l'espèce humaine et la préservation de l'honneur[7]. L'accès à l'héritage s'avère ainsi être un

---

[2]Le Coran est le livre saint de l'islam, la parole d'Allah révélée au prophète Muhammad et la Sounna est l'ensemble des enseignements du prophète à travers ses actes, ses paroles et approbations. Ces deux sources sont les principales sources qui régissent la vie spirituelle et temporelle des musulmans.

[3]Coran 4 verset 32. Lors d'un entretien avec cheikh Alamine, pour montrer l'importance que l'Islam accorde à la femme, il fait remarquer que la sourate 4 du coran a pour titre annisah (la femme en langue arabe) alors qu'il n'y a pas de sourate dans le coran intitulé « l'homme »

[4]Entretien avec l'imam du complexe islamique de Yaoundé.

[5]Il s'agit nommément du cheikh Abdallah Atangana du complexe islamique de Yaoundé, de cheikh Ali Youenyouene, de Ahmad Abdallah de N'Gaoundéré, Cheikh Tahhussein et imam Oumaru Sanda de Koumbo, imam Bachir de Maroua, cheikh Awal et Aroun Mofen à Foumban et cheikh Bell Mahmoud de Douala.

[6]Annisa, verset 19.

[7]Cheikh Ayatou est spécialiste en Charia et est cadre au complexe islamique de Yaoundé, entretien réalisé le 23 Mars 2017. Ces enquêtes visaient à donner aux responsables des institutions, associations et organisations religieuses islamiques, un cadre d'échange sur leurs bonnes pratiques et leurs principales difficultés afin que leur soient apportés des conseils utiles pour les surmonter notamment dans les

droit fondamental pour les deux sexes tel que énoncé dans le coran :
"Aux hommes revient une part[8]de ce qu'ont laissé les père et mère
ainsi que les proches; et aux femmes une part de ce qu'ont laissé les
père et mère ainsi que les proches, que ce soit peu ou beaucoup : une
part fixée"[9]. De fait, avant la colonisation, en se référant aux
enseignements islamiques, les sociétés musulmanes ont grandement
développé les règles relatives au partage de l'héritage, exposant les
parts revenants aux uns et aux autres[10]. L'avènement de
l'administration coloniale avec sa vision de la société va bousculer les
institutions en place. L'Etat indépendant a ainsi hérité d'une société
où la conception du droit d'accès à l'héritage est tiraillée entre les
traditions préislamiques, la tradition islamique et la législation
nationale.

L'avènement de l'Etat laïc : la société musulmane entre les lois islamiques et étatiques

La loi de 1905 en France avait pour volonté de cantonner le
religieux dans la sphère privée sans influence sur le fonctionnement
de l'Etat et de la vie publique. Cette philosophie de séparation du
pouvoir entre le temporel et le spirituel s'est déportée dans les Etats
africains à leur accession à l'indépendance. Malgré cette volonté des
rationalistes d'en découdre avec le spirituel, les institutions juridiques
de l'Etat moderne relatives aux droits de la femme ne pouvaient se
défaire des lois religieuses très ancrées dans la conscience populaire

---

domaines des droits de la femme. Aussi, un ensemble des ressources techniques
nécessaires au renforcement de leurs capacités en matière de promotion des droits
de l'homme en général, et de défense des droits successoraux des femmes et des
filles en particulier.

[8]La question de part ne fait pas l'unanimité entre certains défenseurs
contemporains des droits de la femme et les religieux contemporains. En effet le
coran prévoit que l'homme doit avoir le double de l'héritage de la femme. Pour
plusieurs défenseurs, il s'agit d'une injustice à régler tandis que les religieux essayent
d'expliquer cet état de chose. Al Ghazali (1984 :134) dit « si la part de la femme en
matière d'héritage est la moitié de celle de l'homme, c'est que, par ailleurs, c'est
l'homme qui doit subvenir à ses besoins et lui offrir une dot ; il serait donc injuste
de donner à la femme autant qu'à l'homme ».

[9]Coran, Sourate 4 intitulée « Les femmes », verset 7.

[10]Voir les documents de formation du CSIC relatifs à la promotion des droits
successoraux de la femme et de la jeune fille dans les sociétés musulmanes au
Cameroun.

et dans les pratiques quotidiennes des familles. Le processus de laïcisation visait d'une part, à faire prévaloir les principes de l'Etat moderne sur les institutions traditionnelles et religieuses et d'autre part, la régulation politique, juridique et institutionnelle de la religion. Il s'agissait pour le législateur de garantir la prédominance des valeurs dictées par le principe de sécularisation.

Cette sécularisation qui privilégie le développement de la rationalité instrumentale n'a pas fait disparaître les dynamiques religieuses et traditionnelles qui ne cessent d'influencer les représentations sociétales du monde ainsi que les comportements de la vie publique. Malgré le fait que la loi étatique interpelle les coutumes et religions dans un contexte d'Etat de droit à donner la suprématie aux normes juridiques nationales et internationales, l'influence du religieux et du traditionnel demeure ambiante[11]. La religion musulmane a gardé son rôle d'organisatrice de la vie individuelle et sociétale des populations musulmanes au Cameroun. Comme le souligne Guenot (1929 : 91), les enseignements de toutes les doctrines traditionnelles sont unanimes à affirmer la suprématie du spirituel sur le temporel et à ne considérer comme normale et légitime qu'une organisation sociale dans laquelle cette suprématie est reconnue et se traduit dans les relations des deux pouvoirs correspondant à ces deux domaines. La plupart des études et des actions abordent généralement la situation de la femme musulmane soit sous un angle général, soit sous son aspect sectoriel et unidimensionnel.

Une bonne lecture tiendra donc compte de la diversité des traditions et des cultures qui cohabitent avec l'islam d'une part, et avec les lois de la République d'autre part. On comprendra à partir de cette approche que les femmes dans les sociétés musulmanes sont prises en otage par un environnement social qui ignore parfois la loi et laisse apparaître un héritage du passé, organisé sous forme de coutumes, de mœurs et d'habitudes.

En dehors des prescriptions juridiques de l'héritage prévues par l'islam, les traditions et les cultures organisent, façonnent, décident du statut des différentes composantes de la société et de leur droit

---

[11]Dans plusieurs sociétés musulmanes en Afrique, le religieux et le traditionnel se confondent très souvent. Cela est dû à l'interaction qu'il y a eu tout au long de histoire entre les cultures africaines et l'islam en tant que religion.

d'accès à l'héritage. Pour sortir de cette complexité sociologique, l'Etat du Cameroun a favorisé un système juridique qui intègre et légitime la cohabitation entre la loi moderne et les lois coutumières en instaurant dans son processus judiciaire les tribunaux coutumiers. Cette légitimité des tribunaux coutumiers était sensée encadrer la gestion des litiges au sein des sociétés musulmanes. Les juridictions appliquent les droits coutumiers dans tous les différents opposants les natives. Coexiste d'une manière conflictuelle, l'autorité des chefs traditionnels, les juridictions de l'Etat sur le plan pratique, ces idées se sont manifestées par la création d'une hiérarchie unique et autonome des tribunaux de l'ordre judiciaire comprenant à partir de la base : des tribunaux de conciliation au niveau de la localité, présidé par un particulier notable, la tentative de conciliation n'étant cependant pas un préliminaire obligatoire ; les tribunaux de premières instances au niveau de l'arrondissement, composés des magistrats assiégeants seuls en toutes matières mais assistés par de deux particulières assesseurs à voix consultatives, en présence dans les grands tribunaux d'un ministère public compétent en toute matière ; des cours d'appel au niveau de la région administratives connaissant des appels en toutes matières ; une cours suprême (Melone 1986). Les juridictions de droit coutumier ont en principe vocation à appliquer la coutume pour les règlements des litiges qui leurs sont soumis. Mais compte tenu de la diversité des coutumes et du fait qu'il n'existe pas au Cameroun un recueil universel de coutumes, il a été institué des assesseurs dont la mission est d'aider le président de la juridiction à prendre sa décision suivant les coutumes qu'ils représentent. Mais les modalités de leur désignation ne permettent pas d'atteindre le but recherché. Bien plus, certaines difficultés dont le législateur n'a sans doute pas perçu l'importance, limitent considérablement le rôle des assesseurs devant les juridictions traditionnelles. (Tepi 2000).

Les pratiques du droit successoral de la femme n'échappent pas à cette difficile cohabitation. Surtout que sur le terrain, l'ignorance du cadre juridique et une mauvaise application des prescriptions religieuses ont favorisé la marginalisation de la femme et le non-respect de son droit fondamental à avoir accès à l'héritage.

Au niveau de la conception du mariage, de sa célébration, ainsi que de la gestion des familles, la religion garde une forte légitimité comme source principale de socialisation primaire. L'Etat s'est engagé à promouvoir les droits successoraux de la femme à travers les actions conjointes des Ministères de la promotion de la femme et de la famille et des affaires sociales. Cependant, l'Etat ne reste pas le seul acteur, le renouveau islamique (Filakota 2009) fait des nouvelles organisations islamiques, des actrices de terrain qui appellent aussi au respect du droit de la femme. Avec l'évolution de la lutte pour les droits des femmes, les nouveaux prêcheurs et la cohorte des imams (Gomez-Perez : 2010) ayant fait les études théologiques ont à travers un nouveau discours déclenché« une révolution sous le voile », pour reprendre le concept de Abdelkhah (1991). Ainsi la religion, «affaire privée», s'affiche progressivement comme source de référence dans le combat pour les droits des femmes et évite de laisser le terrain libre aux conceptions étatiques des droits des femmes que les religieux jugent parfois non conformes à la morale religieuse. D'où l'enjeu sociopolitique de la référence à un héritage religieux dans un monde dit « moderne » en pleine mutation (Baubérot 2009 :146).

Bien qu'aucune statistique ne soit disponible, on peut affirmer suite à une enquête menée auprès des couples musulmans dans les villes de Foumban, Foumbot, Ngaoundéré et Yaoundé que la majorité de la transmission successorale au sein des familles se fait sous le système coutumier. Au cours d'une enquête de collecte des données lors des grandes assises regroupant plusieurs couples dans un espace, l'approche du tour de table a été retenue afin de permettre à chaque participant de se présenter d'une part, et d'autre part, de partager son expérience avec les autres participants. L'on a retenu de cette séquence hautement informative et enrichissante, que les problèmes rencontrés sur le terrain sont pratiquement identiques aussi bien pour les membres du relais local que pour les acteurs du réseau Justice et Paix de Bertoua. Entre autres défis énoncés, l'on a noté : En effet, les couples dans leur majorité donnent la priorité au mariage traditionnel et religieux, tout en reléguant le mariage civil au second plan12. Généralement, c'est pour des raisons administratives

---

[12]Il faut faire une nette distinction entre mariage religieux, traditionnel et coutumier. Sur le plan juridique, l'Etat reconnaît l'autorité coutumière qui peut jouer le rôle d'officier d'Etat civil en célébrant un mariage civil. Pourtant le mariage religieux et traditionnel relèvent tout simplement des cérémonies religieuses et

que certains couples exerçant dans la fonction publique pensent à l'établissement d'un acte de mariage13. De ce fait, l'état civil est perçu comme une nécessité administrative pour le couple et non forcement comme un instrument de protection des droits de la femme en cas de divorce abusif ou de décès du mari[14]. En plus de cette conception, les personnes interrogées affirment que par expérience sociale et familiale, les familles se méfient de l'état civil estimant que ses contraintes juridiques ont souvent posé d'énormes problèmes aux familles et préfèrent se remettre au jugement des autorités religieuses en cas d'un litige matrimonial ou de la disparition d'un conjoint. Cette pratique s'est finalement construite et transmise de génération en génération au point où l'ignorance des droits de la femme sur le plan temporel et islamique s'installe dans la pratique de la succession.

L'amour des biens matériels au sein des familles ainsi que les séquelles des anciennes traditions ont pris le dessus sur les dispositions juridiques étatiques et islamiques. Et cela entraîne les conséquences sociales dramatiques au sein des familles. Le mariage à l'Etat civil étant considéré comme un privilège, la majorité des unions matrimoniales sont coutumières ou libres de nos jours. On peut donc aisément imaginer le calvaire des veuves mariées sous un régime qui n'a pas d'existence légale. Le code pénal en son article 217 interdit aux autorités religieuses de célébrer un mariage sans présentation de l'acte de mariage par le couple. Une disposition qui n'est pas appliquée et expose les auteurs aux sanctions pénales prévues par la loi en vigueur au Cameroun[15]. L'ignorance de cette loi a fait prospérer

---

traditionnelles qui semblent avoir plus de légitimité pour les populations mais, pas pour l'Etat.

[13]Entretien avec Madame Alima, 50 ans, membre de l'association des femmes musulmanes juristes, Yaoundé, Avril 2017. Pour ce travail, d'autres entretiens ont été conduits avec cheikh ArounMofen, directeur du centre de formation des Imams de Foumban, 12 Mai 2015 ; Mme Amina SaherKalkaba, présidente de la CAMWA, Yaoundé, 18 mai 2015 ; Mme Amina Adja Alima, présidente de l'OFIF, Yaoundé, 07 mai 2015 ; Cheikh Aroun, imam à la mosquée sunnite de Foumbot ,12 mai 2015.

[14]Ibid.

[15] Article 217.-célébration du mariage « est puni d'une amende de cinq mille (5000) à trente mille(30.000) francs et en cas de récidive, d'un emprisonnement de un(01) à cinq ans (05) :

a- le ministre de culte qui n'étant pas habilité à célébrer un mariage civil, procède à la cérémonie religieuse sans qu'il lui a été justifié d'un acte de mariage préalablement reçu par l'officier d'état civil ;

b - le ministre du culte qui étant habilité à célébrer un mariage civil :

les mariages « dits » islamiques qui ont une légitimité religieuse et sociologique mais n'ont pas d'existence légale selon le code civil camerounais. Dans cette pratique, la femme est la plus exposée aux conséquences, du moment où elle est privée du droit à l'héritage, surtout dans la mesure où même les dispositions de sa protection exigées par l'islam sont généralement bafouées[16]. La principale cause étant cette double ignorance et surtout l'absence de pratique juste des droits successoraux islamiques. Et comme le souligne Khalifa citée par Ghassan (1999 :21):

> L'absence de la pratique de l'islam au sein des peuples, de leurs traditions propres et leur vision injuste concernant la femme, a contribué à la régression du statut de la femme ; l'apparition d'idées restrictives et coercitives. Ainsi les musulmans ont oublié les enseignements réels de l'islam, ils ont proclamé la femme au foyer, pour qu'elle se désiste de ses droits en tant qu'extrahumain ; aussi, ce qu'il y'a de plus étonnant, c'est qu'ils ont attribué toutes ces injustices inhumaines à l'islam.

L'analyse des données statistiques actuelles disponibles montre que l'analphabétisme sévit encore de manière préoccupante au Cameroun, en dépit de multiples efforts déployés par l'Etat en vue de l'éradication totale de ce fléau. En effet, le nombre de camerounais totalement ou partiellement analphabètes est à ce jour estimé à 34% de la population totale. Parmi les zones les plus touchées par ce fléau, on compte les trois régions septentrionales, le Nord-ouest et les régions frontalières de l'Est et du Sud. L'illettrisme constitue l'une des causes majeures du non accès de la femme à l'héritage au Cameroun. Cet illettrisme ne se limite pas à l'éducation moderne et profane. Il concerne aussi l'éducation religieuse. Le constat est fait par les associations de la société civile qui s'engagent à promouvoir les droits de la femme à l'héritage dans les sociétés musulmanes en

---

-ne procède qu'à la cérémonie religieuse du mariage ou ;

- célèbre le mariage civil sans qu'il lui ait été présenté un certificat de l'officier d'état civil attestant l'absence d'empêchement au mariage projeté.

[16]Rapport d'activités du Conseil Supérieur Islamique du Cameroun (CSIC), 2013-2016, p.10.

mettant l'accent sur la sensibilisation, l'éducation et la formation des acteurs sur le terrain.

En 2014, la tenue d'un séminaire national à Yaoundé au complexe islamique de Tsinga fut accueillie avec beaucoup d'enthousiasme par les femmes et l'administration camerounaise.

Photo : représentes régionales au séminaire de formation de Yaoundé 2014.

Source : rapport d'activités 2014 du Conseil Supérieur Islamique du Cameroun (CSIC)

La ville de Foumban a été la deuxième étape de la série de séminaire-atelier d'information et de formation sur la CNV et le Plaidoyer/Lobbying[17]. Les travaux de Foumban se sont tenus du 26 au 28 Avril 2016 au Centre de Promotion de la Femme et de la Famille. Lesquels travaux visaient à donner aux responsables des institutions, associations et organisations invités, un cadre d'échange sur leurs bonnes pratiques et leurs principales difficultés afin que leur soient apportés des conseils utiles. Aussi, un ensemble de ressources techniques nécessaires au renforcement de leurs capacités leur a été

---

[17]séminaire-atelier d'information et de formation des acteurs de terrain sur la Communication Non-Violente et le plaidoyer/lobbying(CNV)

fourni en matière de promotion des droits de l'homme en général, et de défense des droits successoraux des femmes et des filles en particulier. Une attention particulière était portée sur le monitoring et le rapportage des activités liées à l'appropriation par tous les acteurs, des outils que sont *les lois de la République, la coutume et les prescriptions religieuses* dans le travail quotidien des uns et des autres.

Rendus à une phase cruciale de leurs actions en faveur de la base, le Réseau Foi et Libération[18] et ses membres associés à leur partenaire financier hollandais [Mensen Met een Missie (MM)], se sont résolument lancés dans l'approche de conjugaison de leurs efforts par le biais du vaste processus d'amélioration des capacités d'intervention des acteurs de terrain sur le champ social. C'est dans cette optique que le CSIC et les autres membres de l'axe thématique N°3 sur le droit de la femme et de la jeune fille musulmane ont décidé d'intensifier la capitalisation des ressources et opportunités disponibles dans leur environnement. Afin de permettre aux agents sensibilisateurs et accompagnateurs d'être plus aptes à répondre efficacement aux multiples demandes des populations, une convention de partenariat a été signée entre le CSIC[19] et Mensen Met een Missie(MM) basée en Hollande. L'objet de cette convention était le projet de *Consolidation des acquis de la promotion des droits successoraux des femmes et filles en communauté musulmane du Cameroun.* Il s'articulait autour des actions d'information et de formation suivies d'un accompagnement ciblé des acteurs multiconfessionnels. Des activités qui semblent avoir porté des fruits d'où la nécessité d'envisager une solution durable dans cette perspective.

---

[18] Il s'agit d'une plate forme constituée des associations de plusieurs obédiences religieuses qui se sont résolument lancées dans l'approche de conjugaison de leurs efforts par le biais du vaste processus d'amélioration des capacités d'intervention des acteurs de terrain sur le champ social. Le

[19] Le Conseil Supérieur Islamique du Cameroun a été crée depuis 1987 et n'a été légalisé qu'en 1997. Elle a pour objectif de fédérer les actions des différentes associations islamiques qui devraient afin qu'elles puissent servir d'interface entre les populations musulmanes et l'Etat. Elle participe aux actions sociales au sein de la communauté musulmane et prend activement part aux activités des structures de dialogues interreligieux où elle représente la communauté musulmane.

Solutions et acteurs pour un partenariat public-religieux en faveur des droits successoraux des femmes musulmanes au Cameroun

Au terme des séminaires nationaux organisés par le CSIC et ses partenaires, il en ressort que les problèmes rencontrés sur le terrain sont pratiquement identiques aussi bien pour les membres du relais local que pour les acteurs du. Réseau Foi et Libération des zones d'intervention

Entre autres problèmes énoncés, l'on a noté :

- La maigreur des moyens logistiques et financiers dont disposent les acteurs travaillant dans ce domaine faceaux multiples demandes ;
- L'ignorance des préceptes et principes religieux en matière successorale par les populations;
- La disparition des candidats inscrits au programme de célébration des mariages collectifs (décès, maladie et voyage) ;
- L'augmentation constante des cas d'abus de biens sociaux avec incidence sur les droits successoraux ;
- La trop grande rigidité de certains ministres de culte catégoriquement opposés à la collaboration avec d'autres confessions religieuses ;
- La multiplication des cas de mariage sans accord des parents entrainant le rejet d'office de l'une par l'autre partie en cas d'ouverture de la succession.

Le CSIC a œuvré entre 2012 et 2016 à la collecte des attentes des acteurs de terrain ici présentées par ordre d'importance :

- « Je voudrais à la fin de ce séminaire être capable de comprendre les droits successoraux dans la perspective musulmane et islamique (100 personnes)
- « Je voudrais comprendre clairement ce que le droit camerounais prévoit pour les femmes et les filles en cas de succession » (73 personnes)
- « Je voudrais renforcer davantage mes capacités » (66 personnes).
- « Je souhaite devenir une personne et aider ma famille et mon entourage à gérer au mieux les droits successoraux des femmes et des filles » (51 personnes)

- « Je souhaite avoir beaucoup de références bibliques en matière de droits successoraux » (32 personnes)
- « Je veux savoir pourquoi on ne s'est pas présenté au début, que l'on me dise quelles sont les différences entre la religion et le droit commun en matière de succession » (31 personnes)

Il s'agit d'explorer avec le gouvernement, les organisations de la société civile et les acteurs du secteur privé les mesures à prendre pour lutter contre l'injustice dont sont victimes certaines femmes au sein des familles après le décès d'un parent. Des organismes publics et de nombreuses organisations œuvrent dans la promotion des droits des femmes et notamment des femmes vulnérables au Cameroun. Toutefois, ces actions demeurent largement insuffisantes du fait notamment de la rupture observée entre les cercles de prise de décision et d'élaboration des projets et la réalité des difficultés auxquelles sont confrontées les femmes au quotidien. La particularité ici c'est de créer un lien entre les différents cercles d'intervention sur cette question, de même que de permettre aux victimes des discriminations d'être informées et d'avoir accès aux sources d'informations de proximité.

Pour ce faire, il convient de renforcer les capacités des femmes et de leurs organisations à définir leur stratégie commune et à participer activement aux activités de plaidoyer relatives à l'accès à la succession. Cela suppose aussi d'accroître la sensibilisation des organisations de proximité et des institutions publiques sur les droits successoraux des femmes. Il s'agira de veiller à ne pas enfermer les femmes dans les rôles qui leur ont été impartis jusqu'à maintenant au sein des familles. Le succès d'une telle démarche repose sur un processus d'apprentissage et d'innovation individuel et collectif. Et donc, il convient d'exploiter au mieux les capacités et les actions locales et de promouvoir les enseignements islamiques et juridiques en matière de succession et du partage de l'héritage dans les cercles de femmes.

La mise en place des programmes continus et adaptés dans les associations féminines est la première stratégie à adopter pour remédier à la discrimination dont les femmes font l'objet en matière d'accès à la succession et pour améliorer l'accès au soutien et à l'assistance nécessaires au développement de leurs activités. Ce type d'initiative permettra à ces dernières d'accroître la capacité des membres afin de faciliter l'accès aux savoirs utiles et à la conscientisation de leurs sœurs et mères, de développer les opportunités de valeur ajoutée à un maillon spécifique des femmes, et favorisera à coup sûr l'accès aux services sociaux de soutien tels que l'éducation, la formation technique et juridique de proximité. Et dans ce contexte, elles auront des capacités et une certaine autonomie de reflexe pouvant leur permettre de mener les activités de plaidoyer très avancées.

À l'échelle nationale, la société civile doit mener une campagne régulière de sensibilisation pour l'élaboration d'un cadre juridique qui prenne en compte les questions d'accès à la succession des femmes rurales. Par cette intervention, elle appuie la mise en place d'un cadre éducatif juridique qui renforce les droits des veuves et orphelines, en particulier ceux des femmes en milieu rural. Les activités de plaidoyer visent les décideurs politiques, les organisations de développement et la communauté locale et ont pour but d'accroître la sensibilisation des autorités religieuses et traditionnelles et de les impliquer davantage dans les processus de définition des politiques et mécanismes favorisant l'accès des femmes à la succession. Du fait que ces hommes jouent un rôle majeur dans les partages de l'héritage, des efforts particuliers doivent être déployés afin qu'ils puissent s'engager pleinement dans ce plaidoyer.

Le renforcement des capacités fait partie de l'assistance à fournir par la société civile aux populations locales. À cet effet, elle doit continuer à offrir des formations aux femmes sur un large éventail de sujets notamment, les prescriptions religieuses en matière de succession, les peines encourues par les récalcitrants ainsi que l'attitude à adopter pour la conservation des acquis. Les activités de proximité menées avec les organisations des populations locales, la société civile et les autorités gouvernementales locales serviront de base aux prédicateurs pour l'élaboration et l'adoption des programmes d'enseignement dans les écoles coraniques en ce qui concerne les sociétés musulmanes. La demande de reconnaissance juridique des mariages coutumiers et le droit d'avoir accès à une protection sociale font également partie des questions figurant au programme du CSIC en faveur de la promotion des droits.

Conclusion

Dans beaucoup de sociétés au Cameroun, quoiqu'il y'a des avancées non négligeables, l'accès de la femme à la succession demeure une préoccupation sociale et religieuse. La question sur le statut et le rôle de la femme de manière générale et la femme musulmane en particulier reste un sujet d'actualité préoccupante. Malgré le fait que les femmes constituent des actrices de premier ordre dans le développement vu leur poids démographique, leur potentialité reste sous exploitée. La situation précaire de la femme musulmane n'est pas systématique et essentiellement causée par l'islam dans son essence. La disparité des activités des femmes dans différentes sociétés exprime la prise en considération de la conception et la pratique de l'islam en fonction des traditions et des milieux culturels. A ce niveau, l'ignorance même de l'islam par les musulmans constitue un frein à l'épanouissement de la femme qui voit certains de ses droits bafoués et pourtant garantis dans les textes fondamentaux. Devant cet état de choses et face aux différents défis que nous impose notre époque, l'Etat doit penser l'émancipation de la femme musulmane camerounaise en tenant compte de la culture locale. Les projets juridiques doivent intégrer l'anthropologie du droit et tenir compte des réalités complexes du terrain. La posture étatique ne doit pas être celle d'une confrontation entre pouvoir temporel et autorité spirituelle au point d'impulser un développement par le haut, un développement destructeur des valeurs endogènes aux sociétés. Il est important aussi bien pour les pouvoirs publics, les organismes spécialisés que pour les hommes de science de se pencher amplement sur de nouveaux paradigmes de genre qui encouragent un partenariat public-religieux de complémentarité et d'apaisement pour faire de l'Afrique un modèle de cohabitation pacifique entre les religions et les institutions étatiques.

Bibliographie

Adama (H), 2004, *L'Islam au Cameroun: entre tradition et modernité*, Paris, L'Harmattan.

Astadjam (Y) et Kamdem (K), 2013, « Inégalités sexuelles de scolarisation dans les régions septentrionales du Cameroun : Recherche de facteurs », *The Postcolonialist, Academic Journal:* N (Issue: Vol. 1, Number 1), http://postcolonialist.com/civil discourse/inegalites-sexuelles-de-scolarisation-dans-les-regions-septentrionales-du cameroun-recherche-de-facteurs/

Bauberot (J), 2009, « Pour une sociologie interculturelle et historique de la laïcité », *Archives de sciences sociales des religions.*

Cantone (C), 2005, « radicalisme au féminin ? Les filles voilées et l'appropriation de l'espace dans les mosquées à Dakar », in *Islam politique au sud du Sahara identité, discours et enjeux,* Paris, Karthala, pp. 118-130.

Colombel (V), 1985, « la naissance d'Aguedzavernda : un pouvoir enfanté et transmis par les femmes (tradition Ouldémé du Nord Cameroun) in Barbier, C. (eds), *Femme du Cameroun : mères pacifiques, femmes rebelles,* paris, ORSTOM-Karthala.

Conseil Supérieur Islamique du Cameroun, 2014, *Rapport d'activités,* 2000-2014, Yaoundé.

Diouf (M), 2011, *L'islam un frein au développement : Economie politique de la Chari'a,* Paris, L'Harmattan.

Djaber (A), 1988, *la voie du musulman,* Médine, Ed Aslim.

Djoumessi (J), 1998, « intégration de la femme camerounaise au développement durable : quelques données de base » Yaoundé, MINACOF.

Domo (J), 2010, *Le Nord du Cameroun : Mythe ou réalité,* Paris, L'Harmattan.

Filakota (R), 2009, *Le renouveau islamique en Afrique noire l'exemple de la Centrafrique,*Paris, L'Harmattan.

Ghassan (A), 1999, *Du statut inférieur de la femme en islam,* paris, L'Harmattan.

Gomez-perez (M), 2005, *Islam politique au sud du Sahara : identités, discours et enjeux,* Karthala.

Hachlouf (B), 1991, « La femme et le développement au Maghreb, une approche socioculturelle », *Africa focus,* vol 7, Nr4, pp.330-354.

Mane (S), 2006, « Islam et société dans le Mbam (Centre-Cameroun): XIXe-XXe S. », Thèse de Doctorat/Ph D. en Histoire, Université de Yaoundé I.

Marga (B), 1998, « Recherche sur le poids de la tradition et de la religion sur la situation de la femme du Grand Nord », MINASCOF/FNUAP.

Mazigui (E), 2016, « Le poids des cultures et des coutumes sur le statut des femmes veuves », in *vulnérabilité en Afrique : du frein au leadership féminin a une évolution positive*, AWLQ-TMALI.

Melone (S), 1997, « les résistances du droit traditionnel au droit modernes des obligations », RSD, no 21-23.

Muslim World League, 1974, *le dogme musulman et les droits de l'homme en Islam*, Makkah,muslim world league printing.

Njiasse (N), 1981, « Naissance de l'Islam en pays Bamun (Cameroun) », Thèse de 3ème cycle, Université de Paris I, Panthéon.

Pondi (J-E), 2011, *Repenser le développement à partir de l'Afrique*, Yaoundé, Afrédit.

Ramla (D), 2010, « Associations Islamiques et Développement au Cameroun : Cas de l'ACIC de l'OFIF et de la WAMY (1963-2009), Mémoire de DI.P.E.S.II.

Tagem (F), 2005, « Pouvoir du savoir, renouveau islamique et luttes politiques au Cameroun », in M. Gomez-Perez (eds), *Islam politique au sud du Sahara. Identités, discours etenjeux,* Paris, Karthala.

Taguem (F), 2010, « Pouvoir du savoir, renouveau islamique et luttes politiques au Cameroun », in Gomez-Perez, M., (eds) *Islam politique au sud du Sahara. Identités, discours et enjeux,* Paris, Karthala, pp.557-581.

Tepi (S), 2007, « l'ineffectivité de la représentation des coutumes devant les juridictions de droit traditionnel au Cameroun », http://base.afriquegouvernance.net/docs/l_ineffectivit__de_la _repr_sentation_des_coutumes.pdf

Troisième Partie

Réceptions et Résistances

Nouveau code de la famille et perceptions du mariage chez les Catholiques en Côte d'Ivoire

Droh De Bloganqueaux Soho Rusticot, Zriga Krékpa Dorcas &
Mian Etchonwa Anick Michelle

Introduction

On observe depuis le début des années 1990 une refonte du code de la famille dans un contexte de modernité et de respect des conventions et traités internationaux sur les droits de l'Homme ratifiés par certains Etats (Kodia 2009). En effet, on assiste à une tendance à modifier le code de la famille dans de nombreux pays du monde et même africains *(en 2006 en Afrique du Sud, premier état à légaliser l'union civil et le mariage homosexuel; 2009 au Mali, 2013 en France, Février 2016 au Maroc, Mai 2017, Vietnam)*. Ce constat s'observe à travers la promulgation et l'adoption de textes de lois sur les régimes matrimoniaux au niveau international et local. On assiste à la promotion des différentes formes de mariage : en l'occurrence le mariage pour tous, une tendance à la modification et à « l'équilibre » des statuts sociaux des différents acteurs engagés dans le mariage, le partage des charges familiales entre époux, la puissance paternelle remplacée par l'autorité parentale. Cependant, cette tentative de modification du code familial semble ne pas tenir compte des perceptions et du ressenti des populations des Etats concernés. A en croire les soubresauts occasionnés par endroits, par exemple, les oppositions des associations islamiques et représentants de la société civile au Mali sur le régime matrimonial en 2009, le remaniement ministériel en Côte d'Ivoire en 2013, le « printemps » catholique en 2013 en France (Lobe 2013). Comment expliquer l'opposition à ces réformes ?

En Côte d'Ivoire depuis 2013, on assiste à l'adoption d'un nouveau code sur le mariage. Les articles 58, 59, 60 et 67 du Code civil ont été modifiés. Ils sont entrés en vigueur depuis le samedi 09

Mars 2013. Cependant aucune étude sur les perceptions, le niveau de réceptivité et les modes d'appropriation des populations n'a été réalisée. La question qui émerge ici est celle de savoir quelles sont les perceptions du nouveau code de la famille en Côte d'Ivoire ? En d'autres termes quel est le niveau de réceptivité de ce nouveau code ?

Les travaux issus de la sociologie de la religion, de l'anthropologie et de la sociologie de la famille dans un essai de réponse à l'évolution du mariage et des oppositions qu'elle soulève montrent à travers l'anthropologie de Margaret Mead avec les Mundugumor ou d'un Maurice Godelier avec les Baruya, cité par Mfoungue (2012) combien la définition du mariage et de la filiation peut être variable à travers le temps, histoire de nous décentrer par rapport au système occidental d'organisation des rôles. Mais également avec l'« anthropologie dogmatique », inspirée de Legendre (2004), qui considère comme nécessaire la présence des deux référents sexuels - le père et la mère - dans le processus de construction de l'identité du sujet.

Ce point de vue aux dires de Dompnier (2010) n'est pas différent de celui de l'opinion commune. Selon lui, comme il a été donné de constater au cours des dernières années, toute une part de l'opinion, sans faire référence à ceux qui vont à l'église le dimanche ni à ceux qui veulent re-analyser l'homosexualité, réévaluait dans son système d'idées la place de l'ordre, de la famille, de l'autorité, en considérant au passage que l'enfant ne peut réellement s'épanouir que dans le cadre d'une famille « classique ». Ce schéma est porté par les catholiques pratiquants. Il est partagé aussi par les catholiques déclarés, qui se distinguent, sur ces questions, des sans-religions. Cet attachement à la norme d'une famille classique est à mettre en lien avec le fait que les archéologies religieuses ne peuvent disparaître d'un trait comme l'explique Willaime (2014). En parlant de l'Afrique, Segalen (2004) montre que les systèmes de familles actuelles ne sont que le résultat de syncrétisme et de compromis. Selon elle, les africains réinterprètent les traits occidentaux dans leur propre culture. L'auteur note que pour favoriser le développement économique durant la période coloniale, les colonisateurs ont essayé d'effacer les systèmes de lignages. Néanmoins après les indépendances, les africains ont au contraire fait front sur leurs parentés ethniques. Même s'il y a de plus en plus de familles nucléaires, ni l'urbanisation, ni les migrations vers les villes n'ont aboli les systèmes de compensation matrimoniale ou la puissance du lignage. Elle souligne aussi qu'en Afrique, les valeurs les plus fortes de l'occidentalisation passent plus par l'émancipation de la femme que par la conjugalité. Les femmes africaines, contrairement à celles d'autres cultures qui refusent fermement ce signe de la modernité, ont su s'emparer de cette forme-là de la modernité. Face à la « famille occidentale », les comportements que l'on observe à travers les divers pays et cultures du monde passent par la réinvention, la recomposition, la résistance, le refus voire même le rejet.

Cependant, après l'adoption de la loi ouvrant le mariage aux couples de personnes du même sexe dans certains pays, contrairement à ce qu'avaient affirmé ses opposants, même si ses lois n'ont pas bouleversé soudainement l'ordre social, une révolution qui bouleverse l'institution matrimoniale est engagée. Théry (2016) montre que la loi sur le mariage pour tous en France a bien constitué une « *étape majeure dans la métamorphose de notre système de parenté* », une « *réforme de civilisation* ». Selon elle, cela s'observe notamment au niveau de l'institution matrimoniale face à l'égalité des sexes, de laredéfinition de la notion de couple, du genre, de la mixité du monde social humain. A ce propos, des travaux comme ceux de Rubin (1999 [1975]) confèrent une certaine légitimité à ces mutations. Elle montre le caractère profondément social de l'hétérosexualité par la remise en cause de l'idée, apparemment simple et innocente, que l'hétérosexualité serait un mécanisme *naturel* d'attirance *entre deux sexes*. Selon elle, si le mariage revêt un statut exorbitant, et est parfois présenté comme la seule et unique institution directement inscrite dans l'état de nature, avant tout contrat social, c'est parce qu'elle s'inscrit dans une longue tradition, celle du droit naturel, que les catholiques n'ont pas été les seuls à mobiliser . Ce que montre également Wittig (2001), pour qui l'hétérosexualité n'est pas naturelle mais sociale, n'est pas une pratique sexuelle mais une idéologie, qu'elle appelle « la pensée *straight* » et surtout, que cette idéologie qui est à la base de l'oppression patriarcale des femmes, de leur appropriation par la classe des hommes, est basée sur la croyance fervente et sans cesse renouvelée en l'existence d'une *différence des sexes*. Wittig souligne que cette « différence des sexes » constitue un postulat sous-jacent non seulement au sens commun, mais à l'ensemble des « sciences » occidentales, de la psychanalyse jusqu'à l'anthropologie. Or, elle affirme que non seulement cette croyance, véritable pierre angulaire de l'hétérosexualité, n'est jamais soumise à l'analyse, mais qu'elle est démentie, jour après jour, par l'existence *politique* des lesbiennes et de leur mouvement. Toutes ces pratiques ne sont pas innées mais sont en rapport avec l'évolution des mentalités. Il résulte sans doute d'une certaine atmosphère sociale.

Comme le montrent les travaux de Gross (2005) et Mfoungué (2012) depuis une dizaine d'années en France et aussi dans plusieurs pays européens, la revendication du droit au mariage est une question essentielle qui divise la communauté des juristes. En effet, pour une minorité d'entre eux, le mariage est garanti à tout individu au nom du principe d'égalité, quelle que soient sa nationalité, sa religion, son sexe ou son orientation sexuelle. Pour eux, refuser le mariage aux homosexuels constitue à ce titre une discrimination. D'un autre côté la majorité des juristes considère le mariage comme une institution consacrant l'union d'un homme et d'une femme en vue de procréer. Ainsi, cette définition de l'institution du mariage a longtemps été défendue par les conceptions romaines et l'est encore aujourd'hui par l'Église et par la conception moderne issue du Code Civil napoléonien[1].

Cette étude s'inscrit dans le prolongement des travaux initiés par le CERAP[2] en 2016 intitulés « regards sociologiques sur la réforme du code de la famille en Côte d'Ivoire », dont les investigations ont été menées auprès d'acteurs religieux catholiques, musulmans, du domaine séculier et de leaders de communautaires de la ville d'Abidjan. Elle a pour objectif de mettre en lumière le niveau de réceptivité du nouveau code de la famille en Côte d'Ivoire chez les musulmans, séculiers et les chrétiens catholiques. Cet article présente les résultats des recherches relatives à la communauté catholique sur la question.

---

[1] Le mariage civil a été instauré pour la première fois en 1792 et conservé dans le Code Napoléon de 1804. Pour l'un des rédacteurs du Code civil, Portalis, le mariage « n'est ni un acte civil ni un acte religieux, mais un acte naturel qui a fixé l'attention des législateurs et que la religion a sanctifié.

[2] Dans le cadre des programmes de recherche scientifique du pôle universitaire du Centre de d'Action pour la (CERAP), le Laboratoire de Prospective Sociale (LAPS) mène des études relatives au projet intitulé « regards sociologiques sur la réforme du code de la famille en Côte d'Ivoire »

Méthodologie

Du point de vue méthodologique, l'enquête relative à cette étude a été réalisée du 24 juin au 08 juillet 2016 dans 08 communes de la ville d'Abidjan. En effet, elle a adopté une perspective qualitative et a mobilisé de ce fait les outils et techniques appropriés. Ainsi la méthodologie adoptée a reposé sur l'exploitation de deux (2) grandes sources d'information : *la revue documentaire et la collecte de données qualitatives.*

Les données ont été collectées à partir des entretiens semi-directifs (Albarello, 2012), individuels et de focus groups. Ces entretiens ont été effectués auprès de fidèles catholiques, de représentants communautaires, des responsables de structures publiques, de la société civile et des acteurs du domaine séculier en charge des questions familiales et matrimoniales. Il s'agit des prêtres de paroisse- et prêtres membres du tribunal ecclésiastique.

Quant aux focus groups, ils ont été organisés avec des catégories d'acteurs homogènes et mixtes jugés pertinents au regard de la problématique de l'étude. Ces catégories d'acteurs filles et garçons dont l'âge varie entre (18-25ans) en tant que personnes aspirants au mariage et des adultes mariés hommes et femmes (25 ans et plus) chrétiens catholiques, des membres d'associations et mouvements de certaines paroisses catholiques.

Par ailleurs, des discussions de groupe ont été également réalisées avec des groupes de contrôle composés de jeunes et adultes d'autres religions ou sans religions. Les entretiens ont porté essentiellement sur la perception des acteurs face à la modernité, au mariage et à la nouvelle loi sur le mariage. L'objectif visé était de susciter le débat afin de faire ressortir les consensus et les contradictions sur les questions abordées de sorte à dégager des récurrences et des invariants en tant qu'éléments de réponse. Les groupes ont été constitués de 6 à 12 personnes, qui est une norme acceptable pour la maîtrise de la conduite des discussions (N DA, 2006). Au total 28 entretiens individuels et 14 Focus Groups ont été organisés.

Le choix des enquêtés a reposé sur un échantillonnage de type « boule de neige ». Cette technique consiste à construire l'échantillon de l'étude à partir d'un premier répondant (Marpsat et Razafindratsima 2010). La sélection a tenu compte de l'appartenance religieuse, du statut des enquêtés au sein de l'église. Ce statut se justifie par une connaissance des pratiques et des dogmes de leur religion et la capacité des enquêtés à s'exprimer sur le phénomène à l'étude. Pour la constitution de l'échantillon, il a fallu se référer aux prêtres de paroisse pour entrer en contact avec certains fidèles, des responsables de groupes, mouvements et associations de paroisse et même des membres des tribunaux ecclésiastiques. Les entretiens ont été retranscrits et le corpus a fait l'objet d'une analyse thématique de contenu (Bardin 1998) avec pour catégories analytiques les thèmes de mariage, d'autorité, d'identité et de modernité. Ce qui a permis d'aboutir aux principaux résultats ci-après.

Résultats

Perception générale de la réforme du code de la famille

Avant d'accéder aux perceptions des membres de la communauté catholique interrogés, au sujet des articles de la loi du code civil ivoirien des personnes et de la famille qui ont fait l'objet de modifications, un exposé de leur perception générale de ce nouveau code de la famille nous a paru opportun.

1- Réforme ou modernisation du code de la famille : un référent cognitif de légitimation d'un nouveau type de mariage

Pour ce qui est du niveau de connaissance de la nouvelle loi sur le mariage, dans l'ensemble, les enquêtés en ont entendu parler, mais n'en connaissent pas véritablement le contenu. Ce constat est aussi observé au niveau des membres du tribunal ecclésiastique[3]. Leur niveau de connaissance se rapporte surtout à l'égalité entre l'homme et la femme en tant que chef de ménage. Durant les échanges, sur la question, on observe que c'est à la lecture des articles que les participants en prennent connaissance ou lorsque l'un des

---

[3]Un tribunal ecclésiastique est, en droit canonique, un tribunal organisé par l'Église pour juger des affaires qui relèvent de son fonctionnement (discipline, sacrements,...).Un fidèle de base ne connaît guère le tribunal ecclésiastique qu'à travers son intervention dans les demandes de nullité de mariage religieux (un mariage religieux peut-être déclaré nul, mais ne peut subir une annulation), traitées au niveau local (diocésain, ou inter-diocésain) par l'officialité

participants plus informé expose son avis que les autres en prennent connaissance. A ce propos pour les enquêtés (les jeunes, les mariés et les acteurs du tribunal ecclésiastique), ce nouveau code de la famille apparaît comme un outil émanant du contexte de modernité dans lequel évoluent les Etats du monde et la Côte d'Ivoire en particulier.

« Quand on parle de modernité, comme le frère l'a dit, ça s'adapte à de nouvelles valeurs, donc on passe du stade ancien à un nouveau stade. ça peut entraîner des changements dans le bon sens comme le mauvais sens, donc en fait la modernité à son volet négatif, et puis son volet aussi positif. C'est-à-dire que si on veut l'appliquer au mariage, vous allez voir qu'avec la modernité, le mariage prend deux sens, on parle aujourd'hui de mariage homosexuel, donc les gens trouvent qu'ils sont évolués. C'est le développement, alors il faut peut-être changer la manière de voir, l'égalité entre les couples tout ça, ce sont les effets de la modernité » (M. T. Fidèle, adulte, 43ans, marié.).

En tant que perfectionnement de ce qui existe déjà, le nouveau code de la famille est perçu comme une chose à ne pas rejeter en soi. Dans la mesure où, il se présente comme une opportunité d'affirmation des droits des femmes et des enfants dans un contexte parfois influencé par les idéologies culturelles et coutumières souvent contestées.

Cependant, parler de modernité dans le mariage pour eux revient à dénaturer le sens du mariage. Les participants à l'étude émettent des réserves quant à son appropriation et compte tenu du contexte précipité de son adoption. Ils rejettent certains comportements et pratiques qu'elle pourrait induire à savoir : la légitimation et l'adoption de certaines pratiques qui vont parfois à l'encontre de la morale et des valeurs socio-culturelles locales et religieuses (exemple homosexualité, perte autorité parentale).

Selon les propos recueillis auprès des adultes, avec le nouveau code, le mariage est davantage construit aujourd'hui comme un contrat, un jeu d'intérêts, un engagement déterminé par des enjeux économiques, professionnel, et de conformisme plutôt qu'un engagement basé sur l'amour. Il s'éloigne ainsi des fondamentaux qui en font une institution divine. C'est à dire selon l'Eglise un sacrement, une union qui doit être établie entre deux personnes de sexes opposés : un homme et une femme. De fait, toute modernité en référence aux nouvelles orientations et pratiques sexuelles est perçue par les membres de la communauté catholique interrogés comme une déviation. Ces pratiques étant contraires aux principes de l'Eglise (Genèse 1 versets 27 à 28, Lévitiques 20 verset 13[4] (1 Corinthiens 6 verset 18).

> *La modernité a introduit des vices très dangereux dans le mariage comme il l'a dit tout à l'heure, le mariage homosexuel c'est une manière de défier DIEU. DIEU a établi la loi, homme et femme. Mais on veut tellement découvrir certaines choses qu'on veut défier DIEU* (M. K. Fidèle chrétien adulte, 38 ans).

Toutefois, il est possible que certaines pratiques autour du mariage subissent des transformations du fait de la modernité. Elles restent des transformations dans les formes de célébration du mariage; l'implication de nouvelles autorités qui interviennent dans la célébration du mariage (mariage civil), le changement du cadre de célébration du mariage.

En outre, dans la communauté, le mariage fonctionne comme un cadre de structuration des rapports entre l'homme et la femme. Ce cadre définit des pratiques socialement acceptables entre un homme et une femme. De fait, sur la base des principes religieux, la modernité est perçue comme une logique qui s'inscrit en rupture avec celle de la communauté catholique. En ce sens que la modernité est une source de fabrication de comportements sociaux, qui ont tendance à remettre en cause l'identité des conjoints dans le mariage. Ils semblent plutôt inquiets surtout pour les générations futures. Ils y voient une transposition et une légitimation de certaines pratiques matrimoniales des pays occidentaux. Ils y soupçonnent la préparation des mentalités à l'accueil du mariage pour tous.

Le mariage homosexuel est perçu comme un produit de la modernité, une pratique en rupture avec les principes de l'église sur le mariage. Ce type de mariage n'a pas de valeur pour la communauté catholique, il n'est pas considéré comme un mariage. Selon les acteurs de cette confession religieuse, ce type de mariage répond à une

---

[4] Et lorsqu'un homme couche avec un mâle comme on couche avec une femme, tous deux ont fait une chose détestable. Ils devront être mis à mort sans faute. Sans faute leur sang est sur eux. Bible de Jérusalem ; Alliance Biblique Universelle ,2013

volonté des hommes de vivre de nouvelles expériences, s'éloigner des prescriptions de l'Eglise. Comme témoigne le discours d'un enquêté :

« Puisque c'est Dieu qui a une vision sur le mariage, l'homme ne doit pas vivre le mariage comme il entend, mais comme Dieu l'entend. Car dans la société c'est celui qui a inventé son produit qui donne le mode d'emploi et Dieu donne son mode d'emploi ce n'est pas à l'homme de le faire et c'est ce que l'Eglise veut nous faire comprendre. Dieu a dit l'homme et la femme et non l'homme et l'homme ou femme et femme. Le mariage est ordonné à la procréation et donc pour procréer il faut que l'homme va avec la femme » (A M, prêtre catholique, membre du tribunal ecclésiastique)

En référence à la Bible, le mariage est l'union entre un homme et une femme. Dans cette perspective, l'église déclasse le mariage homosexuel comme une abomination. En effet, la délégitimation du mariage homosexuel par l'Eglise trouve son fondement dans l'une des fonctions sociales du mariage, celle de procréation. Dans cette perspective, le mariage est une institution validée par Dieu, l'être Suprême, dans une visée de pérennisation de l'humanité. Selon les enquêtes, la nouvelle loi est une condition de maintien dans les relations politique et économique au niveau international. Elle ne correspond pas aux réalités locales, aux coutumes de nos sociétés ni à la conception de l'église sur le mariage. Elle peut avoir pour conséquence la crise au sein de la famille.

2- Le nouveau code de la famille comme base idéologique de reconfiguration des rapports entre familles des conjoints

La lecture que les acteurs se font de la modification du nouveau code est liée à la modernité. Celle-ci est analysée comme un facteur de dysfonctionnement des cadres sociaux dans lesquels évoluent les familles Africaines. En effet, le mariage est un cadre qui structure les rapports au sein du couple, il vient redéfinir et consolider l'autorité de l'homme dans le ménage. Dans ce cadre, l'autorité de l'homme est incontestable. Ainsi, l'avènement de la modernité a tendance à reconfigurer ce système relationnel, en positionnant la femme comme un acteur disposant de ressources institutionnelles dont le recours sous-tend la contestation de l'autorité maritale. Alors que l'une des valeurs qui caractérisent le fonctionnement des sociétés Africaines est la mise en avant de l'autorité maritale sur la femme et les enfants. Dans cette optique, la modernité est perçue comme une transposition des habitus culturels des occidentaux qui inscrit la femme dans des rapports de pouvoir avec l'homme dans les sociétés africaines. Le rapport vertical entre les acteurs internationaux et locaux inscrit donc les états africains dans un rapport de domination ; lequel rapport a tendance à contribuer à une perte d'identité des sociétés africaines. Cette transposition des normes occidentales participe à la modification des normes communautaires locales. Ramené au niveau national, cet état de fait exprime, pour la communauté catholique, un déclassement social de la communauté quant à son implication dans l'élaboration des politiques sur le mariage. Comme l'illustre ce verbatim :

> « Il va de soi que, nous n'allons pas encore assister à une autre forme de colonisation. Pour dire que, si on tousse de l'autre côté, nous devons être enrhumés ici. Sinon si on fait un nouveau code, il faut qu'il soit consensuel et que tout le monde soit invité. D'abord qu'on prenne des choses dans le nouveau code et qu'on les divulgue. Il y a beaucoup de personnes qui veulent se marier, mais qui ne connaissent rien du code de la famille. » (Prêtre, Vicaire de paroisse)

Selon les prêtres interrogés, avec la modernité, l'on observe des changements aux niveaux des représentations sociales sur le mariage, des rapports et des pratiques dans le mariage. Ces changements s'observent au niveau du choix du conjoint (liberté du choix du conjoint), les types d'union, les pratiques familiales et la redéfinition de l'autorité dans le couple, notamment la question de l'égalité entre conjoints. Ainsi, dans les rapports au sein du couple, la domination passe du type traditionnel (coutumes, famille et contrôle parental) et charismatique (soumission à Dieu), à une domination de type rationnel, ayant comme fondement, le législateur, la légalité des politiques sur le mariage. Cette domination se rattache davantage à une institution qu'à un individu. Les institutions que sont l'Etat (législateur), la famille et l'Eglise se retrouvent ainsi en compétition dans le mariage.

Toutes les situations ci-avant citées font dire aux fidèles catholiques rencontrés lors des enquêtes que le nouveau code de la famille a pour objectif caché de modifier les rapports entre familles des conjoints. En effet, les familles des conjoints catholiques se fondent sur une structure complexe. Elles peuvent être catholiques ou non catholiques (protestantes, musulmanes ou toutes autres types de croyances et de religions). Toutefois, malgré leurs différences, elles partagent le même principe de base : le mariage se fait entre un homme et une femme. Pour les catholiques, le code de la famille veut balayer ce principe et faire naître une autre catégorie de famille. Il s'agit des familles homosexuelles. Pour les fidèles catholiques le mariage homosexuelles si ce type de famille est admis, c'est la mort de l'église catholique car cela va consacrer l'affaiblissement des valeurs chrétiennes. Par l'entremise du mariage donc, un chrétien va se sentir obligé de s'unir à une famille homosexuelle. Cette ouverture que soutient le nouveau code de la famille constitue pour les personnes interrogées un danger pour la survie de l'église catholique.

Perception des articles modifiés dans le cadre du nouveau code de la famille

Avec le nouveau code ivoirien de la famille, la loi sur le mariage, en ses articles 58, 59, 60, 67 vient redéfinir le statut et le rôle de l'homme et de la femme dans le couple. Le concept d'égalité sort la femme du rapport de domination (dominée) pour l'inscrire dans un rapport d'égalité à l'homme. De même, l'instance judiciaire devient le référent pour arbitrer les litiges. Cependant, l'adoption de ces lois qui ne s'inscrivent pas dans le cadre d'un vide juridique confronte les membres de la communauté catholique, à reconnaitre les principes de l'église dont le cadre normatif reste incontournable pour les rapports au sein du couple. C'est dans ce contexte que :

Les articles 58,59, 60 et 67 se présentent comme une forme de recomposition de l'autorité familiale, un facteur de rupture de l'équilibre familial, une redéfinition du mode de fonctionnement de la famille.

1- De la logique de l'égalité dans l'article 58 à la croyance à une autorité maritale restructurée

Selon l'article 58 ancien du code sur mariage,

« Le mari est le chef de famille. Il exerce cette fonction dans l'intérêt commun du ménage et des enfants. La femme concourt avec le mari à assurer la direction morale et matérielle de la famille, à pourvoir à son entretien, à élever les enfants et à préparer leur établissement ; La femme remplace le mari dans sa fonction de chef s'il est hors d'état de manifester sa volonté en raison de son incapacité, de son absence, de son éloignement ou de toute autre cause ».

On observe que l'autorité de l'homme en tant que principal responsable du ménage ne souffre d'aucune ambiguïté. En effet, à l'homme est attribué le statut de chef de ménage, inscrivant la femme dans un rapport de soumission à son mari. Ce qui la positionnait comme un acteur secondaire ou aléatoire quant à la contribution des charges du ménage. Cette disposition semblait plus favorable aux fidèles interrogés dans la mesure où elle se conforme aux textes bibliques qui consacrent l'homme comme le chef de la femme *« Femmes, soumettez-vous à votre mari comme au Seigneur, car le mari est le chef de la femme, comme Christ est le chef de l'Église qui est son corps et dont il est le Sauveur. Mais tout comme l'Église se soumet à Christ, que les femmes aussi se soumettent en tout à leur mari. » (Éphésiens 5.22-24).* Cependant avec le nouveau code, la modification de cet article change la donne. Il y est indiqué en effet que,

« La famille est gérée conjointement par les époux dans l'intérêt du ménage et des enfants. Ils assurent ensemble la direction morale et matérielle de la famille, pourvoient à l'éducation des enfants et préparent leur avenir ».

Ce nouveau code de la famille définit un rapport d'égalité entre l'homme et la femme dans le couple et lui confère des responsabilités au même titre que l'homme à travers une gestion conjointe du ménage. Toutefois, pour les catholiques interrogés et surtout les femmes, l'homme demeure le chef de famille malgré l'article 58 de la nouvelle loi relative à l'égalité du statut des conjoints. Le concept d'égalité dans le couple constitue un facteur de conflit ; car il vient contrarier les principes relatifs au statut de l'homme et la femme tels qu'attribué par l'autorité charismatique, Dieu. Selon l'Eglise, l'autorité est une disposition fondamentale prise par Dieu pour maintenir l'ordre dans l'ensemble de sa création. Les hommes sont sous l'autorité de Christ, la femme est sous l'autorité de l'homme, les enfants sont sous l'autorité de leurs parents, et tous les chrétiens sont sous l'autorité des gouvernements comme indiqué dans les passages bibliques (Romains 13:1 ; 1 Corinthiens 11:3 ; 15:28 ; Éphésiens 6:1). Dans cette logique, la stabilité, le bonheur et la paix d'une famille dépendent de la soumission à un chef. Cela reste vrai, même lorsque le foyer est privé de mari ou de père. Dans ce cas, c'est la mère qui assumera la direction de la maisonnée. En l'absence du père et de la mère, l'aîné des enfants ou un parent proche devra le faire. Quelle que soit la situation, une famille se procure des bienfaits quand ses membres accordent le respect dû à la personne habilitée à remplir la fonction de chef. L'Eglise reste le cadre de référence définissant les statuts, rôles et rapports au sein du couple.

Par ailleurs, *l'article 58* constitue pour les jeunes, non mariés, un facteur positif pour le couple ; car il définit un cadre de coopération pour les conjoints. Selon eux, l'article 58 amène à travailler en synergie de sorte à assurer avec plus de responsabilité l'éducation des enfants et l'avenir du couple. Toutefois, la position dominante des personnes interrogées est résumée dans ce qui suit :

> « *Je dirai aussi qu'en tant que femme chrétienne, nous savons que l'homme a été créé et par suite a revendiqué quelque chose. Cette chose était la femme. Du coup, la femme est assujettie à l'homme. La femme doit se soumettre à l'homme. Donc, la femme n'est pas esclave de l'homme, mais, plutôt un être complémentaire de l'homme dans le foyer. Ceci pour dire que, cette loi n'a pas sa raison d'être. Ça ne vaut même pas la peine. Surtout le mot égalité... l'homme est toujours au-dessus, puisque quand on parle d'égalité, ça crée des interprétations, ça fait que chacun interprète cela à sa manière. L'affaire d'égalité est venue créer des conflits* » (A, L, femme, catholique, adulte, âgée de plus de 25 ans.)

Ce cadre de coopération, pour éviter les conflits, doit être pris en compte dans le nouveau code. Dans le cas contraire cette loi pourrait encourager les femmes, dans une logique d'émancipation, à revendiquer une marge d'autorité de l'homme créant ainsi des germes de division. Du ce point de vue, selon les enquêtes bien que l'homme et la femme soient égaux devant Christ, les Écritures leur attribuent des rôles spécifiques dans le mariage. Le mari doit assumer la direction du foyer (1 Corinthiens 11.3,). Les femmes doivent se soumettre à l'autorité de leur mari. « *Femmes, soumettez-vous à votre mari comme au Seigneur, car le mari est le chef de la femme, comme Christ est le chef de l'Église qui est son corps et dont il est le Sauveur. Mais tout comme l'Église se soumet à Christ, que les femmes aussi se soumettent en tout à leur mari. »* (Éphésiens 5.22-24). Ainsi malgré la nouvelle loi sur le mariage, dans leur entendement, l'autorité, telle que la Bible l'entend, est une disposition bienveillante et n'est en aucun cas synonyme de tyrannie ou d'asservissement.

Contrairement à la loi du législateur, le cadre religieux fabrique le pouvoir de l'homme sur la femme en se fondant sur l'idée que l'homme a été créé en premier et c'est de lui que provient la femme. C'est lui qui rompt la relation familiale de base, afin de construire une nouvelle relation dans laquelle il s'engage avec une femme.

2- L'article 59 comme source de fabrication de conflit entre conjoints

Dans l'article 59 ancien, il est mentionné que :

« le mari a l'obligation d'assumer les charges du mariage et de fournir à la femme tout ce qui est nécessaire et pour les besoins de vie, selon ses facultés et son état. S'il ne remplit pas cette obligation, il peut y être contraint par la justice. Toutefois cette obligation est suspendue lorsque la femme abandonne, sans juste motif, la maison conjugale et qu'elle refuse d'y retourner ».

A ce titre l'homme apparaît comme le pourvoyeur exclusif et principal gestionnaire de la famille. La responsabilité de la femme ou sa participation aux charges du ménage n'est juridiquement pas engagée. Par ailleurs, avec l'article 59 nouveau qui indique que :

« Les époux contribuent aux charges du ménage à proportion de leurs facultés respectives. Si l'un des époux ne remplit pas ses obligations, l'autre époux peut obtenir, par ordonnance du Président du Tribunal du lieu de résidence, l'autorisation de saisir-arrêter et de toucher, dans la proportion des besoins du ménage, une part du salaire, du produit du travail ou des revenus de son conjoint ».

La femme est donc invitée à contribuer aux charges du ménage. Cette loi vient inviter la femme à participer aux charges du ménage.

Cependant, la participation de la femme aux charges du ménage et surtout l'implication du juge apparaissent comme un facteur conflictuel dans le ménage tant pour l'homme que pour la femme. Cet article 59 du nouveau code invite les conjoints à participer selon leurs ressources aux charges du ménage. Il vient en rupture avec le rôle attribué à la femme dans le couple selon le précédent code et ne correspond pas à la vision catholique de l'ordonnancement des dépenses du ménage. Pour ce qui est du partage des responsabilités au sein du foyer, la Bible demande aux maris de pourvoir aux besoins de leurs familles. Cela implique qu'il travaille pour pourvoir à tous les besoins de la vie quotidienne pour sa femme et ses enfants. Manquer à cela a des conséquences spirituelles:« *Si quelqu'un ne prend pas soin des siens, et en particulier des membres de sa famille proche, il a renié la foi et il est pire qu'un non-croyant.* »(1 Timothée 5.8). Un mari qui ne parvient pas à pourvoir aux besoins de sa famille ne peut donc pas, en toute bonne conscience, se dire chrétien. En effet, selon la communauté catholique adulte, l'homme est celui qui pourvoit aux besoins du ménage. La femme lui vient en aide, elle est un appui pour son mari.

> « *Selon l'église, c'est l'homme (...). Donc c'est l'homme qui doit s'occuper de tout cela, et puis la femme vient en appoint … j'aime ma femme, ils ont modifié la loi, ils n'ont pas modifié mon amour. Soyons clairs, parce qu'aujourd'hui quand je suis coincé, je dis chérie coco, il faut payer la maison après je vais gérer, je ne gère plus.* » (M. K, homme adulte, marié.)
>
> « *Moi je pense que comme monsieur K a dit, Cette loi n'était pas trop importante car les femmes aident déjà leur mari. Moi je vois que ma maman, quand elle était en fonction, à la maison, côté habillement, c'est ma maman qui nous habillait alors qu'elle était institutrice et son mari était instituteur aussi. Elle nous habillait, elle faisait carrément tout, elle payait l'eau. Son mari l'a blagué et elle le faisait avec amour* » (M. Ko , homme adulte, marié.)

Ainsi pour les acteurs interrogés, les femmes mariées surtout, celles-ci ont toujours apporté une aide à l'homme pour les besoins du ménage, cette loi ne vient que formaliser d'une part ce qui se faisait en référence aux passages bibliques (1 Thimoté 5verset 8, Proverbes 31) qui montrent qu'une femme de valeur doit le faire ; toutefois, ce n'est pas sa responsabilité première, mais celle de son mari.

Le caractère contraignant de la participation de la femme aux besoins du ménage, tout comme l'intervention d'un juge en cas de non-respect de la responsabilité constitue pour le couple une situation conflictuelle, qui peut conduire à la séparation des conjoints. En effet, le rôle de la femme tel que défini par la loi est en contradiction avec son rôle selon la religion. Ainsi, avec l'intervention du législateur, le mariage devient une affaire publique dans la mesure où le mariage sort du cadre familial pour se retrouver dans le cadre juridique.

> « *Ils se sont basés sur l'occident, on dit que les femmes africaines aiment toujours se faire inviter, elles n'aiment rien payer. Moi je pense que ce sont des hommes qui se sont assis et voté cette loi. Si la femme ne veut pas on peut obtenir ordonnance du juge. Cet article n'est pas bon car il peut casser le mariage* » (Z. S, chrétien catholique, adulte)

> «*... en fait eux-mêmes cherchent à divorcer les gens maintenant, c'est pour créer une mésentente*» (A, fille catholique).

Au niveau des jeunes membres catholique non mariés, la nouvelle loi sur le mariage est un facteur déterminant dans le choix du conjoint. En effet, le choix d'une conjointe pourrait être motivé par sa capacité à pouvoir participer aux charges du ménage, conformément à l'article 59 de la loi sur le mariage. Ce qui pourrait engendrer des conflits d'intérêt dans les couples et par conséquent orienter le choix des conjoints dans une logique rationnelle et non basée uniquement sur l'amour. Pour eux les conflits concernant la répartition des tâches dans le mariage sont inévitables, mais si les deux conjoints sont soumis à Christ, leur ampleur restera minime. Si les disputes à ce sujet sont trop fréquentes ou virulentes ou semblent caractériser une union, il s'agit d'un problème d'ordre spirituel. Dans ce cas, les conjoints doivent suivre les injonctions bibliques quant à leurs rôles respectifs ; ou se consacrer à la prière et à la soumission, d'abord à Christ, puis l'un à l'autre, dans une attitude d'amour et de respect plutôt que de s'orienter vers la justice pour trancher.

3- L'intervention du juge dans le choix du domicile familial comme élément alogique de l'article 60

La loi sur le mariage, en son article, 60, stipule que «*Le domicile de la famille est choisi d'un commun accord par les époux. En cas de désaccord, le domicile de la famille est fixé par le Juge en tenant compte de l'intérêt de la famille.* » Elle vient redéfinir le statut et le rôle de l'homme et de la femme dans le couple. Le concept d'égalité sort la femme du rapport de « domination » (dominée) pour l'inscrire dans un rapport d'égalité à l'homme. L'adoption de cette disposition fait l'objet de controverse. En effet, le recours au législateur (l'autorité juridique) dans le choix du domicile, apparaît comme un facteur de séparation des conjoints. L'objectif affiché du législateur étant d'établir non seulement une égalité de fait, mais aussi de droit au sein des ménages ivoiriens d'une part, et d'autre part d'arrimer le droit ivoirien sur la conception contemporaine du mariage et des obligations qui en découlent. Cependant, l'article 60 ancien de Code civil ivoirien:

> « *Le choix de la résidence de la famille appartient au mari ; la femme est obligée d'habiter avec lui et il est tenu de la recevoir. Lorsque la résidence fixée par le mari présente pour la famille des dangers d'ordre physique ou d'ordre moral, la femme peut par exception, être autorisée à avoir pour elle et ses enfants une autre résidence fixée par le juge.*»

le juge dispose de façon directe et claire, qu'il revient à l'homme de choisir le domicile familial. Et à ce titre, il exerce cette fonction, dans l'intérêt commun du ménage et enfants. Il est évident que dans la formulation ancienne du Code civil ivoirien, le mari est considéré comme étant le chef de la famille. Cela consacrait la conception paternaliste du mariage et du foyer conjugal dirigé par l'homme et dans lequel, la femme n'a qu'un rôle d'assistance et de soutien, de participation aux charges du ménage dans la limite de ses capacités, sans obligation, puisque l'obligation repose sur le mari. Désormais, le mari n'aura plus le titre de chef. Ce qui, de facto, équivaut à un partage de l'exercice de l'autorité parentale à part égale au sein du foyer. De plus, la nouvelle formulation entraîne de facto une codirection morale et matérielle de la famille, puisque celle-ci est conjointement dirigée par les époux. De manière plus précise, une codirection repose sur une logique selon laquelle elle entraîne un meilleur équilibre juridique dans les décisions du ménage. Il est tout de même important de souligner qu'elle entraîne aussi deux visions, qui, en cas de désaccord du fait de la différence des époux en raison de leur socialisation spécifique, pourrait transformer l'espace matrimonial en un lieu d'expression de la violence et de conflits permanents. Selon les membres de la communauté catholique interrogés, le choix du domicile revient à l'homme. Toutefois dans la démarche, il peut consulter son épouse. Selon la communauté catholique, l'église recommande aux conjoints de faire les choses à deux. Dans le choix du domicile, cette recommandation oriente le comportement de l'homme, qui consulte son épouse dans son choix. Ce principe de l'article 60 est en accord avec ce que dit l'église. Toutefois, l'intervention du législateur en cas de désaccord rend les rapports au sein du couple plus conflictuels. En effet, en cas de désaccord des conjoints sur le choix du domicile, la famille et l'église constituent pour eux des cadres de négociation et de résolution de leurs divergences. Dans ce contexte, l'autorité de l'homme est toujours maintenue, elle fonctionne plus dans le sens de la coopération, de la collaboration avec la femme. De fait, toute intervention du législateur constitue selon les enquêtés, une remise en cause de l'autorité maritale, constituant ainsi un facteur de dislocation des couples.

Les enquêtés réfutent donc les aspects de la loi portant sur le recours aux autorités judicaires en cas de désaccord ou de non-respect de la loi. Pour les membres de la communauté catholique, l'église et ses principes restent le cadre normatif de référence pour les rapports au sein du couple. Les « anciens » couples, à savoir les couples constitués avant la promulgation de cette nouvelle loi ne se reconnaissent pas ces innovations en rapport avec le mariage, leur cadre de référence étant l'ancienne loi sur le mariage, un cadre normatif moins contradictoire avec des valeurs et normes de l'autorité charismatique (l'Eglise). Selon le discours d'un enquêté, « ça peut créer des problèmes aux seins des jeunes couples, surtout lorsque les deux comprennent français. Donc on doit expliquer clairement cette loi aux gens avant de partir au mariage » (Q.S., chrétien catholique, adulte.)

Pour les jeunes gens non mariés et en l'occurrence les jeunes filles, l'intervention du juge qui n'est qu'un administrateur, vient créer plus de distance que de proximité entre les conjoints, surtout en cas de conflits. Pour eux, cette disposition construit davantage le mariage comme un contrat et non une union. Elle ne fera que conforter les conjoints dans une logique de préservation des intérêts et se présente comme un frein à la communication dans le couple et une source de divorce. Ce qui va à l'encontre d'un des fondements du mariage religieux à savoir: une union indissoluble. Et peut même être un facteur démotivant au mariage religieux qui recommande, dans une logique de respect à l'autorité, le préalable du mariage civil.

4- L'article 67 et la liberté de choix de la profession des époux : une forme de remise en cause de l'autorité maritale

Au regard du nouvel l'article 67, « *Chacun des époux a le droit d'exercer la profession de son choix, à moins qu'il ne soit judiciairement établi que l'exercice de cette profession est contraire à l'intérêt de la famille* », relatif à l'avis sur le choix de la profession des conjoints, le rapport au travail de la femme est perçu par les membres de la communauté catholique comme un choix qui doit être validé par l'époux. En effet, l'avis du mari dans le choix de la profession de la femme est perçu comme normal pour des questions d'éthique et de bien-être de la famille, mais également en référence aux textes bibliques qui consacrent l'homme comme le chef de famille et induit de fait une consultation de celui-ci.Dès lors que ce qu'elle fait peut avoir une charge aussi bien positive que négative sur le ménage, il importe de demander l'avis du conjoint. Cependant l'article 67nouveaux confère le pouvoir de décision de la profession à la femme, ce qui participe d'une situation conflictuelle dans le ménage, car la femme n'est pas obligée de s'en remettre à l'autorité maritale. Ce qui est illustré par le verbatim ci-après :

> *Comment le juge doit établir ? Comment le juge va apprécier ? Qui saisit le juge d'abord ? Qui constate que le métier est contraire à l'intérêt de la famille ? Qui constate que le travail est dangereux pour la famille ? Si le mari a accepté que sa femme exerce une profession, il n'a plus le droit de dire que c'est gênant et donc de saisir le juge. Il en est de même pour la femme. Je ne vois pas si vous voyez ce que je veux dire ? S'il y a un consentement dès le départ. Pourquoi se plaindre et aller chercher le juge ? C'est pour cela que nous (chrétiens) on dit que tout est fait par consensus. Ou bien les deux peuvent se rencontrer exerçant déjà un métier ? La loi est faite comme si c'est après le mariage qu'ils vont se marier. Je suppose qu'avant de se marier ils faisaient quelque chose ? Ce n'est pas au moment où on va venir se*

marier que tu vas exiger que je démissionne, .je pense que cette loi a pour conséquence de favoriser les divorces (M. S, homme marié, membre de la cellule famille chrétienne)

En effet, seul l'avis du législateur dans le choix de la profession de la femme peut constituer une limite à son choix. Par ailleurs, avec les nouvelles donnes, l'éducation notamment, le profil de carrière ou la profession de la femme est parfois prédéfinie avant même la rencontre des conjoints. Les études étant parfois construites comme investissement pour les parents, l'avis du mari ne constitue pas de façon exclusive le déterminant dans le choix de la profession. Cela dit, la femme selon ses compétences et pour son propre épanouissement, a la liberté de choisir sa propre vocation. Cette loi offre une liberté à la femme qui peut ne pas être bénéfique à l'avenir du couple et porter atteinte au bien de sa famille. Ce qui est non conforme aux principes religieux. Comme le dit clairement Proverbes 31, le foyer est la principale sphère d'influence et de responsabilité de la femme. Cette loi 67 va de même à l'encontre de l'ancien article 61 selon lequel « *La femme peut exercer une profession séparée de celle de son mari à moins qu'il soit établi que l'exercice de cette profession est contraire à l'intérêt de la famille.* » Contrairement à la nouvelle loi, elle ne donnait pas la légitimité au juge de légiférer sur les questions du bien-être de la famille. Ce qui amenait le couple à communiquer et à trouver un consensus plutôt que d'ouvrir un pan de conflits. Par ailleurs, sans le mentionner, elle permettait à l'homme de maintenir son autorité au sein du couple eu égard à son statut de principal pourvoyeur et responsable de la famille.

Conclusion

Tout au long de ce travail, nous avons tenté d'analyser le rapport au nouveau code de la famille en Côte d'Ivoire dans un contexte de modernité. Il s'agissait précisément de mettre en évidence le niveau de réceptivité. Il a été identifié que les catholiques interrogés ont une image du couple calquée sur le modèle occidental. Cependant dans une société dans laquelle l'institution familiale est en pleine mutation, leurs représentations du couple et du mariage restent attachées aux modèles traditionnels véhiculés par les dogmes de la religion pour la construction d'un lien matrimonial fort et stable. L'autre aspect du mariage évoqué dans ce travail concerne les unions homosexuelles. Pour de nombreux catholiques toute catégorie confondue (jeunes et adultes, homme-femmes), l'homosexualité n'est pas reconnue comme étant une pratique sexuelle à part entière, mais plutôt comme une pratique déviante et anormale importée par les occidentaux. Ils ont notamment insisté sur la socialisation sexuée qui reste l'élément essentiel dans la construction des identités. Elle est donc fermement condamnée et reste une pratique sexuelle « hors normes » qui bouleverse profondément les représentations sociales de ce qu'est la relation homme-femme au sein de la société ivoirienne. Au terme de cette analyse, nous pouvons dire que malgré la refonte du code de la famille en Côte d'Ivoire (les articles 58-59-60-67), la famille chez les chrétiens catholiques reste, aujourd'hui comme hier, référée à un système idéologique et symbolique, institué, de parenté. Loin d'être des normes concourant au bien-être des citoyens, qu'elle apparait plutôt pour les chrétiens catholiques comme sources de conflits dans le couple.

Références bibliographiques :

Albarello (L), 2012, *Apprendre à chercher,* Bruxelles : De Boeck, 4e édition.

Dompnier (N**)**, 2010, « Liberté privée et ordre public : la fin des antagonismes ? », *in* Brechon P. & Galland O. (dir.), *L'Individualisation des valeurs,* Paris, Colin, 141-160.

Goody (J), 1985, *L'évolution de la famille et du mariage en Europe*, Paris, Armand Colin.

Gross (M) et *al.*, 2005, *Homosexualité, mariage et filiation. Pour en finir avec les discriminations*, Paris, ed. Syllepse.

La Direction de l'école biblique de Jérusalem, 1998, *La bible de Jérusalem*, traduite en français, éditions du Cerf, (ISBN 2-266-08390-2).

Legendre (P), 1974, *L'Amour du Censeur,* Paris, Seuil.

Legendre (P) (dir.), 2004, « Ils seront deux en une seule chair », *Scénographie du couple humain dans le texte occidental*, Van Balberghe librairie, Bruxelles.

Lobe (J-L.), 2013, « Droit de la famille - les articles modifiés du code civil ivoirien sur la famille », *Article juridique publié en ligne* le 17/05/2013.

Marpsat (M) et Razafindratsima (N), 2010, « Les méthodes d'enquêtes auprès des populations difficiles à joindre: Introduction au numéro spécial », In *Methodological Innovations Online* n° 5 Vol 2, 3-16.

Mathieu (N.-C.) (dir.), 2007, *Une maison sans fille est une maison morte. La personne et le genre en sociétés matrilinéaires et/ou uxorilocales,* Paris, Éditions de la Maison des Sciences de l'Homme.

Mathieu (N.-C.), 1991, « Identité sexuelle, sexuée, de sexe ? Trois modes de conceptualisation de la relation entre sexe et genre », *L'Anatomie politique. Catégorisations et idéologies du sexe,* Paris, Côté-femmes, 227-266.

Mfoungue (B.C.), 2012, *Le mariage africain, entre tradition et modernité : étude socio anthropologique du couple et du mariage dans la culture gabonaise,* Master de Sociologie. Université Paul Valéry - Montpellier III.

N'Da (P) 2006, *Méthodologie de la recherche. De la problématique a la discussion des résultats. Comment réaliser un mémoire, une thèse, d'un bout à l'autre,* Abidjan, EDUCI.

Raulin (H), 1989, « Le droit des personnes et de la famille en Côte d'Ivoire » in *ORSTOM, Fonds documentaire,* 28201, 221-241.

Rubin (G), 1999(1975), « L'Économie politique du sexe : transactions sur les femmes et systèmes de sexe/genre », *Les Cahiers du CEDREF,* 7.

Segalen (M), 2004, *Sociologie de la famille,* Paris, Armand Colin, (5e éd.).

Willaime (J-P.), 2014, « Pertinence de l'impertinence chrétienne dans l'ultramodernité contemporaine ? », *Transversalités,* n° 131, 113-132.

Wittig (M), 1980, « La pensée *straight* », *Questions féministes,* 7, 45-54

Chapitre 12

Le nouveau code du mariage à travers le prisme de l'Islam en Côte d'Ivoire

Jean-Louis Lognon, Martine Gbougnon &Lanzeny Ouattara

Introduction

A l'instar de toutes les sociétés contemporaines, les sociétés africaines sont engagées dans une dynamique sous la double influence de la mondialisation et de la modernité. Cette dynamique se traduit par des transformations sur les plans économique, politique, social et culturel. Aux niveaux économiques et politique, l'économie de marché et la démocratie s'imposent comme les conséquences les plus prégnantes de cette dynamique. Au niveau social et culturel, cette dynamique des sociétés modernes prend la forme de changements au niveau des systèmes de croyance (fondamentalisme religieux/ laïcité), des valeurs (liberté, égalité, protection de l'environnement), des rapports sociaux (rapport de genre, relations professionnelles, rapports virtuels), des pratiques sociales (usages des TIC, homosexualité, tatouages etc.) et des normes et législations internationales et nationales (loi sur le mariage homosexuel, code de la famille, charia, etc.).

L'une des manifestations locales de cette dynamique mondiale, dans le cas de la Côte d'Ivoire, a été l'adoption d'un nouveau code de la famille (La loi N°2013-33 du 25 Janvier 2013). En tant que norme, ce code est censé structurer les systèmes de perceptions, les rapports sociaux et les pratiques sociales relatives à la famille et au mariage lui-même.

Toutefois, cette norme de droit positif n'est pas édictée dans un contexte de vide normatif sur le mariage et la famille. Une telle affirmation repose sur deux arguments. Premièrement, la loi (règle de droit positif) est un élément d'un système où agissent d'autres instances de production de normes sociales (Arnaud 1981 cité par Commaille 1986). Deuxièmement, le mariage et la famille sont des institutions sociales qui sont régies par des normes coutumières et religieuses séculaires. Ainsi, le nouveau code de la famille, qui au nom de la modernité et des valeurs d'égalité redéfinit les rôles et le pouvoir au sein du couple et du ménage vient soit se superposer, disqualifier, contredire ou compléter ces normes sociales. Ces différents positionnements par rapport aux normes sociales qui lui préexistent déterminent son acceptabilité par les différents groupes sociaux. Mieux, cette acceptabilité varie nécessairement en fonction du cadre idéologico-normatif de référence (christianisme, islam, coutumes, tradition ou séculier). En d'autres termes, les perceptions, les relations sociales et les pratiques induites par cette loi chez les différentes catégories sociales selon que l'on soit chrétien, musulman ou attaché aux coutumes traditionnelles ou à la laïcité.

Sous ce rapport, le présent article a pour objectif d'analyser le rapport au nouveau code la famille au sein de la communauté musulmane de Côte d'Ivoire. Cette communauté est la plus importante du pays soit 42,9% de la population (RGPH 2014).

Que dit le code de la famille à propos du mariage et des rôles et du pouvoir au sein du couple ? Quelles sont les perceptions et représentations sociales de cette règle chez les musulmans ? Quels sont les rapports entre cette loi et les normes islamiques à propos du mariage, de la famille et des rapports au sein du couple ? Dans quelle mesure cette loi structure-t-elle les rapports concrets au sein des couples de musulmans ?

L'analyse de l'acceptabilité du nouveau code de la famille et mariage inscrit cette étude au cœur de la sociologie de la famille, sociologie du couple (Kaufman 1993), de la sociologie de la modernité (Giddens 1992). Ce questionnement s'insère plus précisément dans la sociologie des régulations sociales appliquées à la sphère familiale (Commaille 1986). Celle-ci analyse les fondements normatifs des rapports et comportements au sein de la famille.

Méthodologie de l'étude

L'étude s'est basée sur l'approche qualitative. Les données exploitées proviennent de la recherche documentaire et d'entretiens réalisés à Abidjan. Abidjan étant la capitale économique, symbolisant l'hétérogénéité culturelle et la modernité.

La recherche documentaire a consisté à exploiter la documentation juridique, les textes islamiques et la littérature sociologique et anthropologique sur le mariage, la famille en rapport avec la modernité.

La collecte d'informations par entretien s'est traduite par la réalisation d'entretiens individuels et des focus groups. Les interviews ont été conduites auprès des leaders religieux, communautaires, et des acteurs d'institutions privées et publiques (magistrats, avocats, notaires, maires, assistants sociaux) et de la société civile en charge des questions familiales et matrimoniales. Au total, 19 interviews ont été réalisées. Cet échantillon a été obtenu grâce au phénomène de la saturation. Six (6) discussions de groupe ont été conduites avec des fidèles musulmans. La composition des groupes s'est faite sur la base des critères du sexe, d'âge, de situation matrimoniale, de lieu d'habitation et de la catégorie socio-économique.

Les entretiens ont été conduits au moyen d'un guide d'entretien semi-structuré autour des thèmes suivants: i) Perceptions et représentations sociales de la modernité, mariage et famille ; ii) Cadres normatifs et institutionnels du mariage et de la famille ; iii) Lesrôles, statuts et rapports sociaux au sein des familles. Les entretiens ont été enregistrés et retranscrits. Le corpus provenant de ces retranscriptions a fait l'objet d'une analyse de contenu thématique au moyen du logiciel d'analyse qualitative MAXQDA v10.

Tableau 1 : Interviews réalisées

Personne interviewé	Fonction	Nombre
Imam	- Imam d'Abobo - Imam de Cocody - Imam de Yopougon	3
Responsables d'organisations islamiques	- Deux responsables d'organisations islamiques spécialisées dans les questions matrimoniales	2
Magistrat		1
Avocat		1
Parlementaire		1

Notaire		1
Assistants sociaux		2
Responsables d'organisations de la société civile		2
Chefs de communautés	Baoulé, Ebrié, Bété, Sénoufo, Yacouba, Mahouka	6
Total		19

Tableau 2 : Focus groups réalisés

Catégories d'acteurs interrogés	Caractéristique des groupes			Nombre
	Groupe homogène		Groupe mixte	
	Masculin	Féminin	Masculin + Féminin	
Jeunes (non mariés) (18-25 ans)	1	1	1	3
Adultes Mariés (es) (25 ans et Plus)	1	1	1	3
Total	2	2	2	6

Résultats

Les résultats de l'étude présentent les imaginaires sociaux (représentations sociales, valeurs et croyances) relatifs à la réforme du code de la famille, le rapport de ce code aux principes islamique ainsi que les effets de cette réforme sur les pratiques sociales et les rapports sociaux concrets au sein des couples.

Représentations sociales de la modernité et du mariage

La modernité constitue le référent idéologique de la réforme du code de la famille en Côte d'Ivoire. Par conséquent, saisir les représentations associées aux nouvelles dispositions de ce code suppose que soient préalablement appréhendées celles relatives à la modernité en rapport avec le mariage et les rapports de genre au sein des couples. Il se dégage des entretiens réalisés une ambivalence dans les représentations sociales de la modernité. L'une des tendances perçoit la modernité comme un facteur d'amélioration des conditions de vie tandis que l'autre l'appréhende comme un contexte fabrication de valeurs et pratiques non islamiques.

Pour certains musulmans enquêtés, la modernité renvoie à l'amélioration des conditions de vie et à un mieux-être des populations. Cela en raison de toutes les avancées dans le domaine économique, technologique, sanitaire consécutives à la modernité. La modernité est quelque chose à saluer, elle permet à l'homme de mieux vivre, apporte du confort à l'existence de l'homme. L'islam n'est pas contre la modernité.

> « La modernité c'est tout ce qui est nouveau qui vient donner un nouveau confort à notre existence, vient révolutionner notre vie…Tant que la modernité ne va pas en l'encontre des lois de Dieu, elle est à saluer…L'islam ne combat pas la modernité (Propos d'un imam de la commune de Cocody

Aussi bien pour les guides religieux que pour les fidèles musulmans rencontrés, la modernité est perçue, en plusieurs de ses aspects comme un contexte de diffusion de valeurs et de pratiques contraires aux principes islamiques. C'est notamment le cas pour les tenues vestimentaires des femmes. En effet, alors que la religion musulmane prescrit que la femme soit vêtue du voile (hidjab, niqab), ce style vestimentaire est remis en cause au nom de la modernité. Dans certains services de l'administration publique et privé, il serait imposé aux musulmanes de porter des habits moulants, des mini-jupes, des pantalons ; des tenues qui ne sont pas conformes avec les principes de leur religion. Ce nouveau style vestimentaire impulsé par la modernité entraîne ainsi une perte de l'identité collective des acteurs, n'arrivant plus à distinguer les femmes musulmanes des non musulmanes. Sous ce rapport la modernité apparaît comme source d'une crise d'identité sociale musulmane en l'occurrence. Cela est attesté par les propos des enquêtés ci après :

> « Présentement la femme musulmane est considérée une femme chrétienne, la femme musulmane ne s'habille plus décemment alors qu'avant la femme musulmane s'habille, les femmes musulmanes ne se mettaient pas dans la rue. Une femme musulmane, issue d'une famille religieuse, n'es pas à la merci de tout le monde. Alors

à l'heure actuelle là, nos filles sont à la débauche » (Propos d'une participante au focus group femmes mariées)

« L'accoutrement a changé, au travail, on nous impose des mini-jupes, pantalons, vestes, Avant (par le passé) c'était les habits amples, aujourd'hui, les vêtements près du corps » (Propos d'une jeune musulmane, focus group 18-25 ans).

Les musulmans rencontrés dans le cadre de l'étude ont des opinions et des représentations sociales variées du mariage et des différents types de mariages. Ces perceptions concernent le mariage religieux, le mariage civil, le mariage coutumier, le mariage interethnique et le mariage homosexuel.

Le mariage religieux est considéré comme une institution sacrée qui préserve de certaines pratiques interdites par l'islam, la fornication et l'adultère. Il est le cadre de formalisation de l'union entre un homme et une femme. La célébration du mariage religieux place cette union sous l'onction et l'autorité divine. Il est perçu comme le plus important dans la hiérarchie des valeurs relative au mariage : *« Le mariage civil pour les musulmans n'a pas de valeur, le mariage religieux a plus d'importance aux yeux de Dieu »* (Propos d'un participant du focus group mixte plus de 25 ans)

Par ailleurs, la famille est la base et la finalité du mariage religieux en islam. Il est l'acte fondateur de la famille. Laquelle famille est perçue comme le cadre de socialisation religieuse des enfants. Pour être célébré, l'assentiment de la famille et de la communauté est obligatoire.

« Eh j'allais oublier, l'islam dit, pas de mariage s'il n'y a pas de famille, quand je dis famille, par exemple, si moi je t'aime et que je veux t'épouser, si les parents s'opposent, s'ils ne veulent pas, on ne peut pas célébrer le mariage comme ça. Il faut l'accord de ton papa, ton oncle, ou bien quelqu'un qui est comme ton papa, en tout cas on appelle ça le « waliou » c'est quelqu'un que tu as pris comme ton papa, quelqu'un qui représente la famille, sans ça il n'y a pas de mariage » (Propos d'un Iman de Yopougon)

Le mariage légal traduit selon les musulmans un cadre institutionnel qui formalise l'union d'un homme et d'une femme devant l'autorité publique (maire, adjoint au maire…). Ce cadre est régi par un dispositif normatif en terme de protection sociale des membres de la famille en cas d'incertitudes (protection de la femme et des enfants en cas de décès du mari…).

> « *Le mariage légal, généralement chez nous ici, c'est pour se mettre à l'abri de certaines choses. Généralement, ce type de mariage est fait pour s'arranger… Donc le mariage légal est vraiment apprécié, c'est approuvé par l'islam.*(Propos d'un iman de Cocody).

Cependant, le mariage civil est considéré par certains musulmans, en particulier des imams, comme étant en déphasage avec certains principes religieux. En effet, selon eux, l'islam a déjà défini les principes de l'héritage dans le Coran. Alors que le mariage civil qui est régi par le code de la famille exclut certains membres de la famille des conjoints du partage de l'héritage. Ce code fait de l'épouse et des enfants les seuls bénéficiaires de l'héritage en cas de décès de l'époux.

Le mariage coutumier ou traditionnel est perçu par les musulmans comme la première étape voire la condition sine qua non aux mariages religieux et civil. Il est celui qui traduit au mieux la dimension communautaire du mariage. Cette dimension communautaire est symbolisée par la dot qui traduit le consentement et l'alliance entre les familles. « *Le mariage coutumier, je peux dire que c'est la base, c'est la fondation. Il vient en premier parce que, je ne peux pas aller voir quelqu'un aujourd'hui pour lui dire allons à la mairie sans l'accord des parents. Donc c'est le mariage coutumier qui est le premier* ». (Propos d'un iman de Cocody)

Par ailleurs, le mariage coutumier traduit aussi l'attachement à la tradition et aux coutumes. Cependant, aux dires des imans, certains mariages coutumiers donnent lieux à des rites contraires aux principes de l'islam. En effet, lors des mariages coutumiers dans certaines communautés ethniques, des rites interdits par la religion musulmane tels que les libations et des sacrifices d'animaux ont lieu. Ces pratiques sont assimilées à de l'idolâtrie alors que le principe de base de l'islam est qu'il n'existe qu'un seul Dieu à qui doit revenir de façon exclusive l'adoration.

Le mariage interethnique est un mariage autorisé par la religion musulmane. En effet, selon les acteurs, Dieu ne fait pas cas de l'ethnie dans le Coran, ainsi ce type de mariage ne pose donc pas de problème aux musulmans. Le mariage interethnique est donc considéré par le musulman comme un moyen de rapprochement des peuples, comme un facteur de cohésion sociale et de brassage culturel. C'est aussi un moyen pour éviter les conflits intercommunautaires. Cependant, dans le fonctionnement concret des rapports, la différence de coutume se pose comme frein à ce type de mariage. En effet, selon certaines traditions, se basant sur des préjugés et des stéréotypes, certains groupes ne doivent pas contracter de mariage bien qu'ils soient tous musulmans.

> « Bon ! Je pense que ce type de mariage est un rapprochement entre deux ethnies, je trouve cela bien, je trouve que c'est bon. Il y a des avantages, je parle en tant qu'imam. Si les deux ethnies sont musulmanes vraiment c'est mieux. Mais si c'est en dehors de la religion vraiment ça pose un problème. (Propos d'un iman de Yopougon)

Pour les musulmans, le mariage interreligieux est un mariage possible. Mais il est soumis à certaines conditions. En effet, le mariage interreligieux est autorisé pour l'homme. L'homme doit impérativement chercher une femme dans sa communauté, c'est-à-dire une femme musulmane et lorsqu'à la fin de ses recherches, il ne trouve pas de femme à épouser, il peut marier une femme des « hommes du livre » c'est-à-dire, une chrétienne ou une juive en ayant pour intention de la convertir à l'islam. En revanche, ce type de mariage est strictement interdit à la femme musulmane. Car pour les musulmans, le principe est que la femme se convertisse à la religion de son mari. Le mariage entre une musulmane et un non musulman n'est donc pas accepté. Ce refus est également légitimé par l'éducation religieuse des enfants En effet, selon les musulmans rencontrés, le fait que les deux parents ne pratiquent pas la même religion posera un problème quant à l'orientation religieuse des enfants.

> « Tu trouveras d'autres vont envoyer des versets coraniques pour dire que Dieu a dit qu'on peut marier des femmes chrétiennes, mais nous on dit toujours c'est des bonnes chrétiennes, chrétiens d'avant » (Propos d'un iman de Yopougon)

Pour les membres de la communauté musulmane à l'étude, l'homosexualité est une pratique « immorale », un « péché » sévèrement puni par Dieu. Cette représentation sociale négative est basée sur des références coraniques. Dans le coran, Dieu aurait détruit la cité de *Houd* c'est-à-dire Sodome et Gomorrhe pour cause de pratique de l'homosexualité. Sur cette base, le mariage homosexuel n'est pas considéré comme un mariage. C'est un « non mariage ». Cette conception du mariage homosexuel se traduit par une attitude de réprobation.

> « *Ce n'est pas un type de mariage parce que tu ne trouveras pas une religion au monde qui va cautionner ces mariages, ce sont des bêtises. Ça c'est "arham", c'est-à-dire que c'est banni… Pour nous on ne considère pas ça comme un mariage. Dans le principe religieux, le mariage c'est entre une femme et un homme.* » (Propos d'un iman de Cocody)

De l'analyse des discours sur la modernité, il se dégage que celle-ci l'influence à la fois sur la forme du mariage et la structure des rapports sociaux au sein des couples et de la famille. Selon les acteurs à l'étude, au contact de la modernité, le mariage en tant qu'institution sociale subit des transformations dans sa forme. Le mariage homosexuel dans les pays occidentaux en est la plus prégnante des manifestations. Pour les membres de la communauté musulmane rencontrés, le mariage homosexuel est une « conséquence négative » de la modernité. Ce type de mariage est d'ailleurs perçu comme contraire aux principes de l'islam. Principes selon lesquels, le mariage est une union entre un homme et une femme en vue de procréer.

> « *C'est la modernité qui a envoyé ces pratiques, les homosexuels, la modernité c'est une vie de débauche… La modernité, c'est la débauche, au niveau du mariage, avant un homme se marie avec une femme, aujourd'hui des personnes de même sexe se marient, ce qui n'est pas normal* » (Propos d'un Imam de Yopougon)

La modernité a également entraîné des transformations dans la forme du mariage religieux musulman. Au contact de la modernité, ce mariage a connu une sorte de formalisation à travers la délivrance d'une attestation de mariage aux époux.

> « *Le mariage à la mosquée. Le mariage à la mosquée, c'est un type de mariage qui est légal comme le mariage civil. Mais c'est aussi légalisé, autorisé, c'est-à-dire*

que l'Etat même le reconnaît parce que nous avons des papiers. On a un certificat de mariage, une attestation de mariage, il y a un registre de mariage, tout ça à la mosquée. » (Propos d'un iman membre du Conseil supérieur des Iman)

Pour les acteurs à l'étude, fidèles ou guides religieux musulmans, la modernité a entraîné un affaiblissement du pouvoir de la communauté dans les choix matrimoniaux. L'autorité parentale autrefois déterminante dans le choix des conjoints est affaiblie à la faveur de la modernité. Ce dépérissement du pouvoir de la communauté se traduit par le fait que la famille et les parents ont un rôle de moins en moins important dans le choix du conjoint de leur fils ou de leur fille. Le pouvoir des parents est de plus en plus contesté par les progénitures. Ces derniers également, en référence aux valeurs de « liberté », propre à la modernité, s'impliquent de moins en moins dans les choix du conjoint. Cet état est perçu comme contraire aux principes islamiques qui stipulent que la célébration du mariage religieux est soumise au consentement des deux prétendants et de leurs familles respectives. Cet affaiblissement de l'autorité parentale et du pouvoir de la communauté dans le choix est perçu comme un délaissement des normes religieuses relatives au mariage au profit de celles relevant de la modernité. Désormais le cadre institutionnel de référence du mariage est la loi. Celle-ci stipule la liberté de choix du conjoint.

Les rencontres via internet, les mariages par intérêt et le nombre élevé de divorces en seraient les conséquences directes. Les discours qui suivent sont assez éloquents à ce propos :

« *Concernant le mariage d'avant, le père prenait la main de sa fille et il lui disait je te donne à tel homme, il n'y avait pas d'opposition. Mais maintenant, il y en a tellement les oppositions. C'est vrai que la religion veut qu'on demande l'avis de la femme mais de nos jours, à ton enfant tu dis je te donne en mariage à telle personne, il va s'opposer et te faire honte devant tout le monde…il y a trop de liberté* » (Propos d'une musulmane, mariée de Port-Bouet)

« *Avant ce sont les parents qui décidaient du mariage, aujourd'hui ce sont les jeunes eux-mêmes qi décident* » (Propos d'un participant au focus group mixte de plus de 25 ans).

Les musulmans rencontrés à Abidjan, pensent que la modernité a entraîné une reconfiguration des rôles et positions au sein des familles et des couples. En effet, à la faveur de l'urbanisation, de l'instruction combinées avec la crise économique, la pauvreté et de la baisse du pouvoir d'achat des ménages, l'homme et la femme exercent des activités génératrices de revenu hors du ménage. L'homme n'est plus le seul pourvoyeur des ressources de la famille. Cette transformation de la division sociale du travail au sein de la famille a des conséquences sur les rapports de pouvoir au sein du couple et sur l'éducation des enfants.

A propos des rapports de pouvoir, n'étant plus le seul pourvoyeur des moyens de subsistance de la famille, l'homme voit son pouvoir souvent contesté pas son épouse. Cette situation est également source de relâchement dans l'éducation des enfants. Les parents occupés toute la journée, ont très peu de temps pour les enfants dont l'éducation est laissée selon les enquêtés aux servantes et aux médias. Par ailleurs, pour les membres de la communauté musulmane, les mutations sociales liées à la modernité ont fait des parents géniteurs les seuls responsables de l'éducation. Alors que par le passé l'éducation des enfants était de la responsabilité de toute la communauté (famille élargie, voisins). La perception de l'enfant a évolué à la faveur de la modernité *« Si avant l'enfant appartenait à la communauté aujourd'hui, il n'appartient qu'à la famille »*

> *« …. Aujourd'hui la plupart des couples monsieur et madame travaillent. Donc tout change, vous comprenez ? Monsieur sort à sept heures, madame sort à sept heures. Monsieur souvent même madame même est chef d'entreprise ainsi des suites. Ils abattent le même boulot. Et quand ils rentrent à la maison tout fatiguée, qui va s'occuper de son mari ? Donc qu'est-ce qu'on constate ? Ce sont les filles de maisons qu'on appelle les servantes ou les bonnes qui s'occupent de la maison. Et madame n'ayant pas le temps c'est souvent elle qui s'occupe de monsieur, la servante. Et ça va créer souvent des complications »* (Propos d'un iman de Cocody)

Les musulmans qui ont participé à l'étude considèrent que la modernité a également affaibli l'autorité parentale. Les valeurs et les lois relatives aux droits des enfants ont disqualifié les punitions et châtiments corporels comme moyen d'éducation. Alors ces moyens sont considérés par la communauté musulmane comme des moyens efficaces d'affirmation de l'autorité parentale.

En somme, la modernité en tant que mutation tant au niveau des valeurs, des normes, des pratiques et des rapports sociaux est perçue par les membres de la communauté musulmane comme phénomène ambivalent. Cette ambivalence repose sur des représentations sociales positives de la modernité en tant que facteur d'amélioration des conditions de vie et du bien-être des populations. Les représentations négatives quant à elles se fondent sur le fait que la modernité produit et diffuse des valeurs, des rapports sociaux et pratiques sociales matrimoniale et familiales contraires aux principes islamiques. Qu'en est-il de la réforme du code de la famille dont le référent idéologique est justement la modernité ?

La réforme du code de la famille à l'épreuve de la croyance musulmane

La réforme du code de la famille en Côte d'Ivoire en ses articles 58, 59 et 60 opère une reconfiguration au niveau du sens, les rapports sociaux et des pratiques sociales relatives au mariage et à la famille.

Les articles 58[1] et 60[2] entre cogestion de la famille et déconstruction du pouvoir de l'homme

Les musulmans rencontrés lors de l'étude ont un rapport ambivalent à l'article 58 du nouveau code de la famille. D'une part, ils se représentent cet article du code de la famille qui instaure une cogestion de la famille par les conjoints comme une déconstruction du pouvoir de l'homme en tant que chef de la famille. Cette disposition est perçue comme contraire à l'islam. Dans l'islam, et

---

[1] La famille est gérée conjointement par les époux dans l'intérêt du ménage et des enfants.

Ils assurent ensemble la direction morale et matérielle de la famille, pourvoient à l'éducation des enfants et préparent leur avenir.

[2] Le domicile de la famille est choisi d'un commun accord par les époux. En cas de désaccord, le domicile de la famille est fixé par le Juge en tenant compte de l'intérêt de la famille.

comme le stipulait l'ancien code de la famille, l'homme est le chef de la famille.

Toutefois, le principe de la cogestion, lui est accepté. Car selon les enquêtés, le premier alinéa de l'article 58, n'est rien d'autre que la formalisation de ce qui se fait en réalité dans les couples. Cependant, ils s'opposent à l'idée selon laquelle il y aurait une égalité entre l'homme et la femme. Au sein de la famille l'homme et la femme sont inscrits dans des rapports de soumission, de domination, et de subordination en faveur de l'homme. La femme assiste l'homme dans l'éducation des enfants et la gestion du ménage. Ce pouvoir de l'homme serait même légitimé par la procédure du mariage musulman. Car c'est lui qui épouse la femme et non l'inverse.

« Du point de vue islamique, ce n'est pas une bonne loi, il faut laisser l'autorité au monsieur. Il ne peut pas avoir deux capitaines dans un bateau » (Propos d'un fidèle musulman participant focus mixte 25 ans et plus)

A propos de l'article 60 relatif au choix du domicile, il s'inscrit dans la logique de cogestion du couple et de l'affaiblissement du pouvoir de l'homme dans le couple. Toutefois, cette représentation ne repose pas sur une disposition explicite de l'islam. La religion musulmane ne se prononce pas sur le choix du domicile par époux. Cependant, au vu des principes selon lesquels l'homme en tant que chef de famille assume les charges du ménage, la femme doit se soumettre à lui dans le choix du domicile. La convocation du mari devant le juge pour désaccord sur le choix du domicile, est perçue comme de l'insoumission.

« L'islam demande à la femme de suivre son mari dans tout sauf la désobéissance d'Allah » (Propos d'un iman de la commune de Yopougon)

Article 59, une égalisation/ indifférenciation des rôles et des positions au sein du couple

Pour les musulmans rencontrés à Abidjan, l'article 59 du code de la famille instaure une indifférenciation des rôles et une égalisation des statuts au sein du couple. Indifférenciation / égalisation jugées contraires aux principes islamiques. Selon ces principes, il pèse principalement voire exclusivement sur l'homme, en tant que chef de famille, les charges et les dépenses du ménage. Cette loi à l'instar de l'article 56 vient non seulement soustraire l'homme de ses obligations mais également déconstruire la position de dominant du chef de ménage. Car la position de chef de l'homme est légitimée pas son rôle de pourvoyeur principal des moyens de subsistance de la famille. Cela est prouvé par les discours ci-après produits par les hommes

> « *En Islam, c'est l'homme le chef de la famille, c'est lui qui fait toutes les dépenses* » (Propos d'un iman de la Commune d'Abobo) ou encore « *L'influence de la loi est négative dans le couple car si la femme contribue de la même manière que l'homme, si ce n'est pas une femme pieuse, il y aura discorde, l'homme perd son autorité…* » « *Si la femme participe aux charges donc monsieur est réduit à néant dans le foyer* » (propos d'un participant au focus group mixte 25 ans et plus)

Cependant, dans les rapports concrets au sein des couples, tous et majoritairement les femmes sont unanimes que la femme participe aux dépenses du ménage. En effet, selon certains enquêtés, dans le mariage tout repose sur la femme. La bénédiction et la réussite des enfants sert de référent idéologique et de légitimation de leur participation aux dépenses familiales.

A ce propos, les femmes mariées enquêtées perçoivent le fait de participer aux dépenses du ménage comme une bénédiction pour leur progéniture. En outre, la participation aux dépenses du ménage est une forme soumission à l'époux.

> « *Selon l'islam c'est l'homme qui fait les dépenses mais si la femme peut aider, elle aide, elle le fait mais ce n'est pas obligé* »(Propos d'un iman de la commune de Cocody)

L'article 67, la liberté de choix de la profession de la femme : un droit reconnu mais validé par le conjoint

La religion musulmane n'impose pas l'homme de choisir le travail de sa femme. En effet, selon les imams enquêtés, la femme a le droit de choisir son travail car selon eux, l'homme ne sachant pas combien de temps il fera sur terre, le travail de la femme lui permettra de subvenir à ses besoins en cas de décès du mari. Cependant, si la femme ne travaillait pas avant le mariage, elle doit signifier le choix du travail à son mari. Ce dernier peut le lui interdire si ce travail va en l'encontre des principes de l'islam. Par ailleurs, dans le fonctionnement des relations, il est donné de constater que certains musulmans interdisent à leur femme de travailler. Ces interdictions se fondent sur des principes de la tradition, des coutumes, elles ne relèvent pas en tant que tels des principes islamiques.

« Si la femme est déjà dans son travail avant de rencontrer son mari il n'y a pas de problème mais si elle ne travaille pas encore et doit le faire, il est important que son mari décide de où elle va travailler. Si elle ne laisse pas son mari contribuer à son choix de travail, on ne la blâme pas mais ça ne cultive pas l'amour au sein du couple » Associer son homme à tout ce qu'on fait est un signe d'amour. »(Propos d'un imam de la commune d'Abobo)

« La femme doit choisir son métier qui plait à Allah. Le métier qui plait à Allah, il faut la femme fasse ça. Il y a les métiers, une femme en le faisant en tant que musulmane tu t'exposes donc l'Islam condamne ce genre de métier quel que soit le salaire que tu vas avoir. (Propos d'une participante au focus group mixte 25 ans et plus à Port-bouet)

Le nouveau code de la famille ivoirien, une reforme faiblement opérante ou une réforme à la légitimité et à l'efficacité problématiques

Le code de la famille ivoirien en ces dispositions nouvelles (Articles 58, 59, 60 et 67) redéfinit les rôles et le pouvoir au sein de la famille et du couple. En tant que disposition en principe coercitive, elle est censée modifier les rapports concrets au sein des couples. Toutefois, les effets d'une reforme juridique sont variables. Cette variation dépend du pays, des tensions antérieures à la réforme, l'écart entre la loi et la pratique de la loi, des façons dont les instances et acteurs chargés d'appliquer la nouvelle loi se l'approprient, l'interprète voire la réécrivent.

A ce propos, Commaille (1983) distingue deux types d'effets des lois : les « effets réels » et les « effets symboliques ». Les effets réels sont définis comme l'action directe de la loi sur les comportements des acteurs sociaux. Les « effets symboliques » sont relatifs « au pouvoir d'agir sur le réel en agissant sur la représentation du réel » (Bourdieu 1982)

Au regard de cette typologie de l'efficacité de la loi, l'on peut affirmer du point de vue des « effets réels » que la réforme du code de la famille est faiblement opérante. Les articles 58 et 59 qui reposent sur une logique d'égalisation et de bilatéralisation des statuts et qui instaurent une cogestion du couple sont moins appliqués dans les familles musulmanes. En effet, que ce soit les couples formés avant la réforme ou les couples post-réforme, les rôles et les positions de pouvoir au sein des couples ont très peu évolué voire pas du tout. Dans les rapports concrets, l'homme demeure le chef de famille et assume les charges du ménage. Le statu quo dans les rôles et les positions de pouvoir au sein des couples musulmans résultent d'un consensus tacite basé sur la foi musulmane entre les conjoints. Les propos d'une femme musulmane enquêtée l'illustrent : *« En tant que femmes musulmanes, nous devons suivre notre religion, dans ces lois là, ce qui est conforme on prend, ce qui n'est pas conforme, on laisse »*.

En Islam, *« l'homme est incontestablement le chef de la famille. Il en a toutes les charges, et en particulier c'est à lui de subvenir aux besoins de sa femme et de ses enfants, à l'entretien de la maison. C'est à lui que revient la « dépense » (infâq) ; même si sa femme a une fortune personnelle, elle la gère, mais n'est pas tenue de participer aux frais du ménage. Cette charge qui pèse sur le mari est ce qu'on appelle nafaqa. Par conséquent l'autorité du chef de famille lui confère certaines fonctions et lui impose des obligations. »* (Arnaldez, 1977, p131). Cette distribution des rôles et positions a pour référence le verset 4, 43 « : *« Les hommes ont autorité (ils sont qawwâmûn) sur les femmes, du fait que Dieu place les uns au-dessus des autres (faddala bà'dahum 'alâ ba'd) et en raison de la dépense qu'ils font de leur biens »*.

L'enjeu du maintien des rapports antérieurs à la réforme est sous-tendu par des enjeux propres à chaque conjoint. L'homme ne veut perdre son autorité tandis que la femme entend continuer à bénéficier de l'assistance de son conjoint. Concernant les « effets symboliques » relatifs aux transformations des représentations sociales du mariage et rapport de genre au sein des couples, ils restent peu perceptibles. Les opinions et les représentations dépréciatives voire de rejet sur la réforme du code de la famille en sont la preuve. Par ailleurs ces effets ne peuvent être analysés de façon objective du fait de la méconnaissance des dispositions reformées et surtout de leur caractère relativement récent.

Conclusion

Après avoir été pendant longtemps en situation de monopole en matière de régulation du mariage et de la famille, les traditions religieuses sont aujourd'hui fortement remises en cause par les mutations contemporaines. Cette remise en question des normes religieuses traditionnelles prend la forme de valeurs, de pratiques et de textes de loi dits modernes. A propos de la famille, ces mutations s'accompagnent d'une individualisation des mentalités familiales et des choix matrimoniaux (Kellerhals et *al.* 1993) et une démocratisation des rôles et positions au sein des familles. La réforme du code la famille en Côte d'ivoire s'inscrit dans cette logique.

Toutefois, l'analyse du rapport aux nouvelles dispositions du code de la famille relatives au mariage chez les musulmans d'Abidjan montre que la communauté (familiale et religieuse) demeure encore forte dans les choix matrimoniaux et la régulation des rapports intrafamiliaux marqués par la domination masculine (Bourdieu 1998). Ce poids de la communauté contraste avec la faiblesse de la logique d'individualisation/ identification et de l'autorité légale. Pour preuve, la mise en œuvre de nouvelles dispositions légales dans le fonctionnement concret des rapports au sein des familles musulmanes demeure encore problématique.

En définitive, bien qu'engagés dans des transformations et des mutations liées à la modernité, le mariage et les rôles et positions au sein de la famille restent encore fortement sous l'emprise de la communauté et de la tradition religieuse chez les musulmans à Abidjan.

Bibliographie

Arnaldez (R), 1977, « Statut juridique et sociologique de la femme en Islam. », *Cahiers de civilisation médiévale* [en ligne], 20e année,n°7879,p.131-143. Disponible sur http://www.persee.fr/doc/ccmed_00079731_1977_num_20_7 8_3068_DOI : 10.3406/ccmed.1977.3068. Document généré le 01/06/2016

Avenel (C), 2003, « Les évolutions sociologiques de la famille. », *Recherches et Prévisions*[en ligne], n°72, p. 69-73. Disponible sur http://www.persee.fr/doc/caf_1149 1590_2003_num_72_1_1992   DOI:10.3406/caf.2003.1992. Document généré le31/05/2016

Begon (R), 2009, La domination masculine selon Pierre Bourdieu. *Département : Education Permanente* CVFE, pp. 24–25.

Berot (M), 1998, *Les théories sociologiques de la famille.* La Découverte, repères (n° 236), En ligne]. Paris : IUFM de Paris.

Borrmans (M.), « Familles musulmanes et modernité : le défi des traditions. », *Revue internationale de droit comparé* [en ligne].1986, Vol.38, n°4, p. 1230-1232.Disponible sur http://www.persee.fr/doc/ridc_0035-3337_1986_num_38_4_2573, Document généré le 09/09/2015.

Collet (B) et Santelli (E), 2012, « Le mariage « halal », réinterprétation des rites du mariage musulman dans le contexte post-migratoire français. », *Recherches familiales* [en ligne]. 2012; Vol 1, n° 9, p. 83-92. Disponible sur http://www.cairn.info/revue-recherches familiales-2012-1-page-83.htm DOI 10.3917/rf.009.0083

Commaille (J), 1986, « D'une sociologie de la famille à une sociologie du droit. D'une sociologie du droit à une sociologie des régulations sociales. », *Sociologie et sociétés* [en ligne], n°181, pp.113–128., Document généré le 12 mai 2017 17:50.

Dechaux (J-H.), 1995, « Orientations théoriques en sociologie de la famille : autour de cinq ouvrages récents », *Revue française de sociologie*[en ligne]. 1995, Vol 3, n°36, p. 525-550. Disponible sur http://www.persee.fr/doc/rfsoc_00352969_1995_num_36_3_5070. Document généré le 25/04/2017

Giddens (A), 1992, *Modernity and Self-identity*. Polity Press, Cornwall.

Hamandi (M), 2012, *Croyances religieuses, développement économique et identité socioculturelle des libanais*. [En ligne]. Maitrise en économie. Montréal : Université de Montréal.

Herve (M), 2001, « Idéal de la relation de couple dans la modernité « Pour le meilleur et sans le pire ». *Lettre de l'enfance et de l'adolescence*[en ligne], Vol.2, n 44, pp. 31-37.Disponible sur http://www.cairn.info/revue-lettre-de-l-enfance-et-de-ladolescence 2001-2-page-31.htm, DOI 10.3917/lett.044.37

Ilyasoglu (A), 1996, « Le rôle des femmes musulmanes en Turquie: identité et image de soi », *Cahiers d'Etudes sur la Méditerranée Orientale et le monde Turco-Iranien* [En ligne],n° 21, p.1-8. URL : http:// cemoti.revues.org/558 Mis en ligne le 13mai 2006, consultéle 30 septembre 2016

Journées D'étude, 2009, *« Institutions et identités religieuses à l'épreuve des reconfigurations conjugales et familiales »*, *Appel à communication, 4 et 5 juin 2009*

Kaufmann (C), 1993, *Sociologie du couple*, Presses Universitaires de France, Paris.

Kaufmann (J-C.), 2010, *Sociologie du couple*[en ligne]. Paris, PUF.

Kellerhals (J) et *al.*, 2004), *Mesure et démesure du couple. Cohésion, crises et résilience dans les couples contemporains*, Payot, Paris.

Kellerhals (J), Les sociologues face au défi de la modernité ; le cas de la sociologie de la famille. *Comment les sociologues interprètent-ils la modernité ?* Université de Genève, (n.d.).

Lapierre-Adamcyk (E) et Le Bourdais (C), Couples et familles : une réalité sociologique et démographique en constante évolution, XVI *conférence des juristes de l'état*, (n.d.), 61–86.

Legutowska (A), 2012, Le mariage islamo-chretien en France : une approche anthropologique.*HAL*[en ligne], Université de Grenoble.

Martin (C), 2001, *La régulation politique de la famille*, *HAL*[en ligne], Universite Rene Descartes Paris V. Disponible sur https://tel.archives-ouvertes.fr/

Mfoungue (C), 2012, *Le mariage africain, entre tradition et modernite : etude socioanthropologique du couple et du mariage dans la culture gabonaise.* *HAL*[en ligne], Universite Paul Valery - Montpellier III.

Perrin (J-P.), 2007, « Jean Carbonnier et la sociologie législative », *L'Année Sociologique*[en ligne], Vol. 57, n°2, p. 403-415. Disponible sur http://www.cairn.info/revue-l-annee sociologique-2007-2-page-403.htm.DOI 10.3917/anso.072.0403

Tremblay (J-M), 2000, *«Sociologie de la famille»*, *Bibliographie thématique*[En ligne].Chicoutimi : Cégep, cours de sociologie, 387-970 .

Trincaz (J), 1978, « transformations sociales. La Famille en Casamance / Christianity, Islam and Social Changes. The Family in Casamance. », *Archives de sciences sociales des religions*[en ligne], Vol 1, n°46, 85-109. Disponible sur http://www.persee.fr/doc/assr_0335-5985_1978_num _46_1_2158

Val (G), 2003, "Families Family and Intimate Relationships : A Review of the SociologicalResearch", Group [en ligne], work paper, n° 2. London: South Bank University,.1-23.

Volery (I), 2011, « Les partages financiers au sein des couples : principes de justice et rapports de genre. »,*Politiques sociales et familiale* [en ligne], n° 105, p.73–84.

Widmer (D) et *al.*, 2002, *Cohésion, régulation et conflits dans les familles contemporaines*[en ligne], Rapport final n°5004-047772-1, Fonds National de la Recherche Scientifique, 1-453.

Willaime (J-P.), « Religions et modernité : l'approche sociologique des faits religieux », *Éduscol*[en ligne], Université d'automne.

Chapitre 13

La polygamie au Cameroun : réflexions sur la résurgence d'un modèle familial non-chrétien

Nadeige Laure Ngo Nlend

Introduction

Depuis toujours, la réflexion sur la rencontre des peuples dans le cadre de l'entreprise missionnaire chrétienne a porté l'attention sur les transformations qu'a générées l'action d'évangéliser sur les registres des populations converties au christianisme. Jusqu'au début du XXe siècle, les premières élaborations contenues dans la presse missionnaire ont privilégié une approche apologétique de l'œuvre missionnaire (Girardin 1982 ; Zorn 2007 ; Muscadin 2011). Portée par l'idéologie civilisationnelle, cette littérature a voulu faire ressortir les apports positifs du christianisme sur les modes de vie, de croire, de pensée, les savoir-faire et les manières d'être des néophytes. Cette grille d'analyse, marquée par le discours des apologètes de la mission chrétienne, a postulé le triomphe de la civilisation occidentalo-chrétienne sur les cultures des non chrétiens. Mais très vite, la réalité coloniale, les résistances passives mais aussi ouvertes à la proposition culturelle et religieuse occidentale, ont montré les limites d'une telle grille d'analyse optimiste du phénomène missionnaire chrétien, donnant lieu à des élaborations théoriques critiques, voire pessimistes, qui ont recherché à établir des liens entre les situations dramatiques des peuples colonisés et l'intrusion de la culture occidentale chrétienne (Beti 1956 ; Eboussi 1981 ; Kangue 1985). C'est ainsi que le diagnostic de la responsabilité de cette dernière dans la débâcle politique, économique, mais surtout spirituelle des convertis, a été posé. Le christianisme a été accusé de complicité avec la mission coloniale. Il a notamment été soutenu que l'évangélisation n'avait visé qu'à faciliter la pénétration du colonisateur dont elle a préparé la voie par la diffusion d'une doctrine chrétienne. Aussi, l'action d'évangéliser a-t-elle rimé avec acculturation car, « en véhiculant la culture occidentale et en déconstruisant la culture locale », les missions d'évangélisation ont fait œuvre de colonisation religieuse et culturelle (Blandenier 2016). Toutefois, en raison de leur accent mis sur les processus de déconstruction issus de la rencontre missionnaire, ces énoncés afropessimistes ont occulté la capacité historique des peuples africains à l'indocilité traduite par « le retour en puissance du génie païen » (Mbembe 1888 :22). Aussi leur sera-t-il opposé des modèles d'analyse dits du retournement culturel.

La théorie du retournement culturel[1] s'inscrit dans la ligne de raisonnement des *Subaltern Studies*[2], courants de pensée qui professent l'échec du modèlees dans la compréhension des processus historiques et culturels contemporains. Selon ces modèles d'analyse, les registres culturels païens, naguère subjugués, connaissent un regain de vigueur à la faveur de l'infléchissement du christianisme, en raison, soit de l'altération de son discours sous l'effet de la durée, soit de son inadaptation aux réalités nouvelles, produites par les contextes politiques, sociaux et économiques contemporains. La polygamie participe de ces éléments culturels non chrétiens résilients.

Le terme polygamie ici désigne un fait de société dans les pays où un homme peut avoir très légitimement et très légalement plusieurs épouses. La polygamie est une pratique répandue dans les pays de droit islamique, ainsi que dans divers pays africains et océaniens, au contraire des pays occidentaux où la monogamie, mariage d'un seul homme avec une seule femme est la règle[3]. En raison de cet écart entre les systèmes matrimoniaux du Nord et du Sud, le christianisme, dans son déploiement en terre non chrétienne, et malgré son soucis souvent réel et sincère de prendre en compte certaines traditions et us indigènes qu'elle jugeait perfectibles, se refusa, par principe

---

[1] *Ibid.*

[2] Le concept est une invention de l'historien indien Ranajit GUHA et se pose comme une démarche intellectuelle visant une réévaluation à la hausse du rôle jusque-là occulté « des masses populaires arriérées dans la lutte pour les libertés ». Ce courant, comme l'indique son nom, voudrait opposer à l'écriture de l'histoire par le haut, privilégiée par l'historiographie de l'Inde indépendante, le point de vue des subalternes, gens du bas. Pour un approfondissement de la réflexion sur les *Subaltern Studies*, se référer à Jacques POUCHEPADASS, « Les Subaltern Studies ou critique postcoloniale de la modernité », *L'Homme*, n°156, p.161-186.

[3] *Ibid.*

éthique, à tolérer la pratique du mariage polygamique, considéré comme l'un des aspects le plus abject du paganisme (Salvaing 1981).

Selon l'article 49 de l'Ordonnance du 29 juin 1981 portant organisation de l'état civil, la polygamie est reconnue comme système matrimonial propre à informer le modèle familial principal au Cameroun, la monogamie étant une exception (Djuidje 2001 :178). Dans un pays dont 61% de la population sont chrétiens, un tel modèle familial n'est pas sans soulever de nombreuses interrogations, la plus urgente étant l'articulation d'une pratique issue du fonds résiduel du paganisme, avec les exigences de la morale chrétienne. En plus de porter l'attention sur la pertinence de certaines réponses formulées par l'Eglise chrétienne classique pour répondre aux mutations à l'œuvre dans les sociétés contemporaines, l'étude met en lumière, l'inventivité dont fait preuve la chrétienté camerounaise, pour concilier les contraintes des agendas éthiques et moraux confessionnels avec les modalités d'une pratique coutumière anomique.

La polygamie au cœur de plusieurs visions sociales opposées

Dans les sociétés africaines anciennes, la puissance et le prestige d'un homme s'évaluaient à l'importance de sa famille, et celle d'un royaume, à l'importance de ses alliés. Pour cette raison, le mariage polygamique était très prisé, car reconnu d'utilité collective, l'union monogamique étant, d'un point de vue social, « appauvrissant ». De fait, on considérait que : « renoncer à avoir plusieurs femmes, c'était renoncer à sa richesse, richesse représentée par les femmes elles-mêmes-considérées alors comme un bien- et aussi richesse apportée par leur travail » (Vincent 1976 :11). Dans les monarchies de type dynastique, le mariage était un atout majeur d'accès au trône. Nombre de monarques y ont recouru pour conférer leur légitimité aux dynasties royales ou pour s'y maintenir. Ainsi, chez les Bamoun, la pratique de la polygamie était une condition *sine qua non* pour accéder au trône. Pour cette raison, le roi Njoya, l'un des souverains les plus illustres de la dynastie Bamoun, pourtant acquis aux valeurs et enseignements évangéliques portés par la mission de Bâle, ne put jamais se résoudre à se convertir au protestantisme. La perte des privilèges royaux que lui aurait occasionné la répudiation de ses multiples épouses, condition majeure à son accès au baptême chrétien, l'en dissuada toujours (Ngo 2012).

Cette fonction utilitaire des mariages multiples n'était pas l'apanage des sociétés centralisées. Dans les sociétés dites égalitaires, la polygamie était également reconnue comme une source de respectabilité et un gage de prestige. Ainsi, chez les Béti, peuple bantou de la forêt du centre et du Sud du Cameroun, le *Nkukuma*, c'est-à-dire, le « noble », « le riche » ou le « Chef », désigne un homme qui avait épousé entre 5 à 60 femmes. Grâce à sa ribambelle d'épouses, il « voyait chaque jour, converger vers lui, autant de plats que d'épouses ; « cela (lui) donnait la possibilité de bien recevoir ses amis, de se montrer un hôte fastueux » (Vincent 1976 :10).

Les Douala, peuple de la côte du Cameroun, illustrent également cette fonction éminemment économique de la polygamie. Peuple de la région côtière du Cameroun, les Douala sont un regroupement de plusieurs clans, plus ou moins apparentés. Durant la période coloniale, les clans douala se livraient une guerre de leadership pour le contrôle du circuit commercial entre la côte et l'intérieur du pays. Les guerres interclaniques récurrentes mettant régulièrement en péril la prospérité des affaires, les Douala optèrent souvent pour les alliances matrimoniales entre clans rivaux pour contenir certains appétits démesurés. La polygamie prospéra donc chez les Douala anciens, principalement comme un moyen d'assainir l'environnement des affaires et sécuriser un précieux débouché économique par le jeu de transactions matrimoniales. Par ailleurs, de telles unions permettaient aux clans de s'assurer, auprès de nouvelles familles par alliance, un réservoir de clients qui, dans un environnement d'instabilité politique, ne manquait pas de s'épuiser régulièrement.

Mais au-delà des arguments politiques ou économiques, les mariages polygamiques étaient également utilisés comme instruments de régulation sociale. Ils permettaient, par la pratique du lévirat, de préserver l'intégrité des patrimoines familiaux et de limiter la prolifération des prostitués, dont on craignait que les veuves et les femmes célibataires n'aillent grossir les rangs.

Par ailleurs, la mortalité infantile, les guerres, les maladies et autres fléaux, étaient la source de diminution constante de la population durant cette période. Les mariages multiples, à travers la natalité qu'ils favorisaient, étaient par conséquent une solution à l'implosion de la démographie.

Au moment où la mission chrétienne entreprend de se déployer en Afrique, il y a plusieurs siècles déjà que l'Occident a adopté la monogamie comme système matrimonial exclusif. Cette mesure, introduite dans la cité grecque d'Athènes, en conformité avec le système démocratique institué par Périclès, fut érigé en loi sous la domination romaine. Mais il semble que ce soit l'avènement du christianisme au premier siècle de notre ère qui contribua à l'expansion de ce modèle matrimonial. En effet, l'Eglise considère le mariage sous le prisme du rapport du Christ à l'Eglise. Christ est époux de l'Eglise, les deux ne font qu'un. De même, les époux s'unissent l'un à l'autre, de façon exclusive, pour ne faire qu'une seule chair. De ce postulat découle la prévention de l'Eglise contre la pratique du régime polygamique, considéré ici, non plus seulement illégitime, mais immorale, dégradante et dangereuse.

A cet effet, Bernard Salvaing rapporte cette perception qu'avaient les missionnaires occidentaux de la polygamie: « La polygamie qui avilit la femme païenne lui enlève souvent l'honneur, la liberté et même la vie. De là naissent des enfants sans pudeur, sans honnêteté, sans respect et sans amour pour leur mère » (Salvaing 1981 : 513). Les missionnaires chrétiens se verront par d'ailleurs confortés dans cette perception négative de la polygamie par le cortège de fléaux survenant régulièrement dans la ville de Douala, liés directement ou indirectement aux formes de son organisation familiale : la prostitution, les épidémies, l'élévation de la mortalité infantile, délinquance juvénile etc.

On a souligné plus haut que chez les Douala, l'intérêt collectif primait sur les aspirations individuelles et que la femme était au cœur de transactions maritales mercantiles. Une telle logique matrimoniale semble en contradiction avec les notions de libre choix, de consentement mutuel et du respect des droits fondamentaux et de la dignité humaine qui sont au cœur du modèle libéral. Or, ce sont autant de valeurs que la mission chrétienne, en s'engageant en Afrique, s'est donnée le devoir sacré de promouvoir.

Mais c'est dans la perception que se faisait le missionnaire de la femme africaine que s'illustre le mieux le fossé entre les perceptions occidentales chrétiennes et africaines du mariage.[4] A ce sujet, les observations de Salvaing sur les représentations que les missionnaires se faisaient des femmes dahoméennes peuvent s'appliquer au contexte camerounais :

> « Les Missions catholiques publient-elles des gravures montrant avec sympathie certaines scènes de la vie familiale, mais à côté de ces descriptions de la vie réelle persiste chez les missionnaires une image mythique de la femme africaine considérée comme source de toutes les perversions. Autour de cette idée gravitent d'autres notions : influence pernicieuse de la polygamie, caractère obscène des danses africaines, rôle néfaste de la nudité, relâchement des mœurs, absence de régulation morale, négligence. » (Salvaing 1981 :508)

Et Salvaing de conclure : « Ce que les missionnaires rejettent en bloc est un système familial, une conception de la vie totalement différente de la conception chrétienne et occidentale ». (Salvaing 1981 :508).

S'il est un aspect du mode de vie des peuples colonisés qui causa le plus d'embarras à l'administration coloniale, c'est sans conteste le système matrimonial. L'approche des pratiques dans ce domaine (dot, polygamie, lévirat, sororat etc.), différentes selon les centaines de tribus à l'organisation sociologique complexe que compte le Cameroun, était rendue encore plus ardue par un deuxième niveau de difficulté. Aux modèles traditionnels d'organisation matrimoniale autochtones, s'étaient en effet agrégés, au fil des décennies, des modèles d'organisation familiale importés, empruntés, soit au christianisme plus répandu dans le Sud, soit à l'Islam, majoritaire dans le Nord. Devoir légiférer sur la famille dans un tel contexte de superposition de coutumes parfois contradictoires, fut pour le colonisateur, une véritable source d'embarras que Ngongo exprime ainsi :

---

[4] Les éléments exposés dans cette section sont tirés d'une communication intitulée : « La polygamie, un phénomène anomique en contexte missionnaire protestant au Cameroun, d'après les notes du pasteur Jean-René Brutsch sur l'affaire Lotin a Same, (1881-1946) », (inédit). Ce texte fut initialement présenté au Colloque du CREDIC (Centre de Recherches et d'Etudes sur la Diffusion et l'Inculturation du Christianisme), tenu à Paris du 23 au 27 août 2017.

Notons dès le départ qu'avant 1939, les Camerounais se marient selon la coutume de leur milieu. On parle ainsi de mariage traditionnel, de mariage coranique, de mariage chrétien. Cette diversité pose un problème pratique à l'autorité administrative : comment opérer un recensement sérieux dans un tel contexte ? Au reste, est-il souhaitable de laisser persister ainsi, dans un domaine aussi important que la famille des législations contradictoires fondées sur la croyance religieuse des individus ? Tous les jours se posent des problèmes chaque fois que deux individus de foi religieuse différente décident de s'unir par le mariage. En quoi de difficultés, les tribunaux ne savent quelle loi appliquer. Le chrétien peut-il accepter de voir son mariage méconnu pour la seule raison qu'il n'a pas respecté les règles du mariage coutumier, celle de la dot par exemple ? Inversement est-il normal de voir la femme d'un non-chrétien régulièrement mariée selon la coutume quitter son mari pour s'unir à un chrétien prétextant que devant la loi chrétienne le mariage coutumier, surtout polygamique, n'est qu'un esclavage sans valeur juridique. (Ngongo 1982 :125)

Aussi, dans un premier temps, le colonisateur opta-t-il pour le maintien de la polygamie, ne s'octroyant pour seule concession que l'ajout en 1949, de la monogamie comme seconde option maritale. L'autre raison pour laquelle l'administrateur colonial renonça à supprimer la polygamie, conformément à ce qui était en usage en Occident, était, il faut bien le dire, d'ordre pratique. De fait, la mise en valeur de l'entreprise coloniale passait par le développement et la mise en œuvre d'infrastructures de communication : routes, ponts, chemin de fer. Par ailleurs, le financement de ces investissements, mais aussi de l'administration coloniale nécessitait des revenus dont une part importante des recettes provenait des activités agricoles et d'extraction minières. Pour tous ces travaux, la colonisation avait besoin d'une importante main d'œuvre qu'elle se procurait, très souvent au moyen des recrutements forcés. Or, pour ce recrutement, elle avait besoin de l'appui des chefs, dont la plupart étaient d'irréductibles polygames. Aussi l'administration coloniale n'avait-elle aucun intérêt à s'aliéner des soutiens aussi précieux pour son activité d'exploitation économique, par l'imposition d'une mesure aussi impopulaire que la suppression de la polygamie. Aussi, malgré la pression de l'Eglise catholique qui s'y investit avec la dernière énergie, le gouvernement colonial refusa-t-il de pénaliser la pratique de la polygamie.

La polygamie : un phénomène résilient

Indépendamment de leurs obédiences, les Eglises chrétiennes conventionnelles, se fondant sur la Nouveau Testament dans la Bible, qui semble interdire la pratique de la polygamie. Par exemple, « Que chaque homme ait sa propre femme et que chaque femme ait son mari à elle », déclare Paul en 1 Corinthiens 7 :2, ajoutant en 1Thimothée 3 :2 que « …L'épiscope soit mari d'une seule femme (…).»[5] En raison de cette position, il est difficile d'établir des statistiques rigoureuses, sur la situation réelle de la polygamie au sein des Eglises chrétiennes, ceux-ci n'y étant a priori pas admis. Pour autant, la pratique n'y est pas moins effective. Ainsi, l'Eglise baptiste Native admet officiellement les polygames en son sein. Il est tout à fait symptomatique d'une tendance en essor de nos jours que ce phénomène ne s'observe plus uniquement dans cette Eglise dite d'inspiration africaine, mais aussi dans les confessions protestantes héritières de la mission telle que l'Eglise évangélique du Cameroun, l'Eglise presbytérienne camerounaise, l'Eglise catholique etc.… Telles sont les conclusions de l'enquête conduite en 2016 sur la question en référence.

Cette enquête, compte tenu de la diversité des christianismes au Cameroun, a été conduite en plusieurs étapes entre janvier et Juillet 2016. Les enquêtés, approchés, soit individuellement, soit en groupes, ont été soumis à un entretien à la fois semi directif et non directif. Cette dernière formule s'est avérée particulièrement pertinente, car libératrice de la parole pour des personnes ou des couples qui, dans un premier temps, gênés de s'ouvrir à nous sur leur situation matrimoniale, perçue comme clandestine et illégitime, ont volontiers accepté une participation à un groupe de parole, en vue d'un partage d'expériences en présence de personnes en situation similaire à la leur. Le guide d'entretien a été administré en majorité aux adultes des deux sexes, mariés ou non, mais aussi souvent que possible aux familles, indépendamment de leur situation

---

[5]*La Bible de Jérusalem.*

matrimoniale. Une telle approche a permis de rassembler des données qualitatives et quantitatives, mais surtout de recueillir des points de vue contradictoires sur la question en référence et partant, de révéler toute la complexité, mais surtout l'ambiguïté des perceptions que les polygames ont de leur propre statut, ainsi que des représentations que les « Autres » chrétiens ont de leurs coreligionnaires « vivant dans le péché ».

Le libellé de l'objet de l'enquête, malgré quelques variables opérées dans la formulation, selon qu'il était adressé aux chrétiens ordinaires ou aux dirigeants de l'Eglise, portait sur les raisons du choix marital pour la polygamie et la place dévolue aux polygames au sein des communautés chrétiennes. Sans discrimination du niveau d'âge des couples et des individus au sein de ceux-ci, de l'origine ethnique, du niveau d'instruction et de l'importance des revenus des enquêtées, il a été possible, à côté de la tendance générale des polygamies classiques et notoires, vivant en marge, pour ainsi dire de la communauté, de dessiner d'autres variantes de la réalité polygamique. Les conclusions de l'enquête rendent par ailleurs compte de ce que les adeptes de ces types d'unions sont parvenus à négocier avec succès, leur insertion au sein de la chrétienté qu'ils fréquentent.

In fine, l'étude a montré que malgré leur position élevée dans la hiérarchie des Eglises, et indépendamment de la position officielle de leur hiérarchie au sujet de la polygamie, les dirigeants des Eglises ne condamnent pas toujours ce système matrimonial. En effet, les interviews effectuées auprès de certains pasteurs, prêtres, anciens d'Eglises, ont mis en évidence des discours se situant en porte à faux des prescriptions de leurs hiérarchies sur la question. Sur ce point, la position de l'Eglise baptiste native est particulièrement intéressante à relayer.

La Native Baptist Church (Eglise baptiste indigène ou des autochtones), est une Eglise schismatique locale issue de la sécession survenue au sein de l'Eglise baptiste Bâloise en 1888, à cause des divergences de vues profondes, ecclésiologiques et théologiques entre les pasteurs douala et les missionnaires européens. Durant la période du protectorat allemand sur le Cameroun, les rapports de l'Église. Native avec la mission de Bâle étaient tendus. Lorsqu'après le départ des allemands arriva la Société des Missions Evangéliques de Paris (SMEP), héritière de la mission. de Bâle, ces tensions atteignirent des sommets, exacerbées, de part et d'autre, par la crispation de désaccords sus mentionnés auxquels se sont trouvés mêlés des enjeux politiques. Du côté de l'Eglise autochtone, cette escalade fut incarnée par la figure du pasteur Adolphe Lotin Same qui en avait pris les rênes le 17 mai 1921. De tempérament très marqué, le pasteur Same était mu, dans sa pastorale, par une profonde aspiration à l'autonomie de son Église vis-à-vis de la Mission. Cette autonomie, il la concevait comme une accession à une pleine majorité ecclésiastique et liturgique. Selon lui, il fallait que la Mission reconnaisse aux autochtones le droit de formuler pour eux- mêmes, les formes ecclésiales et liturgiques inspirées des modes de pensée et organisationnel endogènes. Ainsi en vint-il par exemple à prôner l'admission, sous certaines conditions, des polygames à des postes d'autorité au sein de l'Église. Ainsi peut-on lire, dans le compte rendu d'une palabre l'ayant opposé, le 12 janvier 1922, à un de ces anciens alliés retourné à la mission, le nommé Dikongue :

> D. Tu aimes et prêches la polygamie !... L : Oui, j'aime la polygamie. Si je n'ai pas formé une église polygame, c'est parce que la conférence l'a interdit. J'ai dû me soumettre au règlement. Mais c'est le vieux Dibundu [Joshua] qui a baptisé le chef Akwa qui avait cent femmes et Alfred Moukouri avec aussi cents femmes, et pas moi ! C'est vrai, j'ai baptisé des polygames à Nyatam (Yabassi), mais pas à Douala, à cause de la conférence de 1880 !.... [6]

Une telle posture, contrairement à ce que l'on pourrait croire, n'est pas limitée aux seules confessions natives d'inspiration éthiopiennes.

Au sein même des Eglises dites traditionnelles, les pasteurs affichent parfois des positions ambiguës, voire favorables vis-à-vis de la polygamie. Bien que leurs mobiles ne soient pas toujours d'ordre théologique, certains pasteurs et prêtres reconnaissent tolérer les polygames pour des raisons d'ordre pécuniaire. C'est notamment le cas de communautés à effectifs réduits qui, en ce qu'elles dépendent de la générosité de leurs fidèles pour leur entretien, se trouvent

---

[6] Archives BrutschIV- Cahier de note JRB- copie de textes historiques.

contraintes, pour ne pas « fermer boutique », d'admettre, en violation avec la discipline de l'Eglise, des familles polygames. C'est ainsi qu' « au vu et su de tous, des chefs de familles polygames œuvrent aux côtés des prêtres et pasteurs à la gestion des communautés. En retour, ces derniers, baptisent leur progéniture, n'hésitent pas à fréquenter leurs foyers pour y dire des messes ou des cultes, et il n'est pas rare que des prélats donnent, au cours des offices mortuaires, des témoignages favorables à l'endroit de polygames décédés cités en modèles.»[7]

Mais les seules raisons d'ordre financier ne justifient pas une telle indiscipline théologique de la part du personnel religieux chrétien. De fait, dans les années 1970, une tendance s'est faite jour au sein des christianismes africains, avec des accentuations plus ou moins marquées selon les confessions. Cette tendance, portée par un courant qu'on pourrait qualifier de « conservateur », considère la polygamie, non seulement comme acceptable, mais bénéfique pour les couples, pour qui elle constituerait une barrière contre le VIH Sida. (Senyono 1987 : 21). Une telle posture, bien que marginale, n'est pas loin d'être partagée par nombre de dirigeants d'Eglises enquêtés. En effet, bien qu'ils se soient exprimés sous le sceau de l'anonymat, les réponses de certains pasteurs et prêtres interrogés sur l'acceptation ou non des polygames au sein de leur Eglise, sont révélatrices d'un processus de retournement culturel, travaillant en profondeur les Eglises d'Afrique, et dont le point semble s'être cristallisé en une revendication identitaire, en réaction à l'attitude, présumée favorable, de l'Eglise occidentale, vis-à-vis de l'homosexualité : « Ils sont pédophiles, acceptent les homosexuels et osent venir critiquer la polygamie chez nous ? »[8], estiment nombre d'entre eux.

Du côté des chrétiens, le choix du régime matrimonial polygamique étant un facteur discriminant pour l'accès aux postes de responsabilité et aux sacrements, et par conséquent, pour la mobilité et la socialisation intracommunautaire, les hommes font preuve d'inventivité par la mise en œuvre des procédures de contournement de l'interdit de polygamie en Eglise. Ainsi, divers monogames en

---

[7] Simon Pierre Tonye, Interview du 13 mai 2016, Douala.
[8] Anonyme, entretien du 12 juin 2016, Douala.

difficulté conjugale, mais contraints, par la discipline de l'Eglise interdisant le divorce, de demeurer en couple, ont trouvé une solution à leur difficulté, dans la formule du mariage coutumier, contracté avec une non chrétienne en général ; parallèlement à une première union monogamique déclarée à l'Eglise. Ce cas de figure est le plus couramment recensé chez les hommes dont la conversion est antérieure à leur mariage. De telles unions, quoi qu'illégales, n'en sont pas moins légitimes, puisque validées par le droit coutumier qui reste, malgré l'existence d'un code de la famille, le cadre de référence et d'inspiration de nombre de modèles familiaux.

Un deuxième cas de figure, rencontré chez les catholiques dont la conversion est postérieure au mariage civil, est celui des polygames déclarés, mais monogames de fait, et qui, en raison d'une pratique monogamique avérée, sont admis à participer pleinement à la vie de la communauté, grâce à une mesure de clémence prévue par la conférence épiscopale du Cameroun. De fait, l'Eglise catholique du Cameroun permet à des couples ayant contracté une union sous régime polygamique, de demander le sacrement de mariage à l'Eglise, à la condition expresse de prouver leur intention monogamique par une rectification de la mention polygamie sur l'acte d'état civil. Si dans le principe, une telle procédure est prévue par le Code civil en son article 22, dans la pratique, cette procédure est « très longue, onéreuse et n'aboutit pas toujours rapidement ». Consciente de cette réalité, l'Eglise permet aux candidats polygames au mariage religieux de contourner cette forteresse juridique. Pour cela, les impétrants sont tenus de signer, devant un évêque, un document de révocation de l'intention polygamique de l'union précédente et d'en déclarer, de manière explicite, l'intention monogamique (Recchi 2011).

Si les enquêtes sus mentionnées traduisent une certaine ouverture de la part des Eglises des confessions chrétiennes étudiées envers une certaine catégorie de polygames, une nuance se doit d'être faite, s'agissant de l'accueil réservé, au sein de certaines d'entre elles, aux épouses additionnelles des foyers polygamiques. Ainsi, chez les protestants presbytériens enquêtés par exemple, nombre de cadres de l'Eglise sont, dans une proportion non négligeable, des femmes issues de foyers polygamiques. Ces femmes, souvent en seconde position dans leur foyer, sont très souvent des déçues de l'Eglise catholique. Elles se sont vu refuser l'accès au sacrement de la communion au motif de mariage polygamique et ont trouvé un accueil favorable dans les Eglises protestantes, « plus souples » sur cette question que leurs homologues catholiques.

Une telle situation, survenant au sein des Eglises chrétiennes issues de la mission soulève quelques questionnements sur la pertinence de certains choix, de certaines réponses, naguère formulées par les missionnaires et de nos jours par les Eglises en place, pour répondre aux problèmes soulevés par la complexité caractéristique des sociétés africaines, en tension entre les exigences d'une modernité d'importation et les contraintes des valeurs traditionnelles.

Femmes en polygamie : une invention de la sociabilité moderne

A bien d'égards, les effets de l'action évangélisatrice de la religion chrétienne sur les cultures païennes furent bien mitigés. Contredisant l'apologétique missionnaire, autant que les discours des afropessimistes d'une Afrique culturellement aliénée, nombre de coutumes africaines considérées, au mieux, perfectibles, au pire, intolérables ou inacceptables, de par leur caractère immoral, réinvestissent les registres culturels contemporains. Un tel phénomène de réversion culturelle appelle deux remarques.

Premièrement, les Eglises contemporaines, comme naguère les missionnaires, se sont parfois contentées des réponses de surface apportées par les néophytes à l'évangélisation chrétienne, sous évaluant la faculté de résilience profonde de leur cultures. Deuxièmement, cette ténacité des croyances locales démontre que, même face aux sociétés à organisation lignagères, considérées comme étant d'une porosité pathologique aux influences extérieures, l'offre spirituelle occidentale chrétienne a souvent échoué à se substituer efficacement aux éléments culturels qu'elle a délogés. De fait, privés des mécanismes de protection de la société ancienne et déçus par les propositions de l'Église en la matière, les chrétiens ne tardent pas à réactiver les vieilles coutumes, ce qui les conduit à mener une vie spirituelle faite de duplicité (Bureau 1986).

Modèle familial antichrétien par excellence, symbole de la barbarie et de l'abjection des non chrétiens, la polygamie revient en force comme modèle familial contemporain. Contredisant les annonces enthousiastes des spécialistes de la modernité au sujet des effets émancipateurs de l'instruction et du mode de vie à l'Occidentale sur la condition féminine, défiant les discours des moralistes les plus acerbes et ainsi que les féministes les plus irréductibles, la pratique du mariage polygamique regagne du terrain partout en Afrique. (Philippe et Nanitelamio 1995).

En 1995, le Centre Français sur la Population et le Développement (CEPED), suite à une enquête sur la polygamie à Dakar, décrivait ainsi la situation:

> La socialisation des femmes les conduit à privilégier le mariage.
> L'éducation des femmes les amène à survaloriser le statut d'épouse et
> l'importance de l'homme dans leur vie, pour les entretenir, les protéger,
> et leur donner un statut social valorisant. Elles craignent la solitude et
> le regard social peu tolérant à l'égard des femmes seules, même en ville.
> (…) La pression sociale est telle vis-à-vis du mariage que certaines
> femmes non mariées sont prêtes à entrer dans une union polygame, et
> à conforter, malgré elles, cette institution. (…) Parmi les femmes qui se
> marient entre 21 et 24 ans, 21% arrivent comme seconde épouse et 9%
> comme troisième ou plus. Lorsque le mariage ou le remariage a lieu
> après 30 ans, 41% prennent le rang de seconde épouse et 44% celui de
> troisième ou plus. Même pour le premier mariage, lorsqu'il a lieu après
> 30 ans, la proportion de femmes entrant dans une union polygamique
> reste importante (Philippe et Nanitelamio 1995 :21)

Mais plus que son retour, c'est le soutien dont il bénéficie aujourd'hui qui fait de la polygamie un des phénomènes de la modernité africaine les plus étonnants. Car, alors qu'on la croyait l'apanage des zones rurales où le mode de production agricole, l'analphabétisme, le poids des traditions et des religions conservatrices avaient leur lit, la polygamie fait désormais son irruption en milieux urbain et hautement scolarisé.

Interrogé sur l'engouement des femmes urbaines et même intellectuelles pour cette pratique matrimoniale, Bios Diallo, chercheur et écrivain mauritanien, voit deux explications à ce phénomène : un profond complexe de désaveu de la part des femmes polygames, et une phobie égotique de la part des Hommes. Selon

Bios, dans des sociétés africaines où le mariage est un indice d'ascension sociale et le statut d'épouse un gage de respectabilité,

> …avoir un enfant hors mariage est perçu comme un signe de déshonneur. Et même ne pas s'afficher avec son mari dans les cérémonies mondaines est objet de calomnie. Or les femmes émancipées, avec un certain bagage intellectuel, font peur aux hommes qui craignent qu'elles n'usurpent leur autorité. (…) Ils préfèrent donc sortir avec elles sans jamais les épouser. Or, quand les femmes passent le cap des 30-35 ans, elles commencent sérieusement à prendre peur et cherchent désespérément à se caser. D'autant que le désir d'avoir des enfants se fait pressant. Elles savent que leur horloge biologique tourne inexorablement. Devant toutes ces inquiétudes, elles rechignent difficilement à être seconde épouse ou troisième épouse. Quitte à ce qu'elles ne vivent pas chez le mari. Parce que c'est un moyen, pour elles, de garder leur indépendance. Elles acceptent ou imposent de vivre seules, d'avoir leur propre maison. L'important étant qu'on dise qu'elles ont un mari. Ce qui leur confère, par ailleurs, une légalité sociale quant à l'arrivée d'un éventuel enfant (Cadasse 2005)

Ainsi, nombre des femmes chrétiennes qui nous occupent, pourvues d'un bagage intellectuel conséquent, expliquent avoir délibérément opté pour le mariage polygamique, pour concilier des choix de vie personnels très modernes (longues études, carrières professionnelles etc…) avec les exigences morales de la chrétienté, telle que la maternité biparentale. Tout à fait conscientes des avatars de cette formule matrimoniale, elles s'emploient malgré tout, par leur choix inattendu, à en tirer le meilleur parti. En cela, leur attitude est en résonance avec les postures de nombre de leurs pairs de par le monde qui, comme elles, ont entrepris, pour composer avec les contraintes d'une modernité de plus en plus exigeante, et les contradictions des législations modernes avec les pratiques traditionnelles et religieuses, de revisiter leur rapport au mariage. En défendant la polygamie, c'est surtout leur liberté que ces femmes défendent : celles de vivre leur féminité en toute quiétude sans pour autant sacrifier leur désir de faire carrière.

Conclusion

Le présent papier s'est intéressé à la famille camerounaise en tant qu'une invention de la modernité africaine des XIXᵉ et XXᵉ siècles, aujourd'hui confrontée au retour en force du système matrimonial polygamique au sein des communautés chrétiennes. Depuis l'ouverture du Cameroun aux influences exogènes diverses, le concept de famille est tributaire de nouveaux construits sociaux, reflétant un agenda culturel camerounais hétérogène, tiraillé entre les atavismes ancestraux et les exigences d'une modernité d'importation. Durant la colonisation, la réticence du législateur à supprimer, pour des raisons pratiques de gouvernance, le régime matrimonial polygamique, s'est souvent heurtée à la volonté des Eglises chrétiennes de substituer, à ce modèle familial, considéré comme l'émanation même de la barbarie, la famille monogamique, modèle familial chrétien par excellence. A l'expérience toutefois, un tel projet s'est avéré utopique.

Dans le cadre de la présente étude, notre intérêt s'est porté sur 20 communautés chrétiennes réparties entre quatre confessions religieuses chrétiennes enquêtées dans la ville de Douala : l'Eglise catholique, les Eglises protestantes évangélique et baptiste et *Native Baptist Church*. Il s'est agi d'interroger le sens du retour en force du système matrimonial polygamique au sein des communautés chrétiennes, dans un contexte camerounais écartelé entre son attachement aux valeurs ancestrales et son engagement sur les sentiers de la modernité. A cet effet, le cas des Douala, peuple de la côte du Cameroun à organisation sociale lignagère, a servi de paradigme d'analyse pour saisir les fondements, le sens et la portée d'une telle pratique en contexte camerounais traditionnel et partant, les raisons de sa résilience malgré les efforts déployés par la mission civilisatrice pour l'éradiquer. Une telle vision négative de la polygamie, loin d'être partagée par l'administration coloniale et encore moins par les l'Eglises protestantes d'inspiration autochtone, laisse entrevoir le défi que représente pour le législateur camerounais, la nécessité de codifier une pratique ancestrale dans le respect des standards internationaux des droits humains en général et de la femme en particulier.

Références Bibliographiques

Beti (M), 1956, *Le pauvre Christ de Bomba*, Présence africaine, Paris.

Blandenie (J), 2016, « Colonisation et mission : complicité ou antagonisme ? », www.foienquestion.eu.

Bureau (R), 1996, *Le peuple du fleuve. Sociologie de la conversion chez les Douala*, ParisKarthala.

Cadasse (D), 2005, « Un panier de crabe nommé polygamie », Entretien avec Bios Diallo,chercheur et écrivain, www.Afrik.com.

Djuidje (B), 2001, « La polygamie en droit international privé camerounais », *Revue généralede droit*, Volume 3, numéro 1, pp. 163-171.

Eboussi (B.F.), 1981, *Christianisme sans fétiche. Révélation et domination*, Paris, Présence Africaine.

Girardin (B), 1982, *Périodiques missionnaires protestants romands, 1819-1981, Répertoire bibliographique, Basler Afrika Bibliographien*, Bâle.

Kangue (E.F.), 1985, *Semences et Moissons coloniales : un regard d'Africain sur l'histoire de la colonisation*, CLE.

Mbembe (A), 1988, *Afriques indociles. Christianisme, pouvoir et état en société postcoloniale*. Paris, Karthala.

Muscadin (J), 2011, « La Représentation de l'Afrique et des Africains dans les écrits d'un missionnaire Poitevin. Le père Joseph Auzanneau à Kibouende, Congo français, 1926 1941 », Mémoire de Master 1, Université de Poitiers.

Ngo (N.N.L.), 2013, « Le christianisme dans les enjeux de pouvoir en pays Bamoun, Ouest du Cameroun, hier et aujourd'hui », *Etudes Théologiques et Religieuses*, Institut Protestant de Théologie, Montpellier/ Paris, 88[e,] pp.73-87.

Ngongo (L), 1982, *Histoire des forces religieuses au Cameroun. De la première guerre mondiale à l'indépendance, (1916-1915)*, Paris, Karthala.

Philippe (A) et Nanitelamio (J), 1995, « Peut-on échapper à la polygamie à Dakar ? », *Les dossiers du CEPAD*, N°32, Paris.

Recchi (S), 2011, « « La polygamie/2. Discipline de l'Eglise et pratique pastorale », posté le10/11/ 2011, *fr.missionerb.com*

Salvaing (B), 1981, « La femme dahoméenne vue par les missionnaires : arrogance culturelle ou antiféminisme clérical ? », *Cahiers d'études africaines*, vol 21, n°84, pp. 507-521.

Senyonjo (C), 1987, « Les évêques africains justifient la polygamie », *Tour de Garde*.

Vincent (J-F.), 1976, *Traditions et transitions. Entretiens avec les femmes Beti du Sud Cameroun*, Office de la Recherche Scientifique et technique d'Outre-mer, Berger Levrault, Nouvelle série, N°10, Paris.

Zorn (J-F.), 2007, « La mission sous presse: Journaux et revues des missions protestantes francophones », *Histoire et Missions chrétienne*, n°3.

Chapitre 14

Genre et coresponsabilité dans l'église Catholique en Afrique de l'ouest : Résultats d'une étude

Noëlie Kemneloum Djimadoumbaye

Introduction

Depuis l'année internationale de la femme en 1975, la question de la condition féminine occupe une place de choix dans les politiques publiques tant au niveau local qu'international. La conférence de Beijing en 1995 a marqué un tournant décisif dans la lutte des femmes pour la promotion de leurs droits, avec l'adoption du concept de « genre » qui désormais interroge la structure générale de la société pour comprendre les causes profondes des discriminations à l'égard de la femme. En 2013, la Côte d'Ivoire adoptait un nouveau code de la famille. S'ouvrait alors un espace de réflexion sur l'égalité entre l'homme et femme dans le mariage en particulier et la société en général. L'église catholique a été l'une des institutions religieuses à avoir formulé des réserves par rapport à cette consécration légale de l'égalité de l'homme et de la femme dans l'exercice dans l'exercice des responsabilités au sein du ménage.

Nous entreprenons ici d'examiner la perception de l'égalité entre femmes et hommes membres des congrégations religieuses[1] dans les milieux professionnels ecclésiaux en Afrique de l'Ouest. D'abord parce que la métaphore de la famille est appliquée à l'autodéfinition de l'église catholique en Afrique. La famille est le paradigme que l'Eglise en Afrique a choisi pour rendre compte de sa compréhension de la communion ecclésiale (Jean-Paul II, 1995). Aussi, le nouveau code la famille de la Côte d'Ivoire issu de la réforme de 2013 pose la gestion de l'autorité dans le ménage en termes de coresponsabilité. La coresponsabilité conjugale est donc la clé herméneutique de ce code. Cette notion de coresponsabilité peut dès lors être élargie à la

---

[1] Encore appelés « personnes consacrées » dans le texte, selon une terminologie interne à l'Eglise catholique.

relation homme/femme dans d'autres institutions autres que la famille. Notre cible ici sera les hommes et femmes consacrés au sein de l'Eglise catholique, perçue comme « Famille de Dieu », et œuvrant dans les mêmes institutions ecclésiales. Les relations entre les femmes et les hommes consacrés dans ces institutions obéissent-elles à une logique d'égalité et de coresponsabilité ?

La présente étude explore donc la pratique de la coresponsabilité entre hommes et femmes consacrés africains au sein des institutions ecclésiales en Afrique de l'Ouest. Comment les hommes et les femmes consacrés, perçoivent, vivent et construisent-ils cette relation de coresponsabilité ? Pour répondre à cette question, nous avons mené une enquête qualitative auprès de quarante-et-cinq personnes consacrées dont 24 femmes consacrées et 21 hommes consacrés[2] de 11 nationalités[3]. Les entretiens ont eu lieu en direct, par mail, skype et téléphone entre le 1er mars et 15 avril 2017. La constitution de l'échantillon a tenu compte les critères suivants : sexe, âge, nombre d'années de consécration, nationalité, fonction occupée dans l'Institut ou dans l'Eglise, le type de vie consacrée, l'origine des Instituts, etc.

Après un examen de la « perception de la coresponsabilité » par nos enquêtés (I), nous nous pencherons sur les pratiques quotidiennes de celle-ci (II), et enfin esquisser quelques « perspectives d'avenir en matière de coresponsabilité » (III).

Coresponsabilité et l'égalité du genre dans le magistère catholique

D'où vient l'idée de la coresponsabilité dans l'Eglise dans son usage contemporain ? Dans la constitution sur l'Eglise (*Lumen Gentium*) du Concile Vatican II, il est question de la « responsabilité commune » de l'ensemble du « Peuple de Dieu ». Le Concile affirmait ainsi la primauté de « l'être-chrétien » sur toute autre modalité de la *sequela Christi*. C'est « l'être chrétien » qui, en effet, constitue d'une

---

[2] Il s'agit de 9 prêtres diocésains, 2 évêques, 2 religieux frères, 10 religieux prêtres.

[3] Bénin, Burkina Faso, Côte d'Ivoire, Ghana, Niger, République Centrafricaine (RCA), République Démocratique du Congo (RDC), Rwanda, Sénégal, Tanzanie et Tchad.

part le premier « moment commun » unifiant tout le Peuple de Dieu et d'autre part le moment fondateur qui établit l'égalité entre tous les chrétiens: qu'il « *règne entre tous une véritable égalité* » (Vatican II, 1964, n°32). Fondée sur l'« Etre Chrétien », la responsabilité commune du Peuple de Dieu traverse les trois modalités de la mission de l'Eglise : l'annonce de la Bonne Nouvelle, la liturgie (la Prière commune) et la diaconie (Vatican II, 1965).Il importe de relever trois expressions clés en lien avec la responsabilité commune : « *par nature* », « *un droit et un devoir* » et « *discerner* ». Si donc la responsabilité commune relève de la nature même de la vie chrétienne, aucun(e) chrétien(ne) ne doit en être exclu(e). Il s'ensuit qu'elle est « un droit et un devoir » à préserver par et pour tou(te)s. Cependant, si le Concile affirme la responsabilité commune de tous les chrétiens, il ne spécifie pas la responsabilité de chacun(e). C'est pourquoi, chaque époque et chaque Eglise particulière est invitée à en discerner les modalités. Désormais, l'action missionnaire est à penser dans l'articulation de la coresponsabilité entre les trois catégories de fidèles chrétiens - les laïcs, les ministres ordonnés et les personnes consacrées -pour ainsi sortir de la bipolarité clercs/laïcs. La notion du « Peuple de Dieu », qui exprime bien l'idée de « communauté chrétienne » fondée sur« l'être chrétien », évoque de manière intrinsèque la dimension nodale, les liens entre les membres. Etre-liés, c'est être appelés à agir ensemble.

Assez rapidement, l'expression « responsabilité commune » s'est muée en « coresponsabilité » en 1968 avec la publication de l'ouvrage du Cardinal Suenens, intitulé « *La coresponsabilité dans l'Eglise d'aujourd'hui* ». Cet ouvrage d'un Père conciliaire sonnait comme un manifeste au lendemain du concile Vatican II (Bobineau et Guyon 2010 :15). Cinquante ans après la parution de l'ouvrage du cardinal Suenens, le terme « coresponsabilité » fait florès : il est régulièrement repris dans les documents pontificaux (Jean Paul II, 1979), les déclarations ou résolutions des Conférences Episcopales (Conférence Episcopale Française, 1973).

L'enjeu majeur de la « responsabilité commune » ou encore de la « coresponsabilité » pointé par le concile Vatican II et les réflexions post-conciliaires est la participation des laïcs à l'action missionnaire de l'Eglise. Cinquante ans après le concile Vatican II, émergent d'autres enjeux notamment la question du genre, d'où notre intérêt pour la coresponsabilité entre femmes et hommes consacrés.

Au niveau démographique, tout d'abord, les femmes consacrées forment plus des 3/4 des personnes consacrées dans l'Église (International Statistics on Men and Women Religious, 1995, 137). Ce qui est dit des femmes consacrées peut l'être aussi des femmes en générale dans l'Eglise en Afrique. En plus de l'importance de leur poids démographique, les femmes sont les piliers de la vie chrétienne en Afrique et ailleurs. A preuve, l'analyse d'Étienne Fouilloux sur le fonctionnement de l'Église catholique à la fin du XXème siècle, qui s'aperçoit que ce sont « les femmes qui font tourner l'Église ». Les déclarations des papes successifs sur l'importance de la participation des femmes dans la mission de l'Eglise sont très explicites à ce sujet. Ainsi Jean Paul II voyait dans les aspirations des femmes un «signe de temps» (Jean XXIII, 1963) et exhortait à promouvoir « un nouveau féminisme » qui, sans succomber à la tentation de suivre les modèles masculins, travaille à dépasser toute forme de discrimination, de violence et d'exploitation (Jean Paul II, 1995, 1996). Ces belles pensées n'ont malheureusement pas franchi le stade du discours.

Dans la même perspective que son prédécesseur, Benoît XVI souligne que c'est l'humanité articulée par le masculin et le féminin qui est explicitement déclarée « image de Dieu ». Dans la vie civile, poursuit-il, cela implique « *que les femmes soient présentes dans le monde du travail et dans les instances de la société, et qu'elles aient accès à des postes de responsabilité qui leur donnent la possibilité d'inspirer les politiques des nations et de promouvoir des solutions nouvelles pour les problèmes économiques et sociaux* » (Benoit XVI, 2004, n° 4-13). Cette promotion de la femme au sein de la société humanise la société par le moyen des valeurs redécouvertes grâce aux femmes. Dans l'Eglise, il préconise « une collaboration active » entre l'homme et la femme dans la reconnaissance de leur différence. Le même pontife reconnaît, dans l'exhortation apostolique post synodale *Africae munus*, que les femmes sont « comme la colonne vertébrale des Eglises ». Aussi, appelait-il les évêques à aller au-delà des déclarations en mettant sur pied des structures concrètes susceptibles de faciliter la participation des femmes aux niveaux appropriés (Benoît XVI, 2011, n°58). Benoît XVI pointe alors des lieux concrets où les femmes doivent davantage être présentes dans la société :« *que les femmes soient présentes dans le monde du travail et dans les instances de la société, et qu'elles aient accès à des postes de responsabilité qui leur donnent la possibilité d'inspirer les politiques des nations et de promouvoir des solutions nouvelles pour les problèmes économiques et sociaux* » (Ratzinger, 2004). Or, parlant de la participation de ces mêmes femmes au niveau de l'Eglise, son langage devient vague : « une collaboration active » ou encore « une participation des femmes aux niveaux appropriés ». Cet exemple laisse entrevoir à la fois le désir et les résistances que soulève la question de coresponsabilité dans l'Eglise.

Le pape François lui aussi s'est saisi de la question de la place des femmes dans l'Eglise. A cet effet, la création, le 02 août 2016, d'« une commission officielle d'étude sur le diaconat féminin » par le pape François constitue un geste historique car pour la première fois, une commission mixte et presque paritaire est constituée au Vatican[4]. Mais une fois encore, on se pose la question de savoir quelles femmes le pape a écouté pour ouvrir ce chantier ? Que peut-on en espérer après celui du pape Jean Paul II ? Dans le mouvement de la réforme en cours menée par le Pape François, peut-on s'attendre à une mutation significative ?[5]

Résultats de l'étude

Perceptions de la coresponsabilité

Pour nos enquêtés, la coresponsabilité entre hommes et femmes consacrés dans la mission est comprise comme la capacité de *répondre ensemble de* la mission d'annoncer l'Evangile, chacun selon sa fonction. C'est assumer ensemble la mission que le Christ a confiée à son Eglise. Cela peut prendre des formes variées : entraide spirituelle et/ou intellectuelle, échange de compétences professionnelles,

---

[4]La commission est présidée par **Mgr Luis Francisco Ladaria Ferrer**, archevêque de Tibica, préfet de la Congrégation pour la Doctrine de la Foi. **Composée de 13 membres dont six femmes**, elle a pour mission d'examiner le rôle des femmes diacres aux "premiers temps de l'Eglise" et certains en attendent aussi des recommandations sur la manière de donner plus de responsabilités aux femmes aujourd'hui. Cf. https://fr.zenit.org/articles/le-pape-institue-une-commission-detude-sur-le-diaconat-feminin/, consulté le16 avril 2017.

[5]Le Pape François a augmenté le nombre de femmes travaillant dans la hiérarchie des dicastères romains.

collaboration sur des projets bien ciblés, etc. Le tableau suivant met en lumière l'occurrence des mots utilisés par les enquêtés pour parler de la coresponsabilité.

Tableau 1 : Termes associés à la Coresponsabilité

Termes associés à la coresponsabilité	Nombre	Pourcentage (%)
Ensemble/chacun	26	57,77
Participation	21	46,66
Entraide/Solidarité	19	42,22
Interaction/Réciprocité	18	40
Complémentarité	5	11,11
Egalité	2	4,44
Partenariat	1	2,22

Sources : Notre enquête

> *La coresponsabilité entre hommes et femmes consacrés dans la mission c'être le fait d'être ensemble responsable du salut des âmes, de la mission de l'Eglise qui est la manifestation du règne de Dieu (Ab J., Côte d'Ivoire).*
> *La coresponsabilité entre hommes et femmes consacrés dans la mission c'est prendre des décisions ensemble, assurer ensemble le leadership dans la mission (Sr C., Bénin).*

En d'autres termes, c'est ensemble qu'il faut agir, décider, donner une vision à la mission. Pour l'écrasante majorité, soit 93,33% des personnes enquêtées, la coresponsabilité est un défi à relever : défi de reconnaissance mutuelle, en l'occurrence de la reconnaissance de la participation féminine dans l'organisation de l'action missionnaire.

> *Parler de coresponsabilité, entre hommes et femmes, implique également que dans cette collaboration missionnaire la répartition de tâches ne se fasse pas systématiquement dans un rapport de subordination des femmes consacrées vis-à-vis des hommes consacrés. Que chacun puisse se sentir apprécié et reconnu au niveau de ses compétences et de ses aptitudes propres (Sr M-M., Côte d'Ivoire).*
> *Thématique intéressante pour les femmes mais je ne vois pas en quoi moi homme je suis concerné (Ab. F., Côte d'Ivoire).*
> *Quand j'entends « coresponsabilité » cela me fait penser à la prévalence masculine, à la discrimination de sexe, au féminisme et ses revendications (Sr A-B., Sénégal).*

Coresponsabilité est pour moi une interpellation, une invitation à ce que cette réalité se vive vraiment. C'est un appel à être pleinement à sa place (Sr C., Bénin).
Cette réalité laisse à désirer au niveau de l'Eglise institutionnelle (Ab. A.C., Côte d'Ivoire).

La coresponsabilité est ainsi perçue comme un idéal et comme un défi à relever avec les difficultés que la mise en pratique de celle-ci peut comporter.

Perceptions de la Pratique de la coresponsabilité

A la question de savoir si les femmes consacrées font partie de ceux qui sont appelés les « responsables » de l'Eglise, 91,11% de nos enquêtés ont donné un avis favorable de principe contre 4,44% d'avis défavorables. Le leadership des femmes consacrées est reconnu en premier lieu au niveau social : éducation, santé, promotion de la femme et promotion humaine en général. Toutefois, c'est en l'absence de prêtres que certaines consacrées sont responsables de paroisse. Et de cette manière, elles participent directement au leadership de l'évêque. Autrement, les femmes consacrées sont souvent absentes de la gestion 'politique' de l'Eglise. En effet, 64,45% des enquêtés pensent que les femmes consacrées ne sont pas autant responsabilisées que les hommes consacrés dans l'Eglise, même s'il faut reconnaître qu'elles prennent de plus en plus de responsabilité dans l'Eglise.

De par leur engagement, on peut dire que les femmes sont des responsables de l'Eglise, néanmoins, dans la gestion politique elles sont mises en second plan. (Ab. M., Niger).
Elles assurent un leadership remarquable dans le social : éducation, santé. Les femmes sont aussi leaders dans la vie associative telle que l'union des religieux et religieuses. Mais sur la paroisse, c'est encore un défi : certains prêtres permettent que les religieuses donnent la communion, d'autres non. (Sr Y., Togo).
Les gens trouvent en elles des personnes impliquées dans le développement, l'évangélisation. (Sr D., Côte d'Ivoire).
On les désigne généralement sous le vocable de « gens de Dieu », tout comme les prêtres. Mais parfois, ce sont même certains prêtres qui prônent la suprématie de l'Ordonné devant le simple Religieux (Fr. R-E., Burkina).
Personnellement je ne connais pas les sœurs. On se rencontre mais je n'ai jamais pensé faire appel à elles pour une collaboration (Ab. F., Côte d'Ivoire).
Je suis présentement responsable hiérarchique d'un certain nombre de prêtres. Ils ont du mal à travailler sous la responsabilité d'une femme. Ils sont dans la logique selon laquelle ce sont eux qui sont plus forts, plus intelligents et doivent

commander surtout si c'est une structure d'Eglise. Je rencontre de la résistance à tous les niveaux (Sr T., Mali).

Diverses raisons expliquent la marginalité du leadership des femmes consacrées dans la mission: le cléricalisme qui ne donne pas aux femmes consacrées la place qui leur revient, l'amour du pouvoir par les ministres ordonnés et les hommes consacrés, la méconnaissance des forces des consacrées à la fois par les hommes et femmes consacrés, le manque de compétence des femmes consacrées dans le domaine théologique, les interprétations unilatérales ou parfois biaisées de la culture africaine, de certains passages bibliques et de la Tradition de l'Eglise qui s'accompagnent d'une certaine condescendance des hommes consacrés vis-à-vis des femmes consacrées. La plupart de ces raisons sont reconnues par ailleurs par Sr Sylvia Recchi :

Souvent, leur exclusion (l'exclusion des femmes) de la parité effective avec les hommes est maintenue par une échelle de normes culturelles traditionnelles, confirmées par une lecture unilatérale de la Parole de Dieu, interprétée dans le sens d'une soumission de la femme à l'homme. La culture « machiste » de certains milieux africains, même ecclésiastiques, est souvent la raison d'être de la marginalisation des femmes ; ainsi la présence féminine est rare dans les organes de la curie diocésaine, dans la formation des candidats à la prêtrise, dans le rôle d'enseignants, de directrices spirituelles (Recchi 2010).

Cependant, pour 88,88%de nos enquêtés, les femmes consacrées peuvent occuper les mêmes postes de responsabilité que les hommes consacrés (excepté les postes de responsabilité liée au sacerdoce). Aucune raison, à priori, les exclurait de ces postes de responsabilité. Toutefois, elles doivent remplir quelques conditions : la compétence, la disponibilité, l'ouverture des femmes consacrées elles-mêmes, l'ouverture des hommes consacrés et l'ouverture des laïcs. Ainsi, l'absence des femmes consacrées à ces postes s'explique en général par le fait qu'elles ne sont pas formées pour ces postes, d'une part, et, d'autre part, par certaines réticences dans le milieu ecclésial. Par contre, pour 4, 44% des enquêtés, ces postes ne sont pas faits pour les femmes consacrées. Elles peuvent être des conseillères, des aides mais pas être en première ligne de la responsabilité. Ces derniers invitent au respect de la sagesse africaine qui veut que les femmes ne soient pas exposées à la vie publique de la société.

> *… du moment où elles sont compétentes, je n'y vois pas de problème mais il faut commencer doucement en prenant en compte la résistance des laïcs (P. E, Tchad).*

> *Tout cela est possible si les femmes consacrées elles-mêmes acceptent ces postes et si les hommes consacrés veulent bien se défaire de ces responsabilités pour les confier « correctement » aux femmes consacrées, sans « coups fourrés » ni interférences (P. C., Burkina).*
> *Je n'ai pas de problème à nommer des religieuses à ces postes. Mais il faut tenir compte du contexte. Je prends une comparaison pour m'expliquer. Etre gauché, ce n'est pas un problème en soi mais cela est mal vu dans la société africaine. Si vous donnez la communion avec la main gauche, vous choquez les gens. La question de la nomination des femmes consacrées est un peu semblable. On est obligé de tenir compte de la sensibilité du milieu. Les temps ne sont pas mûrs (Prélat, Côte d'Ivoire).*
> *Sur le principe, il n'y pas de problème. Mais quand il y a beaucoup de prêtres, il faut surtout donner du travail au personnel immédiat du presbyterium. Et puis, c'est compliqué de solliciter les religieuses. Il faut passer par les supérieures et cela prend du temps avec des risques de complications (Ab. J ; Côte d'Ivoire).*
> *Oui mais pas pour les commissions diocésaines, les prêtres diocésains connaissent mieux le terrain que les religieuses. Il vaut mieux queles religieuses se tiennent à l'écart de ces postes (Sr Y., Togo).*
> *Les femmes consacrées peuvent occuper ces postes mais leur place de choix c'est de tenir la place de mère. Elles rendent un service caché et Dieu merci: il ne faut pas chercher l'espace public mais il est important qu'elles soient reconnues à leur juste valeur. Je prends l'image de l'arbre pour m'expliquer: la femme est la sève de la mission, l'homme est le tronc et les branches (il est souvent dans les choses qui se voient et cela le rend facilement vaniteux, orgueilleux). Si la sève sort à la surface, elle est frappée par le vent et elle sèche et avec elle, c'est tout l'arbre qui meurt. Femmes consacrées, restons dans la mission ce que la sève est à l'arbre (Sr B., CI).*
> *Les religieuses peuvent être des aides mais pas les premières responsables. N'oublions pas la dynamique de l'inculturation qui nous demande de respecter la sagesse africaine reçue de nos ancêtres. La place de la femme dans la société est indéniable mais elle se trouve dans le secret. (P. P., Togo).*

Par ailleurs, la coresponsabilité est perçue à la fois comme un défi, une exigence, une nécessité et quelques rares fois comme un acquis. Ce qui confirme bien les réactions exprimées ci-dessus.

Tableau 2 : Perceptions de la coresponsabilité comme défi

Appréciation de la coresponsabilité homme/femme consacrés	Nombre	Pourcentage (%)
Défi	20	44,44
Exigence	14	31,11
Nécessité	14	31,11
Acquis	4	8, 88

Sources : notre enquête

C'est un défi, pas seulement entre hommes et femmes mais à tous les niveaux: comment on accepte de laisser l'autre épanouir les talents, le charisme des autres ? Les difficultés de collaboration hommes/femmes sont aussi les mêmes entre prêtres. La collaboration est un problème général (Ab. J., Côte d'Ivoire).

C'est un défi car nous avons une église hiérarchique masculine à la tête, avec une grosse participation des femmes. C'est le règne du cléricalisme (Ab P., Ghana).

C'est un défi car il faut dépasser certaines images de la religieuse et un acquis en ce sens qu'il y a beaucoup d'exemples de collaboration. Il y a de plus en plus de reconnaissance de la compétence des femmes: enseignement, conférences, travail des sœurs dans les zones rurales où les prêtres sont absents (Sr D., Côte d'Ivoire).

Cette coresponsabilité est à la fois une exigence, une nécessité et un défi. De part et d'autre, il y a comme un besoin de laisser tomber certains préjugés et certains regards fossés les uns sur les autres, pour pouvoir aller de l'avant (P. C., Burkina).

C'est une nécessité absolue sinon l'Eglise serait bancale de par sa nature même (Ab. A.C., Côte d'Ivoire).

Pratiques de la coresponsabilité : entre désirs et résistances

Les résultats de l'étude révèlent quatre lieux fondamentaux où la coresponsabilité se construit au quotidien : les familles religieuses, la pastorale, la vie associative et la formation.

Par familles religieuses[6], on fait référence aux Instituts de vie consacrée ayant à la fois la branche masculine et féminine, aux Instituts de vie consacrée partageant la même spiritualité ou encore

---

[6]Voici quelques familles religieuses touchées par nos entretiens : Bénédictins/bénédictines ; Franciscains/Clarisses ; Carmes/carmélites ; Société des Missions Africaines (SMA)/Sœurs Notre Dame des Apôtres (NDA) ; Missionnaires d'Afrique (Pères Blancs)/Sœurs Missionnaires de Notre-Dame d'Afrique (Sœurs Blanches) ; La compagnie de Jésus (Jésuites)/La Xavière Missionnaire du Christ Jésus et Communauté Apostoliques Saint François Xavier (SFX) ; Communauté des Béatitudes (communauté mixte) ; Communauté Missionnaire de Villaregia (communauté mixte).

les Communautés Nouvelles où hommes et femmes consacrés mènent une vie commune dans le respect des espaces réservés à chacun(e). La coresponsabilité entre femmes et hommes consacrés dans ces familles religieuses prend plusieurs formes :

- Les prêtres interviennent au niveau de la célébration eucharistique, de la confession, de l'accompagnement spirituel tandis que les Sœurs aident pour la liturgie, la sacristie, la décoration, la cuisine, etc. ;
- Certains enseignements, lors de la formation initiale ou de la formation permanente, sont faits en commun. Il en va de même pour les retraites et parfois pour la formation des laïcs qui partagent la même spiritualité ;
- Collaboration professionnelle autour d'une œuvre ou d'un apostolat bien précis ;
- Projet de recherche commun où chacun apporte sa contribution : par exemple projet de recherche sur l'inculturation de la famille bénédictine en Afrique de l'Ouest autour des symboles traditionnels ;
- Collaboration dans la pastorale en général.

La collaboration autour d'un projet, d'une œuvre ou d'un apostolat bien précis est très appréciée par les enquêtés. C'est un des meilleurs cadres pour la construction de la coresponsabilité, à travers joies et épreuves. C'est le cas de certaines familles religieuses ayant œuvré ensemble dès les premières heures de l'évangélisation de l'Afrique. Malheureusement, dans plusieurs familles religieuses, l'enthousiasme de partager un idéal commun a fait place à des vagues de mécontentements, voire des conflits entre prêtres et religieuses, celles-ci se sentant plus au service des prêtres que de la mission. En effet, certaines religieuses étaient sous le contrôle des prêtres, même au plan financier et parfois ces derniers avaient une forte influence sur le gouvernement des religieuses. Ces difficultés ont fini par mettre de la distance entre les prêtres et les religieuses appartenant à la même famille religieuse. Certains enquêtés témoignent d'expériences positives de collaboration.

Je suis reconnaissante envers les religieux, j'ai beaucoup appris à leur côté. Je me suis sentie respectée et même mise en valeur. (Sr M-L, Côte d'Ivoire).

J'ai vécu des expériences très riches de collaboration et d'échange. Les perspectives différentes ont été une chance même si parfois les frères ont tendance à décider seuls (Sr A, Rwanda).

Les sœurs manifestent un grand besoin d'être en sécurité, d'être rassurées, encouragées et même mises en valeur. Lorsqu'elles sentent que ces conditions sont réunies, elles donnent le meilleur d'elles-mêmes. (P. E., Tchad).

Dans le cadre de mon insertion professionnelle avec les hommes consacrés, je me suis davantage située comme collaboratrice et je pense avoir été respectée comme telle. (Sr M-M. Côte d'Ivoire).

Sur le plan des activités pastorales, les expériences à ce niveau concernent la visite des malades, l'accompagnement des jeunes (Aumônerie des jeunes, Commissions diocésaines de vocation, Mouvements d'apostolat), la catéchèse, le conseil aux couples en difficulté, l'accueil pour les retraites, l'animation pastorale ou encore la sacristie et la décoration de l'église. Dans ces différents services, les femmes consacrées constituent surtout la main d'œuvre qui accomplit les tâches au quotidien. Cependant, le dévouement et la compétence de certaines religieuses forcent en définitive leur reconnaissance. Bien que n'occupant pas de postes de responsabilité importants, elles sont souvent sollicitées par les instances de décisions pour avis.

A ce niveau, de la vie associative, les femmes consacrées sont leaders. Souvent, ce sont elles qui sont à l'initiative des associations. Elles croient à la solidarité pour plus d'efficacité dans la mission et finissent peu à peu par convaincre les hommes consacrés à les rejoindre. Il s'agit notamment de l'Union des religieux et religieuses[7] qui sont des espaces de convivialité où les religieux et religieuses apprennent à se connaître, partagent leurs expériences et parfois réfléchissent sur de projets communs ; l'association des religieux de la santé et du social ou encore de l'enseignement qui sont des regroupements par corps de métier pour des échanges d'expériences, des formations ou pour soutenir les préoccupations communes auprès des administrations ecclésiales et civiles.

Dans le domaine de la formation es religieux et religieuses ont fait preuve de collaboration remarquable dans la création des espaces

---

[7]Il s'agit du rassemblement des religieux et religieuses vivant dans le même diocèse ou encore de la Conférence des supérieur(e)s majeur(e)s dans un pays, dans une sous-région ou au niveau panafricain.

communs de formation: les inter-postulats et inter-noviciats, le Centre Mater Christi au Burkina-Faso avec les sessions Mater Christi à toutes les étapes de la formation religieuse (noviciat, juniorat, approche vœux perpétuels, formation des formateurs, formation des responsables de communauté), le Centre Lasallien Africain (Institut CELAF) en Côte d'Ivoire pour la formation théologique et professionnelle, le Programme de Formation des Formateurs pour l'Afrique (PFFA) toujours en Côte d'Ivoire réalisé par l'Institut de Théologie de la Compagnie de Jésus à la demande de la Conférence des Supérieur(e)s Majeur(e)s d'Afrique et de Madagascar (COSMAM), etc. Ce sont de vrais laboratoires d'apprentissage de la coresponsabilité. Les aînés y conçoivent ensemble les programmes et le contenu des formations. Les plus jeunes y font l'expérience de la mixité. Selon les résultats des entretiens, plus des $9/10^{ème}$ des femmes consacrées soit 91,66% ont eu des hommes consacrés comme formateurs au cours des différentes étapes de leur formation religieuse contre 7,56% qui n'en ont pas eu. Inversement, 47,66% des hommes consacrés ont eu des femmes consacrées comme intervenantes ou formatrices dans leur formation religieuse. C'est une belle avancée de la contribution des femmes consacrées à la formation des hommes consacrés. L'idéal est lointain, certes, mais c'est tout de même un effort louable en l'espace de deux décennies. Le plus grand défi se situe au niveau de la participation des femmes consacrées dans la formation dans les séminaires, comme en témoignent certains enquêtés.

J'ai eu des formatrices lors des sessions inter-noviciats. Je pense que du côté des religieux les choses avancent mais c'est surtout dans les séminaires que le défi reste entier. Personnellement, je pense que le système des séminaires classiques hérités du Concile de Trente n'a plus sa raison d'être. (P. P., Ghana).

J'ai apprécié d'avoir des formateurs dans mon parcours. Actuellement, la majorité des intervenants à l'inter-noviciat sont des hommes consacrés. Leur intégration dans la formation des femmes consacrées est suffisante, et parfois même trop massive. Nous nous battons pour faire intervenir davantage de femmes pour que les jeunes ne restent pas avec l'impression que seuls les hommes ont la connaissance (Sr M-M., Côte d'Ivoire).

Je n'ai pas eu de femmes consacrées comme formatrices car même étant religieux, j'ai fait ma formation au grand séminaire et là-bas il n'y a pas de femmes. On « fabrique » des gens déséquilibrés. C'est une des raisons qui a poussé les religieux à retirer leurs jeunes frères des séminaires pour les former dans des Instituts de théologie plus ouverts à la mixité. Je ne crois plus au modèle des séminaires classiques mais c'est une pratique de notre Eglise, on fait avec. Néanmoins, certains de mes séminaristes sont au grand séminaire et plus de la moitié est à l'université catholique pour se frotter au monde féminin, aux laïcs. J'espère que cela va contribuer à changer les mentalités (Prélat, Côte d'Ivoire).

La coresponsabilité comme défi

Plusieurs défis de coresponsabilité entre femmes et hommes consacrés ont été relevés : la coresponsabilité pastorale, la formation, le témoignage de la vie religieuse, la connaissance de la vie religieuse par les laïcs, la collaboration entre religieux et religieuses, entre religieuses et prêtres diocésains, etc.

Tableau 3 : lieux des défis de la coresponsabilité

Défis de la coresponsabilité	Nombre	Pourcentage
Pastorale	39	86,66
Formation	37	82,22
Témoignage de vie religieuse	17	37,77
Collaboration	10	22,22
Connaissance de la vie consacrée par les laïcs	5	11,11
Compétence professsionnelle	3	6,66

Sources : notre enquête

Dans le domaine des activités pastorales, il s'agit principalement de la participation des femmes consacrées dans les lieux où se décide l'orientation missionnaire, non pas pour se substituer aux hommes mais pour donner un visage féminin de la mission. Ce visage féminin n'est pas un but en soi mais un élément qui doit favoriser le dialogue dans la recherche commune du plus grand service à rendre. Certaines femmes expriment le désir de se voir plus impliquées dans certains types de services à rendre à l'Eglise qui sont pour le moment liés au sacerdoce, tels qu'administrer le sacrement des malades et faire l'homélie. Sans vouloir être prêtres ni diacres, elles se demandent si l'Eglise ne peut pas innover dans ces domaines.

La particularité féminine est un trésor. Saisissez ce trésor et soyez-en convaincues vous-mêmes. N'attendez pas que les hommes vous le reconnaissent et ne cherchez pas à ressembler aux hommes : soyez divinement femmes sinon vous serez diaboliquement hommes (Ab. J., Côte d'Ivoire).

Je veux bien impliquer les sœurs dans la pastorale mais ce n'est pas facile de collaborer avec elles car leur rythme de vie n'est pas favorable à cette mission : heures de prière, elles se fatiguent avec la cuisine, le ménage, difficulté à s'absenter de la communauté plus de 24h pour des activités pastorales, lenteur dans la prise de décisions car elles doivent toujours faire recours à leurs supérieures, l'ingérence de leur supérieure dans leur lieu de mission, enfermement dans leur charisme et donc peu de disponibilité pour d'autres appels plus urgents. C'est lourd à gérer, je préfère m'abstenir (Ab. R., RCA).

J'enseigne la Théologie et je sens ce désir de donner la Parole de Dieu à mes frères et sœurs. Je voudrais bien prêcher l'homélie de temps en temps. De même, je fais beaucoup de visites aux malades et je voudrais bien leur donner le sacrement des malades. Je suis triste de ne pouvoir le faire et surtout de voir que ça n'intéresse pas trop les prêtres. Il faut toujours les supplier, et parfois sans succès, pour qu'ils se déplacent auprès des malades, surtout les malades les plus démunis (Sr M-L., Côte d'Ivoire).

Dans le domaine de la formation les défis se rapportent à la formation à la maturité humaine en ce qui concerne l'affectivité, au changement de mentalité (faire face au complexe de supériorité et d'infériorité chez les uns et les autres) et la formation théologique pour les femmes consacrées.

J'ai une très bonne formation et j'enseigne dans une université catholique mais à chaque fois que j'entre dans une salle de classe ou une salle de réunion avec mes collègues (à l'écrasante majorité des prêtres), j'ai toujours peur : peur de ne pas bien faire, peur d'être incomprise, peur d'être ridiculisée… (Sr J., Burkina).

J'ai souvent le sentiment d'être mise à l'épreuve. En tant que femme, je dois toujours prouver, être toujours en alerte. Je le ressens comme de la pression, voire de l'agressivité. Surtout dans le milieu intellectuel, il faut faire face aux moqueries qu'on soit étudiante ou professeure. Les étudiants ont tendance à tester leur professeure pour voir si elle est là par mérite ou par faveur (Sr D., Côte d'Ivoire).

J'ai dû raisonner une religieuse qui ne voulait pas se faire accompagner par une autre religieuse lors d'une session de formation pour les formateurs. Pour elle, les pères sont plus compétents que les sœurs. Comme curé, je devais convaincre les religieuses de prendre des responsabilités. Mais les plus grandes réticences, c'est au niveau de mes frères qui ne veulent pas collaborer avec elles (P. P., RDC).

Il est intéressant de noter que sur notre échantillon moins de 1/5ème des hommes consacrés (19%) ont eu une femme consacrée comme responsable hiérarchique dans la collaboration contre 4/5ème (80,95%) des hommes consacrés qui n'en ont jamais eu. Quand les femmes consacrées sont responsables hiérarchiques, cela se passe généralement dans le cadre associatif (Union des religieux et religieuses ou lieux de formation tels que le centre Mater Christi, le CELAF). Quelques cas marginaux attestent qu'elles sont responsables hiérarchiques des hommes consacrés au sein de leur Institut (Institut mixte) ou au niveau professionnel. Presque 4/5 des femmes consacrées soit 79,16% ont eu des hommes consacrés comme responsables hiérarchiques contre 16,66% qui n'en ont pas eu. Par contre, plus de 4/5 des hommes consacrés soit 85,71% ont été responsables hiérarchiques des femmes consacrées contre 14,28% qui ne l'ont jamais été.

Conclusion : une question de pouvoir

Comme le montrent les résultats des entretiens, la participation des femmes consacrées se situe généralement au plus bas niveau de l'échelle de la coresponsabilité, c'est-à-dire non pas au niveau du *discernement et de décision* mais de *l'exécution* des tâches pastorales. Le niveau décisionnel et d'élaboration de la vision missionnaire est, à l'heure actuelle, peu accessible aux femmes consacrées. La cartographie des conférences épiscopales africaines affiche une seule femme dans l'organigramme d'une conférence épiscopale : le cas de la Conférence Episcopale de l'Afrique du sud dont la Secrétaire Générale est une religieuse. Les curies diocésaines, à notre connaissance, ne font pas mieux. La réalité est tout simplement déconcertante. D'une part, nous avons une majorité démographique avec une charge de service importante qui représente une minorité décisionnelle (les femmes) et d'autre part une minorité démographique qui constitue une majorité décisionnelle (les hommes). Ce constat se vérifie aussi au niveau de la Fédération Luthérienne Mondiale :

Un équilibre est nécessaire, dans nos Eglises, entre les hommes et les femmes au niveau des fonctions d'encadrement. Sur le plan local, nos assemblées sont souvent composées d'une majorité de femmes, et pourtant conduites par une minorité d'hommes, ce qui reflète les habitudes de la société plutôt que le souci d'être un signe prophétique de l'irruption du Christ dans le système dominant. Cette situation a des effets destructeurs sur les femmes et les hommes (Fédération Luthérienne Mondiale, 2010, 62).

Dans la même perspective, Julma Neo (2001, 10-11) note que la collaboration entre femmes et hommes consacrés n'est pas une nouveauté dans l'Église. La nouveauté et la difficulté résident dans le fait de vivre cette collaboration dans un esprit de partenariat et d'égalité. Doivent encore être levés des obstacles profondément ancrés, à la fois chez les femmes et chez les hommes, dans les groupes et les institutions : des attitudes telles que le machisme et le chauvinisme, des structures et des valeurs culturelles qui créent la discrimination, des stéréotypes concernant la femme idéale, des orientations théologiques et des dispositions psychologiques. Une prise de conscience de ces barrages, couplée d'un désir de les surmonter, serait un très bon point de départ. A ce propos, le témoignage de Lucetta Scaraffia est éloquent :

> « *Ce qui m'a le plus frappée chez ces cardinaux, ces évêques et ces prêtres, était leur parfaite ignorance de la gent féminine, leur peu de savoir-faire à l'égard de ces femmes tenues pour inférieures, comme les sœurs, qui généralement leur servaient de domestiques... Pour l'immense majorité, l'embarras éprouvé en présence d'une femme comme moi était palpable...* » (Scarrafia, 2015).

Parler du pouvoir, comme le relève M. Foucault, revient à interroger le mode de la *gouvernance* ou plus exactement la « *gouvernementalité* » entendue comme ensemble constitué par les institutions, les procédures, les analyses et les réflexions, les calculs et tactiques permettant d'exercer un pouvoir donné (1976/1978 : 635-657). L'analyse du pouvoir nous met donc au cœur des relations stratégiques entre individus ou groupes. Pour revenir à notre sujet, le plus grand défi de la coresponsabilité entre femmes et hommes consacrés se situe au niveau de l'implication des femmes à tous les niveaux de décision et d'action dans l'Eglise[8]. En effet, la participation des femmes consacrées au niveau décisionnel touche directement à la question du pouvoir dans l'Eglise, ce pouvoir étant

---

[8]Le droit canonique lui-même est sujet à évoluer pour incarner la vision de Vatican II.

détenu par les ecclésiastiques et donc la gent masculine. Aussi, certains estiment-ils que la condition d'une plus grande participation des femmes aux structures de décision dans l'Eglise passe par la création de ministères institués pour des femmes ou encore à la participation des femmes dans les structures décisionnelles. Cette option est partagée par la Fédération Luthérienne Mondiale. En effet, en 1990 lors d'une assemblée de la Fédération, les femmes, soutenues par certains hommes, ont procédé à des manifestations pour revendiquer une plus grande participation des femmes aux instances décisionnelles (Fédération Luthérienne Mondiale, 2011). Ces manifestations ont permis aux uns et aux autres de prendre conscience que les structures ne sont pas immuables.

Bibliographie

Benoit XVI, 2011, *Exhortation apostolique post-synodale Africae munus.*

Bobineau (O) et Guyon (J) (dir.), 2010, *La coresponsabilité dans l'Eglise, utopie ou réalisme ?*, Paris, Desclée de Brouwer.

Conférence Episcopale Française, 1973, *Tous responsables dans l'Église : le ministère presbytéral dans l'Eglise tout entière "ministérielle."*, Paris, Centurion.

Fédération Luthérienne Mondiale, 2010, *Genre et pouvoir. Une réflexion dans la foi.*
https://fr.zenit.org/articles/le-pape-institue-une-commission-detude-sur-le-diaconat feminin/

Foucault (M), 1976-1978, *La "gouvernementalité"*, (cours donné au Collège de France, 1977-1978) Dits et Ecrits II, Paris, Quarto-Gallimard.

Fouilloux (E), 1995, « Femmes et catholicisme dans la France contemporaine », *Clio*.

Histoire, femmes et sociétés [En ligne], 2 | 1995, mis en ligne le 01 janvier 2005, consulté le 19 décembre 2017. URL:
http://journals.openedition.org/clio/498;
DOI :10.4000/clio.498

International Statistics on Men and Women Religious, 1995, *Catholic International*, VI, 3.

Jean Paul II, 1989,*Christifideles laici.*

Jean Paul II, 1995,*Evangelium Vitae*.

Jean Paul II, 1995,*Exhortation apostolique post-synodale Ecclesia in africa*.

Jean Paul II, 1979,*Redemptoris hominis*.

Jean Paul II, 1996,*Vita Consecrata*.

Jean XXIII, 1963,*Pacem in Terris*.

Levinas (E), 1980, *Totalité et infini : essai sur l'extériorité*, La Haye, Martinus Nijhoff Publishers.

Magne (E .K.), 2016, « La question de l'ordination des femmes au Cameroun », in Ludovic LADO (dir), *Le catholicisme en Afrique centrale et occidentale au XXIème siècle. Regards croisés, défis et perspectives*, Les Editions du CERAP/Karthala, pp.181-201.

Neo (J), 2001, *Le rôle des femmes consacrées dans l'Église et la société d'aujourd'hui: réflexion*, DePaul University, Volume 45, N°4, pp.10-11.

Ratzinger (J), 2004, *Lettre aux évêques de l'église catholique sur la collaboration de l'homme et de la femme dans l'église et dans le monde*, http://www.vatican.va/roman_curia/congregations/cfaith/doc uments/rc_con_cfaith_doc_20040731_collaboration_fr.html.

Recchi (S), 2010, *Les femmes dans les Eglises d'Afrique Centrale. Pistes de réflexion*, http://www.laici.va/content/dam/laici/documenti/donna/cult urasocieta/francois/Les%20femmes%20dans%20les%20Eglise s%20d'Afrique.pdf

Suenens (L-J.), 1968, *La coresponsabilité dans l'Eglise aujourd'hui*, Paris, Desclée de Brouwer.

Scaraffia, *Et Dieu bouda la femme*, http://www.lemonde.fr/religions/article/2015/10/27/et-dieu-bouda-la-femme_4797401_1653130.html.

Vatican II, *1964, Constitution dogmatique Lumen gentium*.

Vatican II, 1965,*Constitution pastorale Gaudium et spes*.

Vatican II, 1963,*ConstitutionSacrosanctum Concilium*.

Vatican II, *1965, Décret Apostolicam Actuositatem*.

.

Quatrième Partie

Perspectives Séculières

Chapitre 15

Le mariage civil dans le district d'Abidjan de 2013 à 2017

Edith Behibro

Introduction

Dans le district d'Abidjan, les centres d'état civil sont constitués des services municipaux des 12 communes de cette collectivité (circonscription) territoriale. Les services municipaux de l'état civil sont des services publics ouverts aux usagers desdites communes. Les usagers de ces services municipaux procèdent à des déclarations diverses (naissances, décès, mariage, etc.) qui sont enregistrées par un officier ou un agent de l'état civil. Le service municipal de l'état civil est un lieu de rencontre des populations vivant dans la commune ou de passage. Les cérémonies de célébration de mariage sont, par exemple, des opportunités de grandes rencontres joyeuses et des occasions pour les agents municipaux de présenter une bonne image de leur commune.

C'est dans le cadre géographique des centres d'état civil de 05 communes du district d'Abidjan que l'organisation sans but lucratif dénommée « SDEF-Afrique » mène des activités de promotion du droit de la famille. L'intervention de cette organisation résulte d'un partenariat avec les communes suivantes : Attécoubé, Bingerville, Plateau, Treichville et Koumassi. Dans les différentes communes où est présente l'organisation SDEF-Afrique, il a été mis en place un service d'appui au centre de l'état civil en particulier, dans le service « bureau mariage ». Ce type de partenariat tend à améliorer le service municipal et faciliter l'accès des futurs époux ou candidats au mariage au service public communal. Les points d'accès au droit sont des lieux déterminés dans les centres d'Etat Civil des communes partenaires, bien souvent la salle de mariage, ou SDEF-Afrique propose aux usagers, futurs époux, une information systématique sur le droit de la famille et du conjoint survivant.

La vision de l'organisation SDEF-Afrique est que toute démarche de cohésion sociale doit commencer par la recherche de l'harmonie dans les familles. En consolidant les familles, on institue un cadre de coopération. Il est important de régler les conflits familiaux car les familles unies ou réunifiées se parlent à nouveau dans les quartiers, les voisins en conflit réunifiés communiquent leur bonne humeur à toute la commune. De plus pour cette organisation, les mairies sont les lieux possibles de coopération à la culture de la paix.

Contexte / Justification

Depuis octobre 2006, SDEF-Afrique exécute dans les communes du district d'Abidjan, deux projets pédagogiques dénommés « Adja » et « Adja Fôhoundi ». Le projet « Adja » s'appuie sur la promotion sociale de la femme par la sensibilisation sur l'importance du mariage civil : il vise la promotion du mariage civil, l'égalité et l'application des droits fondamentaux de la femme dans la famille, le renforcement des capacités des acteurs impliqués dans les mécanismes communautaires de règlement des conflits. Le projet « Adja Fôhoundi » est un projet d'appui à la prévention et à la gestion des conflits familiaux et sociaux dans les districts d'Abidjan et de Yamoussoukro. Cette organisation est présente de manière effective dans cinq communes du district d'Abidjan.

En 2010, une commande d'enquête faite par cette organisation en vue de répondre à certains questionnements quant au bien-fondé de son action a été diligentée. L'objectif de cette étude était de mettre en évidence les caractéristiques des couples des cinq communes avec lesquelles SDEF-Afrique met en œuvre ses projets pédagogiques à l'effet de déterminer à grande échelle, en tenant compte des réalités du terrain, les politiques d'action pour la cohésion familiale et sociale. De 2010 à 2017, bien de choses et de situations ont changé. Notamment, le paysage juridique de la Côte d'Ivoire a connu un réaménagement des nouvelles dispositions de la loi sur le mariage qui a même fait dissoudre un gouvernement. En ce qui concerne les droits et devoirs des époux, la formule « le mari est le chef de la famille » qui donnait une fonction supérieure au mari a été abrogée (art 1er loi 2013-33 du 25/01/2013). Des principes de cohabitation pacifique ont été énoncés. Les principes de liberté, d'égalité, de collaboration et de coopération sont de mise. En ce qui concerne la contribution aux charges du ménage, on parle de co-gestion, de responsabilité individuelle et collective.

Objectifs et méthodologie de l'étude

Face à ces changements, SDEF-Afrique s'est proposé de faire une étude complémentaire pour relever l'incidence de ces différents changements sur la population et spécifiquement sur les candidats au mariage. Il sera important de voir quelle est leur perception quant à ces nouvelles dispositions de la loi sur le mariage. La collecte des données de cette enquête s'est faite à partir des fiches d'identification des couples qui ont procédé au mariage civil de 2013 à 2017. L'enquête s'est opérée en deux volets :

- Pour le premier volet, il s'est agi de faire la collecte des données pour identifier les couples en tenant compte de leurs diverses caractéristiques et ce à partir des fiches d'identification établies;

- Pour le deuxième volet, les couples identifiés ont été soumis au renseignement d'un questionnaire établi à l'effet de connaître leur perception et ressenti quant au droit de la famille et surtout en ce qui concerne la gestion du couple en tenant compte des nouvelles dispositions de la loi sur le mariage en Côte d'Ivoire.

Dans les termes de références établis, il s'agissait des candidats au mariage et des personnes ayant procédé à leur mariage dans les cinq communes partenaires de SDEF Afrique dans le cadre de la mise en œuvre des projets « Adja » et « Adja fohoundi ». Cependant, une difficulté majeure s'est imposée à cette organisation quant à l'action en direction de la mairie d'Attécoubé. Ce qui fait qu'en définitive, l'enquête a été menée dans 4 communes. Une nouvelle répartition de l'échantillon se présente ainsi :

Tableau 1 : Répartition géographique de l'échantillon

Commune	effectif			Total
Année	2013	2016	2017	
Bingerville	20	20	20	60
Koumassi	15	15	15	45
Treichville	15	15	15	45
Plateau	30	30	30	90
Total	80	80	80	240

Sources : Enquêtes SDEF-Afrique

Cette étude qui a pour finalité de déterminer de façon claire la perception et le ressenti des candidats au mariage civil quant aux nouvelles dispositions de la loi sur le mariage en Côte d'Ivoire. Elle a aussi pour mission de donner des réponses adéquates aux divers questionnements quant à la vulgarisation effective du droit de la famille et des nouvelles dispositions. La mise en œuvre de stratégies pour une bonne politique de diffusion de ces lois auprès des populations serait un défi majeur que SDEF-Afrique se propose de relever avec l'apport des différents partenaires et personnes soucieuses du bien-être de la famille et des enfants. La première partie de la présente contribution est la mise en évidence des caractéristiques des usagers des services mariage et la troisième partie s'articulera sur la perception des couples quant aux différents types de mariage et aux nouvelles dispositions de la loi sur le mariage en Côte d'Ivoire.

Caractéristiques des usagers du service mariage de l'état civil
L'identification des couples en tenant compte de leurs diverses caractéristiques s'est faite sur trois points majeurs

1. **les éléments d'identification des futurs époux** : l'âge, la religion, l'ethnie et la nationalité, le niveau d'étude ;

2. **les caractéristiques de l'environnement économique et social des candidats au mariage** : la durée de vie commune, le

mariage coutumier, les enfants nés avant le mariage, la situation professionnelle, le revenu familial ;

3. **l'expression de l'engagement des époux** : option du régime matrimonial et le choix de la résidence des époux

Résultats

Les éléments d'identification des futurs époux

Les données suivantes ont été retenues pour l'identification des époux : l'âge, la religion, l'ethnie et la nationalité, le niveau d'étude, la situation professionnelle des époux.

L'écart d'âge entre les époux

Tableau 2 : l'écart d'âge des futurs époux

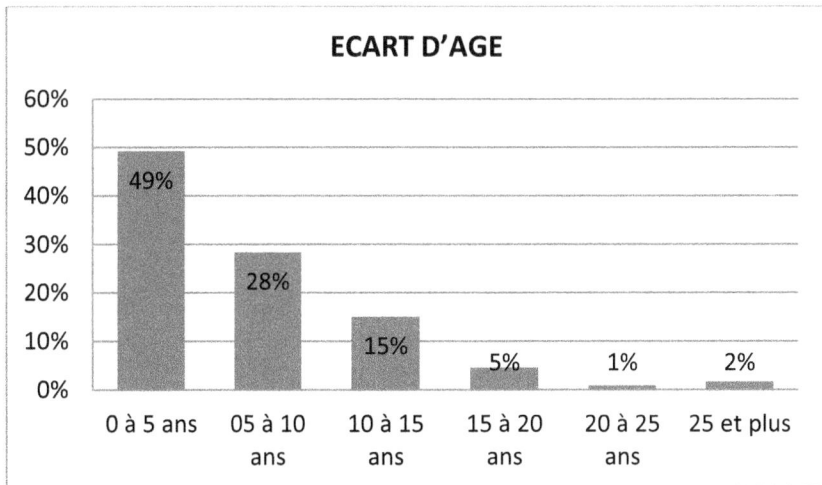

ECART D'AGE

Écart d'âge	Pourcentage
0 à 5 ans	49%
05 à 10 ans	28%
10 à 15 ans	15%
15 à 20 ans	5%
20 à 25 ans	1%
25 et plus	2%

Sources : Enquêtes SDEF-Afrique

En Côte d'Ivoire l'âge légal pour procéder au mariage civil est fixé à 21 ans. Cependant, le jeune homme de 20 ans et la jeune fille de 18 ans peuvent être autorisés à se marier. On constate que 49 % des couples enquêtés ont un écart d'âge allant de 0 à 5 ans. 28 % des couples ont un écart d'âge qui oscille entre 5 et 10 ans. Pour ces deux premières catégories de couples, on peut dire qu'il s'agit de mariage entre les membres d'une même génération. 15 et 5 % d'usagers (20

271

%) des couples ont un écart d'âge qui va au-delà de 10 ans à 15 ans et de 15 à 20 ans. Quant à ceux dont l'écart d'âge excède 20 ans voire 25 ans leur pourcentage est chiffré à 1 et 2 %. Les époux ayant admis se choisir mutuellement, on peut donc conclure que le phénomène des mariages forcés ou arrangés est en train de disparaître.

La religion des époux

De manière générale, 83 % des couples ont une même pratique religieuse contre 17 % qui ne pratiquent pas la même religion.

Tableau 3 : répartition religion des époux

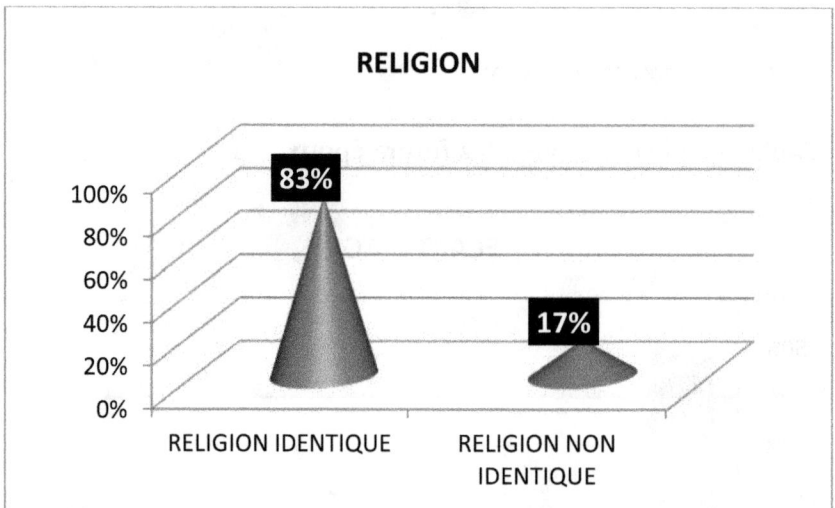

RELIGION

	RELIGION IDENTIQUE	RELIGION NON IDENTIQUE
	83%	17%

Sources : Enquêtes SDEF-Afrique

En ce qui concerne les couples qui ont une pratique religieuse identique et qui sont les plus nombreux, 45 % sont des chrétiens évangéliques contre 32 % de chrétiens catholiques. 6 % de couples d'autres obédiences chrétiennes se signalent. On note 13 % de musulmans ; 3 % de protestants méthodistes. Ceux qui se déclarent sans religion et animistes sont de part et d'autre à 1 %. Les autres confessions religieuses sont à 2 %.

Tableau 4 : répartition des couples qui pratiquent la même religion

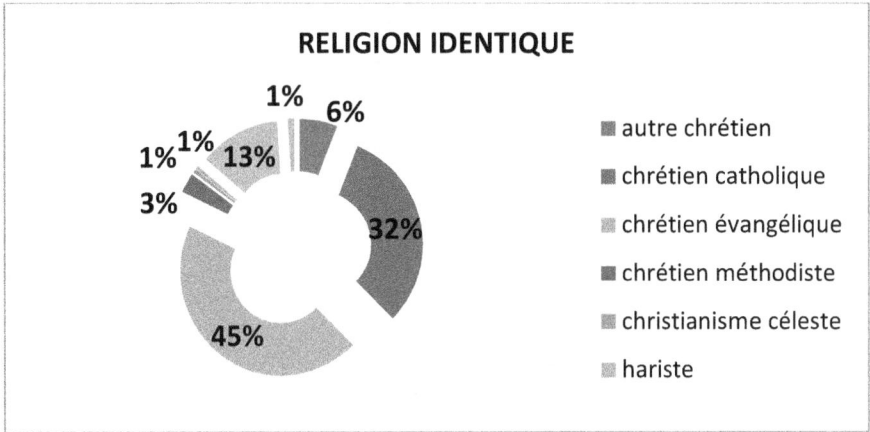

RELIGION IDENTIQUE

- autre chrétien
- chrétien catholique
- chrétien évangélique
- chrétien méthodiste
- christianisme céleste
- hariste

1% 6%
1% 1% 13%
3%
32%
45%

Sources : Enquêtes SDEF-Afrique

✓ *Religion non identique*

Tableau 5 : répartition des couples qui ne pratiquent pas la même religion

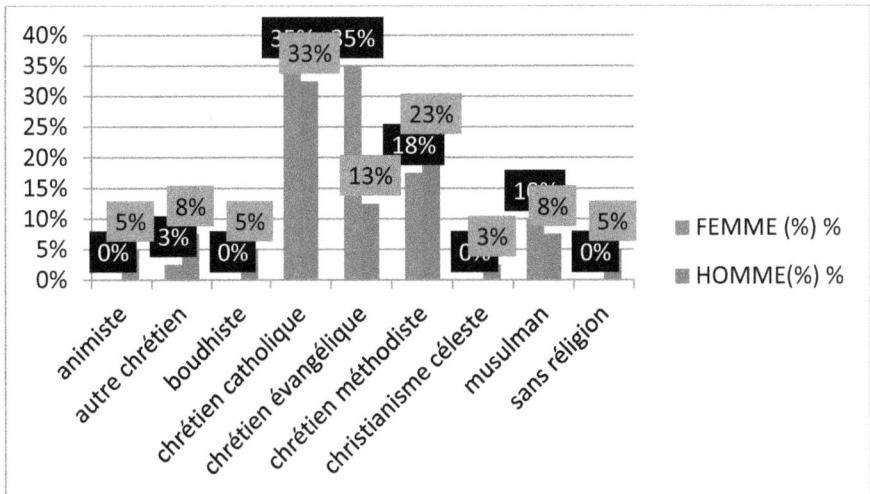

Sources : Enquêtes SDEF-Afrique

On a noté que 17 % des couples ne pratiquent pas la même religion. On peut constater dans cette population ciblée que les

273

chrétiens évangéliques et catholiques sont les plus nombreux. Cependant si l'on note que de part et d'autre, 35 % des femmes évangéliques et catholiques épousent des hommes de religion différente, en ce qui concerne les hommes, 33 % d'hommes catholiques épousent des femmes de religions différentes. Par contre, 13 % seulement d'hommes évangéliques épousent des femmes de religion différente. Quant aux méthodistes, les chiffres donnent 23 % pour les hommes et 18 % pour les femmes. Pour les musulmans, on note que 10 % des femmes épousent des hommes d'autres religions contre 8 % des hommes.

L'ethnie des époux

Dans les études précédentes, on a noté que les usagers fréquentaient l'état civil par affinité ethnique. Mais au fil des années, on remarque que l'ethnie n'est plus une condition pour les couples pour se mettre en ménage. Ainsi, on a 55 % des couples d'ethnie ou de groupe ethnique identique contre 45 % des couples d'ethnie ou de groupe ethnique non identique. Les usagers sont majoritairement du groupe Akan (68 %). Suivent les Mandé du Sud (11 %), les Mandé du Nord (8 %), les Krou (6 %), les Gur (4%). Les couples d'ethnies étrangères sont de 3 %.

Tableau 6 : répartition des mariages intra-ethniques

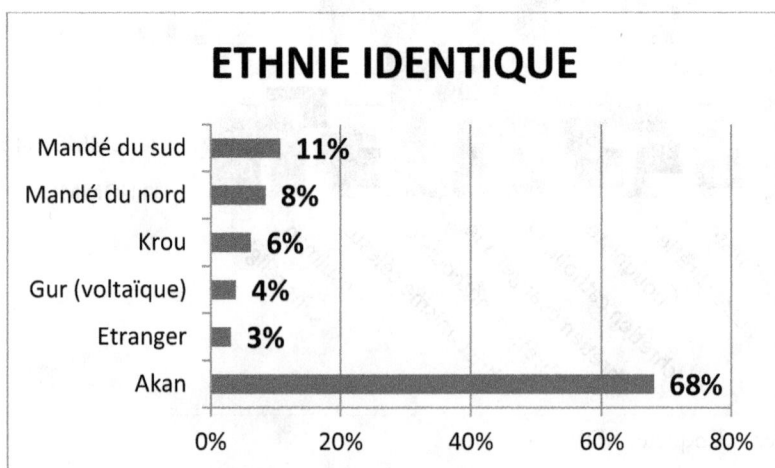

ETHNIE IDENTIQUE

Ethnie	Pourcentage
Mandé du sud	11%
Mandé du nord	8%
Krou	6%
Gur (voltaïque)	4%
Etranger	3%
Akan	68%

Sources : Enquêtes SDEF-Afrique

La nationalité des époux

Selon les dispositions de la loi sur la nationalité, « la femme de nationalité étrangère qui épouse un ivoirien peut acquérir la nationalité ivoirienne à condition d'en faire l'option au moment de la célébration du mariage ». En ce qui concerne l'homme de nationalité étrangère qui épouse une ivoirienne, il peut acquérir la nationalité ivoirienne au moins deux années après la célébration du mariage et à condition d'en faire la demande.

C'est pourquoi avant la célébration du mariage, il est nécessaire pour donner ces informations aux futurs époux d'identifier les couples tous deux de nationalité ivoirienne et ceux dont l'un des membres est de nationalité étrangère et l'autre de nationalité ivoirienne.

Parmi les 240 couples, l'on a identifié 212 couples soit 88 % qui sont de nationalité identique. Parmi ces couples de nationalité identique, l'on a deux qui sont de nationalité autre qu'ivoirienne et 210 de nationalité ivoirienne. Les couples qui ne sont pas de nationalité identique sont au nombre de 28 soit 12 %.

Le niveau d'étude des époux

Si 63 % des couples ont un niveau d'études identique, 37 % sont de niveau d'études non identique. On remarque que pour les couples de niveau d'étude identique et qui sont les plus nombreux, 71 % sont du niveau supérieur contre 23 % du niveau secondaire. Ceux qui n'ont aucun niveau d'étude et ceux du primaire sont respectivement de 1 et 9 %.

Tableau 7 : Répartition des couples de niveau d'étude identique

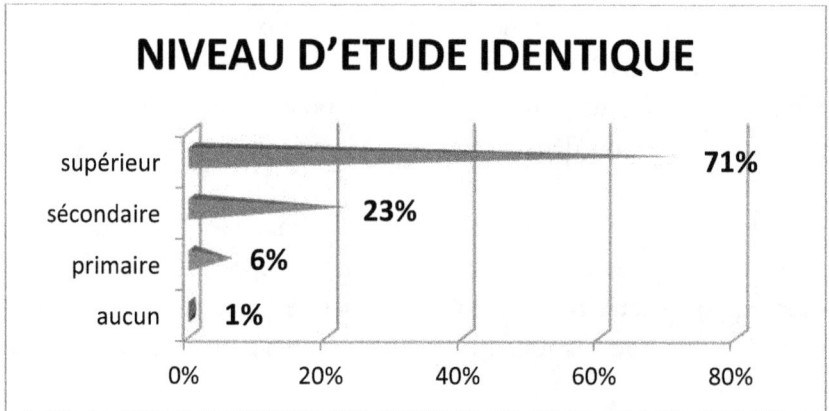

NIVEAU D'ETUDE IDENTIQUE

Niveau	Pourcentage
supérieur	71%
sécondaire	23%
primaire	6%
aucun	1%

Sources : enquêtes-SDEF-Afrique

Les caractéristiques de l'environnement économique et social des candidats au mariage

Le travail effectué pour déterminer l'environnement social des usagers a tablé sur les critères qui sont : la durée de vie commune, le mariage coutumier, les enfants nés avant le mariage, la situation professionnelle, le revenu familial.

La durée de vie commune (cohabitation avant le mariage)

En grande majorité, (65 %) des couples enquêtés ont déjà une vie commune contre 35 % qui ne cohabitent pas encore. En retenant les couples qui ont une vie commune, on peut remarquer que de 0 à 5 ans les couples qui cohabitent sont chiffrés à 35% (8 et 27 %). Et pendant 5 ans révolus à 15 ans, les couples ont connu une vie commune à raison de 47 % (29 et 18 %) ; les couples qui ont plus de 15 ans de vie commune voire 20 à 25 et plus sont respectivement de 18 % (11, 3 et 4 %).

Tableau 8 : répartition durée de vie commune

DUREE DE VIE COMMUNE

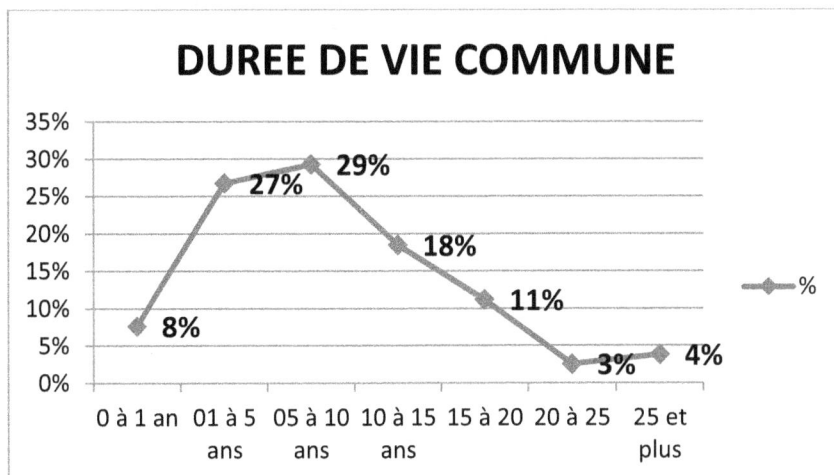

Sources : enquêtes SDEF-Afrique

Le mariage coutumier

Selon les dispositions de la loi N° 64-381 du 7 octobre 1964 en son article 20, l'institution de la dot a été abolie et cette interdiction est assortie de sanctions sévères. Ainsi, en sus du fait que seul le mariage civil crée la famille légitime en Côte d'Ivoire, le versement de la dot qui symbolise dans la plupart des traditions la matérialisation du mariage coutumier est interdit. Cependant, force est de constater que 82 % des couples avouent avoir procédé au mariage coutumier avant de se présenter devant l'officier d'Etat civil pour les formalités du mariage civil. Parmi les couples qui ont procédé au mariage coutumier, des durées diverses ont été constatées. 80 % des couples ont vécu ensemble entre 0 et 5 ans avant de satisfaire aux exigences du mariage traditionnel. Quant à ceux qui ont de 5 ans révolus à 15 ans, ils sont respectivement chiffrés à 16 % (13 et 3 %). Et ceux qui ont excédé 15 ans voire plus avant d'aller au mariage coutumier sont de 4 %.

Les enfants nés avant le mariage d'une précédente union

Les statistiques expriment que sur 240 couples, 131 n'ont pas d'enfants avant le mariage. Parmi les 109 restants, un des conjoints a au moins un enfant né d'une première union avant le mariage civil. En ce qui concerne les enfants à charge issus d'unions précédentes,

277

les statistiques démontrent que les proportions entre les hommes et les femmes ne sont pas aussi nettes et tranchées. Ainsi 72 % de femmes n'ont pas d'enfants à charge provenant d'autres unions contre 64 % d'hommes. Ce qui peut s'expliquer par le phénomène de mariage tardif des femmes, mais surtout par le fait que de plus en plus elles assument le fait de faire des enfants en dehors du mariage.

La situation professionnelle des époux

Il s'agit ici de déterminer pour les couples l'exercice ou non d'une activité économique.

Tableau 9 : Répartition de la situation professionnelle des époux

Récapitulatif de la Situation Professionnelle des Époux				
Situation Professionnelle	Femme		Homme	
	Effectifs	%	Effectifs	%
Au foyer	18	8%	0	0%
Demandeur d'emploi	19	8%	4	2%
Elève	1	0%	0	0%
Etudiante	21	9%	3	1%
Non salariée	93	39%	70	29%
Salariée	88	37%	157	65%
Retraité	0	0%	6	3%
TOTAL	**240**	100%	**240**	100%

Sources : enquêtes SDEF-Afrique

Le tableau établit la proportion des époux à convoler en justes noces en fonction de leur situation professionnelle. Au premier abord, on remarque le nombre important de salariés parmi les époux (65 %) et les épouses (37 %). En second lieu, on note la grande proportion des couples de salariés. Pour ce qui est des personnes non salariées, les femmes sont les plus nombreuses (39 %) par rapport aux hommes qui sont à 29 %. Malgré les nouvelles dispositions de la loi sur le mariage qui demandent une gestion conjointe du ménage, les femmes sont les seules encore à être au foyer (8 %) contre 0 % chez les hommes. Et les femmes demandeuses d'emploi et étudiantes sont respectivement de 8 % et 9 % à se marier contre 2 et 1 % chez les hommes.

Tableau 9: Situation professionnelle des époux

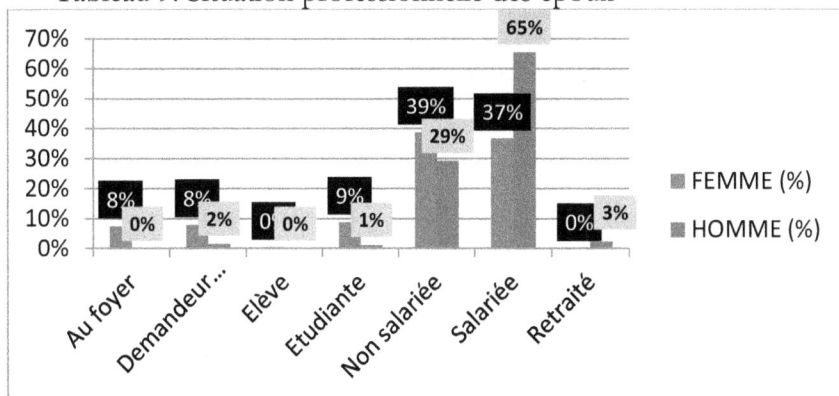

Sources : enquêtes SDEF-Afrique

Le revenu familial

Le revenu familial permet de déterminer l'autonomie de la famille. Les nouvelles dispositions de la loi parlent d'une gestion financière commune qui est la conséquence de l'article 58 nouveau qui établit la caducité de l'ancien article qui établissait le mari comme chef de famille. Les époux étant désormais dans un cadre de responsabilité collective et individuelle, de liberté, d'égalité, il est indéniable qu'une politique de co-gestion de la vie commune et des charges soit de mise. Ainsi, l'article 59 Nouveau énonce ceci : « Les époux contribuent aux charges du mariage à proportion de leurs facultés respectives. Si l'un des époux ne remplit pas ses obligations, l'autre époux peut obtenir, par ordonnance du Président du Tribunal du lieu de résidence, l'autorisation de saisir-arrêter et de toucher, dans la proportion des besoins du ménage, une part du salaire, du produit du travail ou des revenus de son conjoint »

C'est ce qui explique l'établissement par nos soins d'un volet revenu familial qui est la somme des revenus des deux époux mise à la disposition de la famille pour les charges du ménage. Le graphique suivant permet de comprendre que les époux ont des revenus. Seulement 4 % affirment ne pas disposer de revenus. Et si à leur suite, 22 % des couples déclarent moins de 100 000 francs comme revenus, il n'en est pas de même pour 45 % et 19 % soit plus de la moitié (64 %) des couples qui disposent respectivement d'un revenu allant de 100 000 à 250 000 et de 250 000 à 500 000 francs. A côté de ceux-là, 10 % des couples disposent de 500 000 francs et plus.

Tableau 10 : répartition niveau de revenu des couples

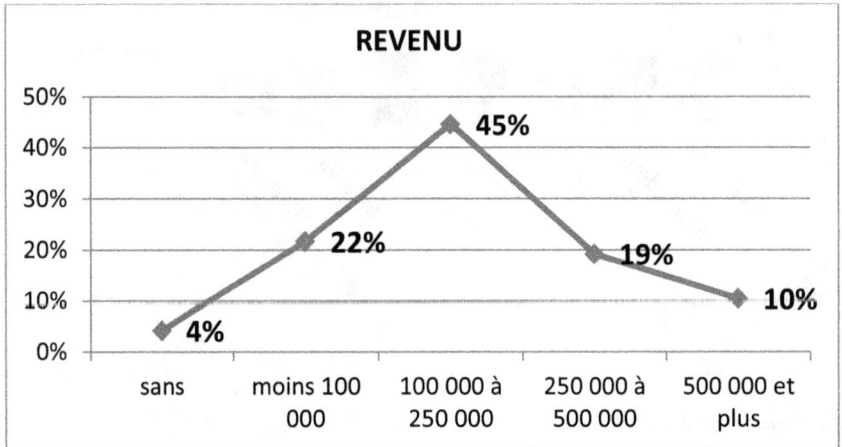

Sources : enquêtes SDEF-Afrique

Autres choix des époux

L'option du régime matrimonial

Les dispositions de la loi du 02 Août 1983 en son article 69 stipulent que le « mariage a pour effet de créer entre les époux une communauté de biens à moins que ceux-ci ne déclarent expressément opter pour le régime de la séparation de biens[1] ». Ainsi, en Côte d'Ivoire, deux régimes s'offrent aux époux : le régime de la communauté des biens et le régime de la séparation des biens. Avant la célébration du mariage et au moment de l'accomplissement des formalités préliminaires comme le dépôt des dossiers, par simple déclaration, les époux choisissent librement le modèle d'organisation et de gestion de leur patrimoine par le biais de l'option du régime matrimonial. Le jour de la célébration solennelle du mariage, les époux confirment devant l'officier d'Etat civil et l'assemblée leur

---

[1] Loi n° 83-800 du 2 août 1983, modifiant et complétant les dispositions de la loi n° 64-375 du 7 octobre 1964, relative au mariage

choix quant au régime matrimonial[2]. Il est impératif que les époux s'harmonisent sur le choix. Comme d'habitude, le régime de la communauté des biens est le mode d'organisation et de gestion du patrimoine privilégié par les époux. Ainsi, sur les 240 couples enquêtés, 84 % soit 202 couples ont opté pour le régime de la communauté des biens. A côté de cela, on note que 16 % soit 38 couples ont choisi le régime de la séparation des biens.

Le choix de la résidence des époux

Le législateur prescrit que « le domicile de la famille est choisi d'un commun accord par les époux. En cas de désaccord, le domicile de la famille est fixé par le juge en tenant compte de l'intérêt de la famille. Les époux sont cotitulaires du bail qui sert exclusivement à leur habitation, même s'il a été conclu par l'un seulement d'entre eux avant le mariage ». Il faut dire que bien avant la mise en œuvre de cette disposition de la loi sur le mariage, des résultats d'études précédentes prouvaient que le domicile conjugal est choisi d'un commun accord par les époux. La donne n'a donc pas changé. La loi n'a fait que confirmer une pratique des époux. Ainsi, la proportion des époux qui ont choisi ensemble le domicile conjugal est de 86 % contre 13 % des époux dont le domicile conjugal est choisi par le mari seul. Nous avons seulement 1 % de proportion de couples dont le domicile conjugal est choisi par l'épouse seule.

Conclusion

Même si les statistiques signalent le recul des mariages forcés ou arrangés ainsi que l'essor des mariages interethniques dans les milieux urbains, ce qui indique une certaine appropriation de la culture de la liberté de choix inhérente au modèle néolibéral, on note aussi une forte résilience des pratiques sociales et culturelles comme le mariage coutumier avec versement de la dot ainsi que de la polygamie, même dans les pays où le loi les interdisent. En d'autres termes, si les jeunes africains aujourd'hui ont une plus grande liberté de choix de leur

---

[2] Article 70 de la loi du 02 Août 1983 « L'option résulte de leur déclaration commune devant l'officier de l'état civil lors de la célébration du mariage ».

conjoints que leurs ancêtres, la légitimation coutumière et donc parentale par les deux familles reste très importante pour eux. La résilience du mariage coutumier montre aussi l'insuffisance de la légitimité légale ou religieuse que consacrent les mariages civil et religieux.

Avant la mise en œuvre de la loi consacrant de nouvelles dispositions concernant le mariage en Côte d'Ivoire, les officiants commençaient la célébration du mariage en lisant l'article 58 qui stipulait que « le mari est le chef de la famille ». Les chiffres sont assez indicatifs. Pour les anciennes dispositions de la loi qui consacrent l'homme comme chef de famille, les époux sont tout à fait d'accord à 70 %, les femmes le sont à 48 %. Pour ce qui concerne la nouvelle disposition, les femmes sont tout à fait d'accord à 67 % contre les hommes qui le sont à 44 %. Il en ressort que les hommes acceptent difficilement le fait de perdre leur statut de chef de la famille, car selon beaucoup d'entre eux, il ne saurait avoir « deux capitaines dans un même bateau.»[3] Les épouses quant à elles justifient l'approbation de la nouvelle loi par le fait que de facto elles participent déjà pleinement à la gestion du ménage. Bien souvent elles se retrouvent face à un mari au chômage, qui a des difficultés financières et elles agissent de concert avec lui pour les charges du ménage. Alors ce n'est qu'une juste reconnaissance de ce qu'elles font déjà de manière informelle.

Quant aux articles 59 ancien et nouveau sur la cogestion économique de la famille, la réception de la nouvelle loi est toute aussi différenciée. Dans l'article 59 Ancien, le mari étant le chef de la famille, il lui revenait naturellement le devoir d'assurer les charges du ménage et ce à titre principal. La femme ne venait que secondairement l'épauler en cas de nécessité et surtout, l'homme devait satisfaire les besoins de la femme en fonction de ce qu'il disposait comme revenus. S'il s'avérait qu'il ne le faisait pas tout en disposant de quoi l'entretenir, la femme pouvait recourir à la justice pour l'obliger à le faire. Cette ancienne disposition de la loi a recueilli l'approbation de 35 % d'hommes tout à fait d'accord et de 36 % de femmes qui l'étaient également. Pour les hommes qui soutiennent

---

[3]Expression empruntée à un marié lors d'une séance d'animation dans la commune de Koumassi.

l'ancien code, ils se sentent toujours premiers responsables de la famille et subvenir aux besoins de la famille leur semble naturel et normal. Par exemple, à la question de savoir si la profession a déterminé le choix de leur conjointe, un des enquêtés répond : « *je suis à même de m'occuper de ma femme et de mes enfants ; c'est à moi de m'occuper de la famille ; de toutes les manières, elle restera au foyer pour s'occuper des enfants* ». Quant à certaines femmes, cette ancienne disposition n'était pas faite pour leur nuire dans la mesure où en plus de celles qui participent déjà activement aux charges du ménage, il y en avait qui profitaient pleinement de cette disposition pour rappeler aux époux qu'étant le chef de famille ils devaient assumer leurs responsabilités. Comme l'affirme une enquêtée, « *Oui sa profession est importante pour moi parce que c'est à mon mari de s'occuper de moi ; il doit quand même travailler sinon qui va s'occuper de moi et des enfants…* » Pour la version nouvelle de l'article 59, les épouses ont souscrit à 50 % au fait d'être tout à fait d'accord et les époux à 49 %. Le moins que l'on puisse dire est que ces chiffres traduisent le manque de consensus social au sujet de la réforme. Mais pour beaucoup de femmes qui la soutiennent, la loi ne viendrait que pour formaliser une situation de fait. En réalité, la vie des couples ne serait pas substantiellement modifiée par cette nouvelle disposition qui ne fait qu'entériner une pratique commune de coresponsabilité.

Chapitre 16

Les séculiers face au nouveau code de la famille en Côte d'Ivoire

Abiba Diarrassouba, Maïmouna Diaby & Kouakou M'Bra

Introduction

Les sociétés contemporaines sont engagées dans une dynamique de transformations sociales sous l'influence de la mondialisation et de la modernité. La modernité engendre et accentue, en effet, des comportements nouveaux tels que : l'homosexualité, l'usage généralisé des TIC, des habitudes vestimentaires, des styles musicaux, etc. Un cadre institutionnel est adopté en vue de re/définir le fonctionnement des institutions et promouvoir de nouvelles pratiques sociales en conformité avec les valeurs dominantes du moment

La modification du code de la famille constitue, ainsi, un fait d'actualité dans plusieurs pays du monde notamment africains Mali, Niger, Sénégal. La plupart de ces pays ont été confrontés à des résistances internes de plusieurs ordres afin de refuser les modifications qui y sont proposées. Au Mali, selon Omouali (2017), le processus d'élaboration de la réforme sur le Code des Personnes et de la Famille a débuté en 1996 pour prendre fin en 2011. Cette longue période peut se justifier par le fait que ce projet de loi avait subi de vives contestations (mobilisation des organisations musulmanes et pression du Haut Conseil islamique du Mal) après une première tentative d'adoption le 03 août 2009 par l'Assemblée nationale. Cela a engendré une relecture du texte (51 articles amendés, les Livres II, IV, V, VI et VII du Code retouchés) quasiment sur une durée de deux ans six mois avant d'être adopté par la loi n°2011-087 du 30 décembre 2011.

Quant au Niger, un avant-projet de code de la famille présenté par le ministère de la population, de la promotion de la femme et de la protection de l'enfant en 2010 intitulé « projet du statut personnel au Niger » (SPN), visant à répondre aux recommandations émises par le Haut-commissariat aux droits de l'homme. Présenté en début d'année 2011, cet avant-projet a fait l'objet de vives critiques de la part d'associations islamiques, obligeant le gouvernement de transition à y renoncer. Si cet avant-projet ne débouchera sur aucun document, il est prévu de reprendre la procédure d'élaboration de ce code en sensibilisant au mieux les acteurs[1].

Pour ce qui concerne le Sénégal, le débat a vu naitre des contestations entre mouvements religieux et laïques depuis 2002. La lutte se fait autour de la mise en exergue de la citoyenneté de chacun et de la menace que représente le projet du Comité islamique pour la réforme du code de la famille (Circofs), présenté comme un facteur de déstabilisation de la société puisque ne s'adressant qu'aux musulmans et favorisant uniquement les hommes (Gueye 2013)[2].

La Côte d'Ivoire semble être l'un des rares pays d'Afrique francophone où la réforme du code de la famille (un article de loi abrogé (article 53), quatre modifiés (58, 59, 60 et 67)) a été achevée et adoptée par l'assemblée nationale sans rencontrer une véritable résistance. En réalité, la seule action de contestation et/ou rejet de cette réforme en première lecture était celle du Parti démocratique de Côte d'Ivoire (PDCI). A priori, pratiquement personne ne s'est opposée au changement des lois sur le mariage et la famille, vu que le projet de loi a finalement été votée le 21 novembre 2011, une semaine après la polémique et la dissolution du gouvernement par le président de la république, par une écrasante majorité de députés (213 voix pour, 10 contre et 6 abstentions)[3].

Partant de ce qui précède, les reformes du code de la famille apparaissent comme des cadres institutionnels et normatifs en rupture avec les valeurs traditionnelles (individualisation des acteurs au sein de la communauté, perte d'identité collective...). Cette adoption laisse passer sous silence l'avis ou du moins le niveau de réceptivité des populations ivoiriennes. Depuis cette révision, il

---

[1]Réseau Francophone de Diffusion du Droit (RF2D) http://legiglobe.rf2d.org/niger/2017/12/11/ Posté dans Afrique, État ; Tags : 2017, Niger

[2] Gueye (N) (S), 2013, « Mouvements sociaux des femmes au Sénégal », UNESCO Breda en collaboration avec le CODESRIA et ONUFEMME.

[3]*Jeune Afrique*, 2012, « Côte d'Ivoire : qu'est-ce qui change dans le code de la famille ? »

n'existe pas d'études scientifiques qui mettent l'accent sur les perceptions sociales en rapport avec le nouveau code de la famille, aux fins d'appréhender ses niveaux de réceptivité chez les populations, notamment les séculiers. Ces diverses réflexions sont entreprises en vue de questionner la réceptivité (représentations sociales et application) post-révision du code sur la famille et le mariage chez les séculiers, à Abidjan dans le contexte actuel de la modernité. En d'autres termes, Quel est donc le niveau de réceptivité de la réforme sur le code de la famille chez les populations notamment les séculiers en Côte d'Ivoire ?

Dans la révision du code de la famille, les acteurs institutionnels comme les séculiers représentent une catégorie d'acteurs clés d'où, ils constituent la cible de cette recherche du fait de leur attachement aux principes religieux pour certains et laïcs pour d'autres. De surcroit, nombre d'entre eux participent au processus d'élaboration des lois et de leur promotion auprès des populations ivoiriennes.

Divers travaux scientifiques réalisés en anthropologie, théologie, psychologie, sociologie…traitent les questions relatives à la sécularisation et à la reconfiguration des rapports sociaux au sein de la communauté, de la famille et du mariage, comme la résultante manifeste des transformations sociales dans un contexte de modernité. Ces textes rendent compte de l'interaction entre la modernité et la sécularisation, les rapports à l'autorité dans le fonctionnement de la famille selon la culture et la religion des acteurs, le mariage dans ses diverses formes selon les valeurs culturelles et religieuses des communautés. On observe donc une réciprocité entre modernité et sécularisation (Hosteau 2005). Pour Hervieu-Léger (1996), la modernité traduit à la fois sa capacité et son impuissance à faire face à l'opacité du monde.

Selon Angélique (2002), la société et le législateur sont entrés dans la sphère privée pour faire de la famille une affaire publique : de nombreuses politiques familiales et de multiples lois ont été instaurées concernant les différents domaines familiaux (mariage, procréation, filiation, autorité parentale, divorce, etc.). Cette substitution des rôles entre Etat et familles a, depuis des siècles, affaiblit le rôle parental et plus particulièrement la fonction paternelle. Tout en le maintenant dans le champ familial, le mariage est perçu à présent comme une institution qui implique l'existence de droits des personnes concernées et de devoirs régissant les relations entre les différents partenaires en cause. Selon Mfoungué (2012), cette définition exclut, cependant, le mariage homosexuelcar,le mariage est construit à la fois comme une cérémonie (civile ou religieuse), un acte symbolique et une institution sociale légalisant l'union entre deux personnes de sexe opposé (Ferréol 2009). Ce malgré, le nouvel environnement idéologique qu'a fait naitre l'homosexualité à savoir, le changement du droit de la famille qui est un ajustement de la législation aux nouveaux modes de vie : modes d'union différents, nouvelles pratiques familiales qui se développent, mariage pour tous... Sur le plan anthropologique, cette institution (le mariage notamment) est structurée par une approche fonctionnaliste. Dans ce cadre, P. Bonte et M. Izard (1991) définissent le mariage comme l'union d'un homme et d'une femme de manière à ce que les enfants qui naissent de la femme sont reconnus légitimes par les parents.

D'autres analyses produites à partir de la relation entre la religion et la modernité font références à l'individualisation, la privatisation, la mondialisation, la rationalisation et la différenciation fonctionnelle (Lambert 2000 citant Berger 1971 ; Dobbelaere 1981 ; Tschannen 1992). La représentation des pères a beaucoup changé. Plusieurs raisons peuvent être invoquées pour expliquer ce changement : l'évolution des mœurs, de la société moderne, les nouvelles pratiques familiales, l'évolution du droit de la famille.

En France, par exemple, la loi portant sur l'autorité parentale promulguée le 4 mars 2002 entend participer à la construction de la raison d'être du concept d'autorité en lui attribuant tout son sens. Cette loi suscite diverses interrogations sur le statut des pères et le concept d'autorité qui n'ont cessé d'être affaiblis par les interventions croissantes du secteur public dans la cellule familiale, par les bouleversements sociologiques et juridiques comme l'émancipation de la Femme ou la modification des comportements dans le domaine familial.

La famille a été de tout temps une valeur refuge mais elle n'a pas toujours été dirigée par les mêmes acteurs : le père, la mère et les autorités étatiques luttent pour acquérir à chaque fois un peu plus de pouvoir au sein de la famille au détriment des autres acteurs. Jusqu'au XIXème siècle, le père règne plus ou moins en maître sur la famille en étant selon les conceptions du moment une autorité divine, un précepteur de bonne éducation, une figure autoritaire...

Mais, c'est surtout depuis quarante ans qu'une succession de réformes législatives, sous l'impulsion des transformations des mœurs, a bouleversé la paternité. Les rapports de couple et les relations parents-enfants ont beaucoup changé, les divorces et les familles recomposées ont semé le trouble sur l'institution familiale.

On observe ainsi que le code sur la famille met l'accent sur les séculiers et les propriétés sociales liées à ce statut. Pour cette catégorie d'acteurs (magistrats, avocats, parlementaires, notaires, assistants sociaux, maires, responsable de la société civile (ONG) et chefs de communautés), on note très couramment un problème de distanciation entre le nouveau code et leurs croyances (appartenances religieuses et culturelles) en dépit de leur statut d'acteurs institutionnels et communautaires.

Sur la base de ce constat, cette étude se propose donc de capter, du point de vue des séculiers, la réceptivité de la révision du code de la famille en Côte d'Ivoire, plus précisément dans la ville d'Abidjan. Pour ce faire, il s'agit de : i) mettre en exergue les perceptions ou représentations sociales des séculiers vis-à-vis dunouveau code de la famille ; ii) Identifier le cadre normatif et institutionnel de référence chez les séculiers ; iii) Analyser leurs rapports aux normes institutionnelles.

Méthodologie

Cet article découle du volet qualitatif du projet de recherche sur « le mariage, la famille et la sexualité face à la modernité en Afrique francophone : le cas de la Côte d'Ivoire et les perspectives de comparaison sous régionale » réalisée sous la direction du CERAP. Ce texte sur la réceptivité du nouveau code de la famille qui constitue l'un de ses résultats, relève d'une méthodologie basée sur l'exploitation de deux (02) sources d'informations : *la revue documentaire et la collecte de données qualitatives.*

Les données qualitatives ont été collectées à partir d'entretiens individuels semi-directifs et des focus groups (Duchesne et Haegel, 2004) dans le district d'Abidjan, du 24 juin au 23 juillet 2016. Ce sont au total 28 entretiens individuels et 14 Focus Groups qui ont été organisés, dont 18 acteurs dans la catégorie des séculiers. Il s'agit précisément de quatre chefs de communauté de chaque grand groupe ethnique de la Côte d'Ivoire résidant à Abidjan, d'un notaire, d'un magistrat, d'un avocat, un parlementaire, des maires, des assistants sociaux rattachés aux tribunaux et des ONG.

En outre, des focus groups ont été réalisés aussi bien avec des jeunes (18-25ans) et adultes (25 ans et plus) Chrétiens catholiques et Musulmans que des groupes de contrôle composés de jeunes et adultes d'autres religions ou sans religion au regard de la problématique de l'étude. L'effectif des personnes ayant constitué les groupes de discussion variait entre 6 à 12 personnes. Par ailleurs, des entretiens individuels semi-directifs ont été réalisés avec des leaders religieux en charge des questions familiales et matrimoniales. La taille de l'échantillon s'est appuyée sur le principe de saturation.

Les informations recueillies de l'articulation des différentes techniques et outils de collectes et d'analyses ont été traitées par le logiciel d'analyse MAXQDA et soumises à une analyse de contenu thématique (Fallery et Rodhain, 2007). Cette démarche a permis de faire ressortir les rapports des séculiers à la modernité, au mariage et à la famille ; les cadres normatifs et institutionnels du mariage et de la famille et le nouveau code sur le mariage. Les résultats sont présentés sous trois (03) parties, à savoir : i) Les représentations sociales du nouveau code de la famille chez les séculiers, ii) Le cadre normatif et institutionnel de référence des séculiers face au code de la famille, iii) La perception des rapports sociaux et l'autorité au sein du couple face à la révision du code sur la famille.

Résultats

Les représentations sociales du nouveau code de la famille chez les séculiers

L'analyse du rapport des séculiers au nouveau code de la famille montre qu'ils perçoivent la modernité comme un facteur de modifications des rapports au sein de la famille. Ces modifications s'observent notamment par l'effritent de l'autorité parentale dans le choix du conjoint, par la rupture avecle modèle traditionnel de l'éducation de l'enfant, par la modification des rapports au sein de la famille et par la fabrication et l'accentuation de nouvelles formes de sexualité (le mariage homosexuel).

La modernité comme source d'effritement de l'autorité parentale dans le choix du conjoint : la modernisation des sociétés africaines est perçue par certains séculiers (chefs de communautés) comme un facteur de redéfinition de l'autorité des parents dans la famille. Cela renvoie, par exemple, au fait que de plus en plus les individus choisissent leur partenaire sans l'avis ou le consentement de leurs comme auparavant.

L'on observe « une modification ou une transformation des pratiques (perceptions et vécus des codes et valeurs : autorité et obéissance notamment) chez les acteurs, que ce soit dans l'Eglise ou dans la société. Cela est dû entre autres : à la prise de conscience de la valeur de chaque personne, avec sa vocation et ses dons intellectuels, affectifs et spirituels, avec sa liberté et sa capacité relationnelle, à la place centrale de la spiritualité de communion, avec la mise en valeur des instruments, qui aident à la vivre, à une façon différente et moins individualiste de concevoir la mission, dans le partage avec tous les membres du peuple de Dieu, avec les formes qui s'en suivent de collaboration concrète ». Cet état des choses est conforté par « la culture » des sociétés occidentales, fortement centrée sur l'individu et son autonomie (Sumbamanu 2013).

Il apparaît, en effet, qu'avec la modernité, le mariage dans les sociétés africaines se caractérise par le relâchement de la pression familiale dans le choix du conjoint. Ce choix n'est plus déterminé par un contrôle parental voire familial, mais plutôt par consentement mutuel des conjoints. En d'autres termes, l'autorité parentale autrefois déterminante dans le choix des conjoints est souvent remise en cause dans ce contexte de modernité. A ce propos, selon un chef de communauté notamment Yacouba, *« la modernité a apporté un changement négatif dans la vie d'aujourd'hui parce que les enfants ne respectent plus leurs parents(…) les jeunes préfèrent se rencontrer dehors et se marier sans que les parents ne soient au courant ».*

A travers ces propos, il apparaît un délaissement des normes du mariage traditionnel au profit de celles dites modernes et qui se caractérisent par l'autonomisation des conjoints qui dans le cas échéant s'identifient à des modèles issus de la modernité. Dans la société moderne, le poids de l'autorité parentale dans le choix du conjoint de leurs enfants est relativement faible, puisque ce choix revient désormais aux concernés eux-mêmes. Mieux, ce relâchement de la pression familiale prend sa source dans les politiques sur le mariage qui stipulent la liberté du choix du conjoint ; ce qui participe à la fabrication de nouvelles identités en lien avec les valeurs dites modernes et en rupture avec les valeurs communautaires.

La modernité facteur de rupture du mode traditionnel de l'éducation de l'enfant: l'éducation des enfants a connu des changements au contact de la modernité. Selon les séculiers, dans la société traditionnelle, éduquer un enfant était du ressort de tous les membres de la communauté. A cet effet, chaque membre de la communauté apportait sa contribution quant à la manière d'éduquer l'enfant étant donné que celui-ci n'appartient pas qu'à ses parents mais à toute la communauté. Cependant dans la société moderne, ce droit est désormais exclusivement réservé aux parents qui inculquent à leurs enfants que des valeurs qui leurs sont propres.

Il apparaît de ce fait que la modernité a influencé le mode de fonctionnement de la famille. Par exemple dans le processus de socialisation de l'enfant, tous les acteurs de la communauté étaient construits comme légitimes dans l'éducation de l'enfant peu importe la nature des normes d'interdiction ou de recommandation qui lui étaient inculquées. Ce qui n'est pas le cas dans la société moderne ou de plus en plus tous les acteurs communautaires n'interviennent plus dans l'éducation des enfants. Ce rôle relève désormais des parents qui sont perçus dans ce contexte de modernité comme les acteurs légitimes dans cette action, voire l'autorité légitime dans l'éducation de leurs enfants.

Sous cet angle, on observe une recomposition des statuts et des rôles des acteurs communautaires dans le champ social de l'éducation, avec comme conséquence une individualisation relative de plus en plus des acteurs. La perception de l'enfant a changé avec la modernité : « avant l'enfant appartenait à toute la communauté, aujourd'hui il n'appartient qu'à ses parents ». De fait, les reformes du code de la famille apparaissent comme des cadres institutionnel et normatif en rupture avec les valeurs traditionnelles (individualisation des acteurs au sein de la communauté, perte d'identité collective…). A ce propos, selon une assistante sociale en charge des affaires juridiques pour enfant, « *avant quand on éduque un enfant c'est toute une famille qui s'en charge. C'est-à-dire l'enfant, il est l'enfant de tout le monde (…)*

Aujourd'hui, quand tu éduques ton enfant tu te dis que c'est toi qui a les valeurs nécessaires pour pouvoir lui apporter ».

La modernité comme facteur de modification des rapports au sein de la famille : il est notoire que modernité et sécularisation entretiennent des liens réciproques caractérisant le monde aujourd'hui (Hosteau 2005). Selon Hervieu-Léger (1996), la modernité produit non seulement les attentes auxquelles elle promet de répondre, mais aussi un sentiment d'impuissance qui surgit de la conscience qu'elle suscite de l'opacité du monde. Ainsi, Pour certains séculiers, la modernité vient modifier les rapports dans la famille. Ils soulignent que les technologies de l'information et de la communication réduisent les interactions entre les membres de la famille, ce qui impacte l'harmonie familiale. En effet, pour eux, les réseaux sociaux et les téléphones occupent désormais une part importante, ils passent avant la vie de couple, la vie de la famille, ce qui n'est pas bénéfique à l'épanouissement de la famille. De même la modernité et ses valeurs novatrices sont, selon les séculiers, à l'origine de certains comportements déviationnistes, comme « le broutage » chez les jeunes aujourd'hui en Côte D'Ivoire. Cette modernité est donc à l'origine de la dégradation de la vie familiale et communautaire, voire des rapports sociaux familiaux. Elle inscrit les membres de la famille dans un ordre en rupture avec l'ordre familial qui prévalait dans la société traditionnelle, une logique ou les membres de la famille ne sont plus régis par des rapports collectifs, mais plus par des rapports individuels. Dans ce contexte de reconfiguration des rapports sociaux au sein de la famille du fait de la modernité, et caractérisée par une redéfinition des priorités par les acteurs concernés, l'on constate une rupture des rapports d'affinités qui prévalaient dans la logique familiale, au détriment de rapports individuels. Cette réalité est relevée par les propos d'un Magistrat au cours d'un entretien :

« Le phénomène de "broutage", le portable, l'écran tactile et autre ou Facebook détruisent. Monsieur est tout le temps sur internet, souvent même quand il arrive il n'a même pas le temps de causer avec les enfants ou bien tout le monde est casé sur la télévision. La vie communautaire n'existe plus (…) l'harmonie familiale quand il n'y avait pas tout ça n'existe plus, avant on n'avait pas de portable, d'internet et autre, on avait notre RTI c'est-à-dire quand tu finis une émission tu t'en vas dormir

avec ta femme, maintenant tu as tellement de chaines jusqu'au petit matin que tu oublies même l'essentiel ».

Par ailleurs, la révision du code du fait de la modernité fait apparaître un cadre institutionnel qui tend à redéfinir les rapports entre les conjoints dans le couple. En effet selon les séculiers, le code de la famille instaure un rapport d'égalité, en rupture avec les valeurs et normes communautaires sur les questions du statut de l'homme et la femme dans le couple. *« Malheureusement beaucoup de femmes prennent je peux dire de travers cette modernité-là. Beaucoup de femmes ont tendance à vouloir se substituer à l'homme. Alors que l'homme reste l'homme. L'homme reste le chef de famille »*, propos tenu par un Notaire.

La modernité facteur de fabrication et d'accentuation de nouvelles formes de sexualité : le mariage homosexuel : le mariage est défini par les séculiers comme une pratique qui consiste à l'union d'un homme et d'une femme. Se basant sur les us et coutumes, l'union de l'homme et de la femme constitue le seul critère de légitimation du mariage. En effet, pour les séculiers, le mariage homosexuel est perçu comme une nouvelle réalité sociale en rupture avec les normes du mariage. De fait, cette union n'est pas reconnue en tant que tel en se basant sur la coutume et la religion. Le mariage homosexuel tire sa source des logiques de la modernité contextualisant les nouvelles politiques sur le mariage (liberté de choisir son conjoint…). En plus l'on assiste à la « sécularisation du mariage », notamment à travers l'institutionnalisation du mariage civil, le droit au divorce et la légitimité du « mariage pour tous » ou encore le mariage homosexuel.

Sous cet angle, il ressort que les nouvelles formes de mariage telle que l'homosexualité impulsée par la modernité, sont rejetées par la coutume qui construit cette pratique comme une forme de déviation sociale, une perte de valeurs en référence au dispositif normatif traditionnel qui régit le mariage et le fonctionnement de la famille. *« Pour moi, mariage d'aujourd'hui là, ce n'est plus mariage. Comment femme peut marier une femme ou bien garçon va marier garçon. Ça, c'est du jamais vu. Avant, c'était seulement le mariage coutumier (…) Je ne peux jamais accepter ça. Sinon ; le mariage c'est l'union entre garçon et femme. La bible est d'accord avec ça. Dieu a dit de se marier, on va remplir la terre »*, a confié un enquêté précisément chef de communauté bété. Un autre enquêté (Député) ajoute ceci « *Mariage homosexuel, c'est une catastrophe, c'est une abomination (…) il faut trouver une législation forte pour le condamner* ».

Le cadre normatif et institutionnel de référence des séculiers face au code de la famille

La hiérarchisation des types de mariage (le mariage coutumier, le mariage légal et le mariage religieux, le mariage interethnique et interreligieux) par les séculiers est faite en référence au cadre normatif et institutionnel le plus déterminant : la famille et la religion notamment. Cela dit, selon que l'on se positionne du côté de la loi ou de la coutume, le mariage coutumier apparaît comme l'étape la plus déterminante du mariage, suivie du mariage civil, religieux, interethnique et interreligieux. Le mariage homosexuel quant à lui n'est pas reconnu en tant que tel par l'ensemble des séculiers.

Le mariage coutumier : une légitimation de l'union de l'homme et de la femme du point de vue de la coutume : le mariage coutumier est l'union d'un homme et d'une femme, et l'union entre deux familles, celles des conjoints. Relativement aux us et coutume, ce type de mariage est perçu comme une forme de reconnaissance des conjoints par les deux (02) familles respectives. En effet, selon les séculiers, le mariage coutumier constitue le point de départ de la vie familiale (l'union de l'homme et de la femme), dans la mesure où les futurs conjoints reçoivent dans cette dynamique les « bénédictions » de leurs parents ; ces « bénédictions » fonctionnant comme des ressources qui participent à la consolidation du couple.

Par ailleurs, le mariage coutumier est la première étape du mariage comme processus, à travers lequel l'homme vient demander officiellement la main d'une fille à sa famille. L'élément qui concourt à la formalisation de ce mariage du point de vue de la coutume est la dot qui est demandée à l'homme par la future belle famille. En tant que tel c'est un retour aux traditions pour rendre légale l'union entre un homme et une femme au sein d'une communauté donnée. A ce propos, un chef de la communauté Ebrié dit ceci : « *au niveau coutumier le mariage traduit l'union entre un jeune homme et une jeune fille sur la base de l'accord des parents, afin que le couple bénéficie de la bénédiction des parents. Le mariage coutumier participe au recueil de bénédictions des parents* ».

L'observation laisse entrevoir que la famille constitue un cadre institutionnel de légitimation du mariage coutumier en dépit de l'existence des lois formelles du mariage. De fait, ce cadre est régit par des normes telles que la dot, qui est construite comme un contrat collaboratif qui renforce les liens entre les deux familles, donc traduit un consentement entre ces familles. Dans ce cadre la dot apparaît comme le cadre normatif le plus déterminant dans le processus du mariage, car elle donne sens au mariage. Derrière cette action, il s'agit de la réaffirmation d'une identité collective ou communautaire, dans le sens où les acteurs manifestent un sentiment d'appartenance à leur culture à travers la dot. Cela dit, la dot apparaît comme une norme déterminante de légitimation du mariage dans le cadre institutionnel familial, et par conséquent le nouveau code du mariage et de la famille ne modifie pas cette façon de fonctionner. Ainsi, selon une assistante sociale en charge des affaires juridiques pour enfant,

> « *le mariage coutumier, c'est un mariage qui est légal selon les lois de la coutume* » et « *le premier mariage en principe c'est le mariage coutumier, en second le mariage civil et le troisième le mariage religieux. Pour ce qui concerne le mariage interethnique, je pense qu'il est inclus dans le mariage coutumier. Puis le mariage interethnique est mariage qui se passe entre deux personnes d'ethnies différentes. Donc si comme çà avant d'arriver au mariage civil ils font le mariage coutumier. Ensuite ils font le mariage civil et à la fin ils font le mariage religieux* ».

*Le mariage civil : une authentification de l'union de l'homme et de la femme:*le mariage légal traduit, selon les séculiers, un cadre institutionnel qui légitime l'union d'un homme et d'une femme par l'autorité juridique (maire, adjoint au maire…). Ce cadre est régi par un dispositif normatif en termes de protection sociale des membres. Pour les séculiers, il permet de garantir les droits des conjoints et des enfants en situation d'incertitude (droit du travail, divorce, cas de décès du conjoint…). Ce type de mariage est construit comme un acte déterminant par les institutions juridiques, mais il ne constitue pas une barrière quant à la pratique du mariage coutumier. Le mariage légal confère aux acteurs un nouveau statut de « mariés » qui modifie leurs rapports aux autres ; voire la construction d'une identité par rapport à soi (l'individu a une nouvelle représentation de lui-même) et une identité par rapport aux autres (l'individu renvoie aux autres une image de son nouveau statut de « marié » légal, du point de vue de la loi). Les propos de ce séculier situent sur la question, « *au niveau* *du mariage civil, c'est la reconnaissance de l'autorité de l'Etat à travers l'union de X et Y, afin de bénéficier d'un certain avantage socio-professionnel »*, un chef de communauté bété.

Le mariage religieux : une affirmation de l'appartenance à une communauté religieuse : le mariage religieux est une pratique qui consiste à unir un homme et une femme par une autorité dont le statut est légitimé par l'église ; l'autorité charismatique. Cette union symbolise l'attachement des conjoints à une religion, c'est la manifestation de leur croyance en « Dieu ». Ce type de mariage traduit la reconnaissance des individus par leur communauté d'appartenance religieuse. En effet, en tant que membre de la communauté chrétienne par exemple, le mariage religieux est une pratique qui participe de l'affirmation de son identité de chrétien, membre de l'église. En ce sens, l'église constitue pour la communauté, un cadre institutionnel de référence du mariage. *« (…) Le mariage religieux chrétien surtout, c'est l'affirmation de sa foi en Dieu le créateur »*, a souligné un chef de la communauté ébrié.

Le mariage interethnique : une forme de brassage culturel chez les séculiers: c'est un mariage qui traduit l'union d'individus appartenant à des groupes ethniques différents. Pour les séculiers, ce type de mariage est perçu comme un facteur de cohésion sociale dans la mesure où il fonctionne comme un moyen de création de liens entre différents groupes ethniques. En effet, le mariage interethnique favorise un brassage de cultures et pose de fait la question de l'identité des conjoints, des enfants, des familles.

Les formes identitaires communautaires selon Dubar (2010) dans « la crise des identités », supposent l'existence de groupements appelés « communautés », considérés comme des systèmes de places et de noms pré assignés aux individus et se reproduisant à l'identique à travers les générations. Qu'il s'agisse de « cultures », de « nations », « d'ethnies » ou de « corporations », ces groupes d'appartenance sont considérés comme des sources «essentielles » d'identités. Dans ces formes identitaires communautaires, l'identification «pour autrui » prime ici sur l'identification « pour soi ».

Ce type de mariage apparaît donc comme un facteur de reconstruction de l'identité sociale des conjoints et membres de la famille. Le mariage interethnique entraîne une définition de l'identité du conjoint pour une accommodation à la culture de l'autre. *« Le mariage interethnique c'est un ciment, pour moi, pour la cohésion sociale. Et moi quand je célèbre un mariage, donc quand je célèbre mariage que la femme est du nord et l'homme est du sud, quand la femme est de l'ouest que l'homme est du centre ou l'est pour moi c'est des ponts humains qu'on établit entre nos communautés»*, a expliqué un Député.

Le mariage interreligieux: le mariage interreligieux renvoie à l'union entre un homme et une femme de religions différentes. Même si les séculiers associés à l'étude qualifient cette pratique de salutaire, ils expriment toutefois des réserves sur la question. Le mariage interreligieux fonctionne comme un cadre qui positionne les enfants dans deux types de croyances religieuses différentes ; des croyances qui participent à leur socialisation. Il se pose donc un problème d'identité chez l'enfant, car celui-ci a pour références deux (02) systèmes de valeurs religieuses opposées. Hervieu-Léger (1996) souligne le fait que la modernité fait des promesses séculières qu'elle ne peut pas tenir et que, de ce fait, elle disqualifie et requalifie sans cesse le religieux. Dans la cohabitation, chaque conjoint se réfère à ses valeurs religieuses dans ses pratiques, et tend ainsi à conserver son identité religieuse face à celle de son conjoint. Toutes choses qui amènent à la désapprobation de ce type de mariage. Ce type de mariage présente pour les conjoints un enjeu de préservation dans la relation de couple et de transmission de leurs valeurs religieuses dans l'éducation des enfants. A ce propos, un chef de la communauté baoulé fait ce point :

> *« Le mariage interreligieux, c'est un acte salutaire et donc à encourager. Sinon que le mariage interreligieux n'est pas forcement mauvais en soi, mais le plus souvent, c'est pour une question d'éducation des enfants que certaines personnes le désapprouvent. Je ne suis pas contre le mariage interreligieux mais, je préfère le mariage intra religieux ».*

Le mariage homosexuel comme un facteur de déviance sociale chez les séculiers : l'homosexualité traduit l'union d'individus de même sexe. Pour les séculiers, cette pratique est perçue comme une forme de déviation sexuelle et morale et ne peut être assimilable à un mariage. Ce type de mariage vient contraster les us et coutumes sur le mariage. Selon les séculiers, le cadre institutionnel qu'est la famille délégitime le mariage homosexuel, car ce type de mariage va à l'encontre des valeurs et normes promues par ce cadre. En contractant ce type de mariage, les acteurs concernés conduisent leurs familles à la déchéance.

Ferroul (2012) pour sa part, en observant le regard de l'église catholique sur le mariage homosexuel, montre que l'homosexualité serait en soi «une dépravation grave». Le mariage est un sacrement qui lie un homme et une femme. Un enfant a besoin d'un père et d'une mère pour s'épanouir. L'auteur souligne que la modernité occulte les fondements de la famille nucléaire par les ruptures de couples (familles monoparentales, recomposées) ainsi que l'état de fait actuel des dizaines de milliers d'enfants élevés par des couples homosexuels. Cette réalité sur le mariage homosexuel est traduite dans les propos d'un notaire : « *je ne prends pas en compte l'homosexualité dans ma définition du mariage. Honnêtement, je ne lui attribue même pas le thème mariage. C'est le choix de ceux qui le pratiquent. Je respecte leur choix mais, je n'appelle pas ça un mariage… c'est une déviance. Toutes ces histoires de mariage homosexuel sont liées à la déchéance de la famille* ».

De ce qui précède, il ressort deux (02) typologies du mariage chez les séculiers à l'étude : une typologie rattachée aux normes qui établissent les étapes du mariage par ordre d'importance dans des cadres institutionnels de référence, il s'agit du mariage coutumier, du mariage civil et du mariage religieux. Et d'une autre typologie du mariage qui est rattachée à l'appartenance culturelle, c'est-à-dire ethnique et religieuse du conjoint, et qui met en exergue l'influence de la modernité dans la mise en place d'un processus de légitimation ou d'acceptation du mariage, il s'agit du mariage interethnique et du mariage interreligieux.

Par ailleurs, la hiérarchisation des types de mariage par les séculiers est faite d'un point de vue normatif. En effet, le mariage dans leur logique est perçu comme un processus composé de plusieurs étapes. Sur cette base le discours qu'ils produisent en termes de hiérarchisation de types de mariages est fonction des normes en vigueur dans leur cadre institutionnel de référence (la famille ou l'Etat). Cela dit, il ressort que selon que l'on se positionne du côté de la loi ou de la coutume, le mariage coutumier apparaît comme l'étape la plus déterminante du mariage, suivie du mariage civil et religieux.

La perception des rapports sociaux et l'autorité au sein du couple face à la révision du code sur la famille

L'analyse de la révision du code de la famille, sous l'angle des rapports sociaux au sein du couple, révèle que les articles 58, 59, 60 sont perçus par les séculiers comme étant en rupture avec les us, coutumes et valeurs religieuses sur la question des statuts et rôles et donc de fonctionnement des rapports au sein des couples. Avec la nouvelle loi, l'on tend à remplacer l'autorité traditionnelle par l'autorité juridique. Quant à l'article 76, il est perçu comme une formalisation des pratiques habituelles des conjoints.

L'Article 58[4] comme une forme de redéfinition de l'autorité traditionnelle dans le couple : l'article 58 de la nouvelle loi du mariage donne la possibilité à l'homme et à la femme de gérer conjointement la famille à tous les niveaux. Selon les séculiers, cette réforme qui autorise la gestion de la famille à la fois par l'homme et la femme, remet en cause le statut de l'homme en tant que chef de famille tel que reconnu par les us et coutume. En effet, avec la modernité, la femme contrairement à la société traditionnelle participe désormais aux prises de décision dans son foyer, alors que ce rôle était réservé à l'homme. Elle intervient désormais dans tous les aspects de la vie conjugale et familiale qui hier relevaient de l'homme chef de famille. A ce propos, un notaire relève que *« la femme à beaucoup plus à dire aujourd'hui qu'avant. Avant, c'était l'homme qui était l'être pensant. Je veux dire le maître tout puissant du foyer. Aujourd'hui la femme a son mot à dire. Elle est impliquée en tout cas dans la vie du couple ».*

Avec la modernité, le statut de la femme a évolué, dans le sens où l'homme n'a plus le monopole des décisions dans le ménage. Les rapports de domination entre l'homme et la femme qui prévalaient ont fait place à des rapports d'égalité, de collaboration. Aussi l'autorité traditionnelle incarnée exclusivement par l'homme ne l'est plus car la femme a désormais tout aussi, le droit d'exercer conjointement cette autorité avec son conjoint dans la gestion du ménage. Ce qui les inscrit, d'une part, dans des rapports d'égalité dans leurs rôles pour la survie du ménage. En d'autres termes, le nouveau

---

[4]**Art.58** La famille est gérée conjointement par les époux dans l'intérêt du ménage et des enfants.

Ils assurent ensemble la direction morale et matérielle de la famille, pourvoient à l'éducation des enfants et préparent leur avenir.

code du mariage et de la famille fabrique un nouveau cadre d'interaction entre les conjoints, en leur conférant de nouvelles identités, à travers des rôles définis.

D'autre part, il apparaît de ce qui précède que l'article 58 favorise donc des conflits d'autorité, du fait que désormais l'homme et la femme ont les mêmes statuts et rôles. En effet, cet article, selon les séculiers, n'est pas conforme à la coutume (famille) qui construit l'homme comme le chef de famille ; elle confère l'autorité à l'homme dans le ménage. Autrement dit, face à l'autorité juridique, se trouve l'autorité traditionnelle ; chaque autorité tirant sa légitimité respectivement de la loi et de la famille. « *C'est dans la conception de l'esprit du législateur, du moderniste, dans l'esprit du civilisateur, sinon dans le comportement, à la maison c'est l'homme qui est le chef de la famille* », souligne un Magistrat ; « *c'est bien, les deux doivent travailler main dans la main. Mais, la femme doit savoir que c'est l'homme qui est le chef de la famille. C'est lui qui commande toujours* », a indiqué un chef de la communauté bété.

L'Article 59[5], un facteur de rupture de l'équilibre familial : l'article 59 du code du mariage et de la famille stipule que l'homme et la femme participent aux dépenses de la famille de façon proportionnelle. Dans le cas où cette condition n'est pas respectée, l'un des époux à la possibilité de traduire son conjoint devant l'autorité compétente. Toutefois, cet article est perçu par les séculiers à l'étude comme un facteur de rupture de l'équilibre familiale. Pour eux la justice n'a pas le droit d'intervenir dans la gestion du couple, car cela pourrait être source de conflits, voire de séparation des conjoints.

Dans la société ivoirienne, l'homme est construit comme le chef de famille, c'est-à-dire l'autorité historique voire traditionnelle car légitimé par la coutume. En tant que tel il est le principal décideur et pourvoyeur des besoins de la famille en ressources, de par son statut et positionnement dans ce champ ; ce qui exclut relativement toute forme de collaboration avec son épouse au détriment de rapports de domination dans la gestion de la famille. Cela dit, la nouvelle loi qui vient se juxtaposer aux normes traditionnelles avec pour objectif de

---

[5]**Art. 59** Les époux contribuent aux charges du ménage à proportion de leurs facultés respectives. Si l'un des époux ne remplit pas ses obligations, l'autre époux peut obtenir, par ordonnance du Président du Tribunal du lieu de résidence, l'autorisation de saisir-arrêter et de toucher, dans la proportion des besoins du ménage, une part du salaire, du produit du travail ou des revenus de son conjoint.

redéfinir les statuts, les rôles et les rapports au sein de la famille, autour des valeurs comme l'égalité, la collaboration et la liberté des conjoints dans la gestion du ménage, apparaît en contradiction avec le dispositif normatif traditionnel. Mieux, l'on observe une forme de résistance à cette modernité dans le code sur la famille, construite comme facteur de remise en cause de l'autorité traditionnelle du chef de famille (l'homme), de la fabrication de nouvelles identités en rapport avec les valeurs modernes au détriment des us et coutumes, de la modification des rapports au sein de la famille avec comme conséquence une rupture des valeurs communautaires (rupture de formes identitaires collectives…). *« En tant qu'africain, je pense que ces lois sont contraires à nos réalités. Car calquées sur le modèle européen. Ces lois à la lumière de nos réalités africaines n'ont pas de sens. (…) Pour moi l'homme, c'est celui qui incarne l'autorité, il est là pour redresser les choses et mettre les balises »*, a confié un chef de la communauté Ebrié.

Les séculiers estiment que cette situation participe au déséquilibre du couple et impacte aussi l'éducation des enfants. De fait, l'article 59 traduit la légitimité de l'Etat comme autorité institutionnelle dans la gestion du couple en cas de non satisfaction des besoins de la famille par l'un des conjoints qui en a les ressources. Cette situation est perçue comme une source de rupture de l'autorité familiale au détriment de l'autorité juridique, de modification des rapports au sein de la famille (passage de rapport de domination de l'homme au rapport d'égalité entre l'homme et la femme).

Selon les dires de chefs de la communauté baoulé et Yacouba,

> *« l'article 59 du nouveau code de la famille n'est pas bon parce qu'elle sera à l'origine des séparations. Pourquoi la justice doit interférer dans notre famille, l'article risque de créer des désaccords, des malentendus, les tensions dans les couples »*, *« article là envoie palabre, ça divise les foyers et la femme ne s'abaisse plus devant son mari. Quand c'est comme ça les enfants sont bandits ».*

L'Article 60[6] : une redéfinition du mode de fonctionnement de la famille :

---

[6]**Art. 60** Le domicile de la famille est choisi d'un commun accord par les époux. En cas de désaccord, le domicile de la famille est fixé par le Juge en tenant compte de l'intérêt de la famille.

l'article 60 stipule que le choix du lieu de résidence revient aux deux conjoints, voire aux époux. Il précise qu'en cas de désaccord, l'autorité institutionnelle intervient pour décider du choix du lieu de résidence. Du point de vue des séculiers, cette réalité est contraire aux normes traditionnelles du mariage, qui désignent l'homme comme le chef de famille et en tant que tel comme le seul décideur du choix du lieu de résidence.

Dès lors cette réforme du code du mariage apparaît en contradiction d'avec les normes locales de légitimation du mariage. L'autorité familiale (l'homme) n'est plus, en fait, reconnue dans le choix du lieu de résidence. Cette situation induit l'apparition de rapports d'égalité voire de complémentarité entre les deux conjoints, remettant en cause l'autorité historique de l'homme en tant que chef de ménage au détriment de l'autorité institutionnelle (l'Etat) ; ce qui redéfinit les rapports au sein de la famille. *« J'estime que c'est l'homme qui doit décider du lieu d'habitation. Et puis chez nous les africains, on ne peut pas concevoir que ce soit la femme qui héberge l'homme. Auquel cas, on traitera cet homme de faux type, d'irresponsable. Chez nous les Ebrié, c'est l'homme qui épouse la femme et non l'inverse. Donc, il lui revient de choisir le lieu de résidence. En plus, c'est lui qui est le bailleur de fonds »*, récit présenté par un Chef de la communauté ébrié.

L'Article 67[7] comme formalisation des pratiques habituelles : de l'article 67 du nouveau code du mariage et de la famille il ressort que, chacun des époux a le droit d'exercer la profession de son choix à condition que cette profession réponde aux enjeux de la famille. Du point de vue des séculiers, cet article est une forme de formalisation de leurs pratiques habituelles. En outre, la femme exerce toujours la profession de son choix mais toujours avec les conseils de son mari. Sur cette base, l'article 67 ne s'oppose pas ou ne remet pas en cause les pratiques habituelles relatives au choix de la profession des conjoints, il les formalise. A ce propos, selon un chef de la communauté baoulé,

> *« pour consolider le couple, il faut que la femme travaille et fasse le travail de son choix. Au niveau de notre communauté, nous respectons cette loi. C'est*

---

[7]**Art. 67** Chacun des époux a le droit d'exercer la profession de son choix, à moins qu'il ne soit judiciairement établi que l'exercice de cette profession est contraire à l'intérêt de la famille.

pourquoi, j'admets que ma femme choisisse sa profession pour m'aider à assurer les charges dans notre couple ». Un autre séculier, dans le même sens, ajoute ceci : *« je pense que c'est un article qui épouse les réalités des couples en la matière ».*

L'analyse de cette réalité sociale laisse entrevoir une certaine résistance de l'autorité traditionnelle face au nouveau code de la famille et du mariage.

Le code de la famille stipule que l'homme et la femme entretiennent des rapports d'égalité dans la gestion du foyer. Toutefois dans la pratique, cette loi n'est pas déterminante dans le fonctionnement des rapports dans le couple. Pour les enquêtés à l'étude (les séculiers) l'homme reste toujours le chef de famille comme cela a été établi par la coutume. Pour eux, le nouveau code du mariage n'a pas encore d'impact considérable sur le statut de l'homme en tant que chef de famille, puisque selon ces acteurs, l'autorité de l'homme est encore reconnue, de type traditionnel. De ce fait, l'homme a pour rôle d'assurer les charges et besoins de la famille. Quant à la femme, elle a pour rôle d'entretenir la maison, de faire la cuisine, d'assurer l'éducation des enfants, donner l'affection aux enfants, de procréer et de répondre aux besoins de son époux.

A travers cet argumentaire, il ressort que la coutume résiste encore à la nouvelle loi du mariage. Elle (coutume) constitue le cadre normatif de référence qui régit voire légitime les rapports entre l'homme et la femme dans le mariage, puisque c'est elle qui définit les statuts et rôles de l'homme et de la femme au sein du mariage. Dans ce contexte l'homme est construit comme autorité familiale à travers son statut de « chef de famille ». En tant que tel, il est le principal décideur pourvoyeur de sa famille en ressources, et s'inscrit dans un rapport de domination avec son épouse au profit de rapports d'égalité, de collaboration véhiculée par les réformes sur le mariage et la famille.

Face à la révision du code de la famille, s'observe une résistance des institutions que sont la famille (autorité traditionnelle) et la religion, et cela dans une logique de conservation d'une identité collective en référence aux valeurs et normes structurant le mariage et la famille. A ce propos, selon les séculiers, *« c'est dans la conception de l'esprit du législateur, du moderniste, dans l'esprit du civilisateur, sinon dans le comportement, à la maison c'est l'homme qui est le chef de la famille »*, un Magistrat. *« Sincèrement, cette loi n'a rien changé dans les couples(…) Il faut reconnaître que les rapports qui permettent au couple de se construire sont puisés dans notre tradition »* (Extrait respectivement des entretiens avec le chef de la communauté Mahouka et le chef de la communauté Yacouba).

Conclusion

Cette étude tente de capter la réceptivité de la nouvelle loi sur le mariage et la famille chez les séculiers, à Abidjan. L'analyse du rapport des séculiers au nouveau code sur le mariage, la famille et à la modernité montre qu'ils perçoivent la modernité comme un facteur de transformation sociale. Ces transformations s'observent au niveau de l'éducation de l'enfant, de l'intervention des parents dans le choix du conjoint, de modification des rapports au sein de la famille et de fabrication et l'accentuation, voire de la formalisation de nouvelles formes de sexualité (le mariage homosexuel).

La typologie et la hiérarchisation des mariages permettent, aussi, de retenir que, le mariage coutumier, le mariage légal et le mariage religieux sont respectivement les types dominants de mariage selon les séculiers (acteurs institutionnels et communautaires). Ces types de mariage sont suivis des mariages interethniques et interreligieux. Le mariage homosexuel quant à lui n'est pas reconnu en tant que tel par l'ensemble des séculiers. Cette hiérarchisation des types de mariage par les séculiers est faite en référence au cadre normatif et institutionnel le plus déterminant (la famille, la religion). Cela dit, selon que l'on se positionne du côté de la loi ou de la coutume, le mariage coutumier apparaît comme l'étape la plus déterminante du mariage, suivi du mariage civil, religieux, interethnique et interreligieux.

Par ailleurs, de l'analyse de la nouvelle loi sur le mariage et famille sous l'angle des rapports sociaux au sein du couple, l'étude révèle que les articles 58, 59, 60 sont perçus comme en rupture avec les modes habituels de définition des statuts et rôles et donc de fonctionnement des rapports au sein des couples. Avec la nouvelle loi, l'on tend à remplacer l'autorité traditionnelle par l'autorité juridique.

Pour finir, au niveau du nouveau code sur le mariage et la famille et la question de l'autorité traditionnelle au sein du couple, le rapport des séculiers au nouveau code sur la famille, les statuts de rôles de l'homme et la femme dans le ménage, tels que définit par l'institution juridique, apparaissent comme contradictoires aux us, coutumes et valeurs religieuses sur la question. L'étude révèle donc une résistance de l'autorité traditionnelle face au nouveau code de la famille et du mariage dans les rapports au sein du couple et de la famille.

Bibliographie

Angelique (D), 2002, *Le rôle des pères dans notre société contemporaine : explication du mal être des jeunes ?* DESS Politiques Sociales et Management du développement, Rouen.

Arabdiou (H), 2010, *Laïcité et sécularisation,*
http://www.gaucherepublicaine.org/respublica/laicite-et-secularisation/2271

Bonte (P), Izard (M) (dir.), 1991, *Dictionnaire de l'ethnologie et de l'anthropologie*, Paris, PUF,

Broqua (C), 2012, Les formes sociales de l'homosexualité masculine à Bamako dans une perspective comparée : entre tactiques et mobilisations collectives, *Politique et Sociétés*, Vol. 31, n°2, 113–144.

Duchesne (S) et Haegel (F), 2004, *L'enquête et ses méthodes : les entretiens collectifs*, Paris, Nathan.

Dobbelaere (K), 1981, *Secularization : A Multidimensionnal Concept*, London: Sage Publications

Dubar (C), 2010, *La crise des identités : L'interprétation d'une mutation.* Paris, Presses Universitaires de France.

Fallery (B), Rodhain (F), 2007, *Quatre approches pour l'analyse de données textuelles: lexicale, linguistique, cognitive, thématique*, XVIème Conférence de l'Association Internationale de Management Stratégique (AIMS), Montréal, Canada. AIMS, 1-16.

Ferreol (G) 2009, (dir.), *Dictionnaire de sociologie*, Paris, Armand Colin.

Ferroul (Y), 2012, *L'église catholique contre le mariage homosexuel, troisarguments qui ne tiennent pas,*
http://www.slate.fr/tribune/60677/mariage-homosexuel-eglise-catholique

Foessel (M), 2005, « Faire autorité ? Pluralisation des autorités et faiblesse de la transmission», *Esprit*, 313. 7-14

Godelier (M), 2004, *Métamorphoses de la parenté,* Paris : Fayard.

Hervieu-léger (D), 1996, « La religion des Européens. Modernité, religion, sécularisation », In Davie Grace et D. Hervieu-léger (dir.), *Identités religieuse en Europe,* Paris : La Découverte.

Hosteau (F), 2005, La crise identitaire du religieux aujourd'hui, Facultés Universitaires de Namur.
www.lumenonline.net/.../La_crise_identitaire_du_religieux_auj ourd_hui.doc?

Isambert (F-A.), 1980, « Religion », In Encyclopaedia Universalis, vol. 14, 36-37.

Lavigne (K), 2008, *La signification du mariage religieux catholique chez les jeunes québécois non-pratiquants,* Mémoire de Maîtrise, Montréal : Université du Québec.

Messu (M), 2015, Mariage et société des individus : le mariage pour personne, *Recherches familiales,* vol 1, no12, 289-306.

Mfoungue (B.C.), 2012, *Le mariage africain, entre tradition et modernité : étude socioanthropologique du couple et du mariage dans la culture gabonaise.* Master de Sociologie. Université Paul Valéry - Montpellier III, 2012.

Sumbamanu (C), 2013, *L'exercice de l'autorité dans une communauté adulte,* Licence en communication sociale STNJ, Rome.

Yves (L), 2000, Formes religieuses caractéristiques de l'ultramodernité : France, Pays-Bas, États-Unis, Japon, analyses globales, *Archives de sciences sociales des religions,* 109, 5-9.

Chapitre 17

Acteurs et logiques des mariages interethniques dans le village de Samo (sud-est de la Côte d'Ivoire)

Maïmouna Diaby

Introduction

L'année 2001 a été marquée par un conflit opposant autochtones *Abouré* et migrants suite à un fait divers (l'assassinat d'un jeune *Abouré* par un immigré nigérien). Ce conflit a eu pour conséquences l'éviction des migrants des activités économiques agricoles et non agricoles et l'interdiction formelle de toute relation matrimoniale entre *Abouré* et migrants; Kouamé 2006 ; Vidal et Lepape 2009; Gadou et Kibafori 2006).

Toutefois, une forte proportion de mariages interethniques a été constatée chez les *Abouré* de Samo. Sur les 498 alliances matrimoniales recensées dans le village en 2011 :

- 40 hommes *Abouré* soit 49,37% sont en union interethnique;
- 29 femmes *Abouré* soit 41,42% ont contracté des mariages interethniques ;
- 41 hommes soit 50,62%sont en union intra ethnique ;
- 41 femmes soit 58,57% sont en union intra ethnique.

En somme, en dépit de l'interdiction des mariages interethniques en 2001 et au regard des statistiques ci-dessus mentionnées, l'on enregistre de nombreuses unions interethniques. Non seulement les unions contractées avant ladite interdiction n'ont pas été dissoutes mais des mariages continuent d'être célébrés entre autochtones *Abouré* et migrants allogènes ou allochtones.

En s'appuyant sur ces constats, ce texte tente de comprendre les logiques qui sous-tendent le choix matrimonial des conjoints *Abouré* dans un contexte de modernité. De manière spécifique, ce texte questionne i.) Les représentations sociales associées aux catégories d'acteurs en situation de mariage interethnique; ii.) Les perceptions du mariage et production des rapports de méfiance entre communauté; iii.) La compensation, une forme négociée d'acceptation des mariages interethniques.

Plusieurs théories ont été élaborées sur les logiques qui encadrent le choix matrimonial des conjoints. Au nombre de celles-ci figure la théorie de l'homogamie, développée par Alain Girard (1964) cité par (Bozon, 2006). Dans sa démonstration, l'auteur montre que les choix matrimoniaux des conjoints en France sont soutenus par une logique de proximité sociale (au niveau économique, culturelle et de l'instruction), que chaque famille ou groupe social inculque à sa descendance pendant le processus de socialisation. Par ailleurs, pour Girard (op.cit.), la religion, comparativement à toutes les normes homogamiques, est la plus déterminante. Le but de toutes ces normes homogamiques étant de renforcer la reproduction sociale. En s'inscrivant dans cette même perspective, d'autres auteurs tels que Héran et Bozon (2006) ont démontré que les lieux de rencontre des individus sont également déterminants dans le processus de formation des couples. En effet, pour ces derniers, la structure des lieux de rencontre est faite de sorte que chaque classe ou couche sociale privilégie un lieu de fréquentation précis.

Parallèlement à ces approches de l'homogamie, on note la théorie de l'échange compensatoire, en tant qu'analyseur des mariages mixtes. Ace niveau, les travaux de bon nombre d'auteurs, tels que Root (2001); Pineault (2000); Breger et Hill (1998) ont montré un lien étroit entre les unions (les unions mixtes en particulier) et l'échange compensatoire.

La théorie de l'échange compensatoire part de la logique que les unions matrimoniales constituent avant tout un système d'échange. Par conséquent, cette théorie permet de mettre en exergue les ressources échangées entre les conjoints par les mariages. En reliant cette théorie de l'échange compensatoire avec celle du don/contre-don de Mauss, Outemzabet (2000) compare le mariage à un marché où les conjoints fournissent : « des ressources susceptibles d'être échangées : beauté, talent, argent, pouvoir, prestige, etc.» (Therrien et Le Gall 2012). Pour Outemzabet (op.cit.), ce système d'échange constitue un arrangement où les hommes et les femmes ne se vendent pas sur le marché matrimonial de la même manière.

Toujours dans cette dynamique, Spickard (1989) affirme que la théorie de l'échange compensatoire représente une approche mercantile du mariage qui sous-entend un statut hiérarchique entre homme et femme et entre blancs et noirs. Ainsi, cette perspective théorique permet de comprendre par exemple : « les raisons de l'union d'un homme noir et riche et d'une femme blanche d'une classe moyenne par un système d'échange par lequel l'un des conjoints acquiert un capital social tandis que l'autre augmente son statut économique » (Therrien et Le Gall 2012).

Cette hypothèse est soutenue par nombreux auteurs (Kalmijn 1993 et Qian 1997) pour qui : « un individu catégorisé comme appartenant à un groupe stigmatisé ou dévalorisé, mais doté d'un statut socioéconomique plus élevé, peut "échanger" ce "bien" lors d'une union matrimoniale avec un individu qui apporte un "statut ethnique" dominant. De l'autre côté, le membre du groupe dominant accepte le"statut ethnique" inférieur puisqu'il est compensé par le statut socioéconomique plus avantageux » (Schuft 2010).

Toutefois, selon Kang Fu (2001) : « les individus cherchent le meilleur époux qu'ils peuvent attirer avec les ressources qu'ils ont à offrir, et le meilleur époux est celui qui peut produire le maximum de commodités désirables ». De toute cette littérature sur les logiques qui définissent le choix matrimonial des conjoints, on retient que les mariages se fondent sur des logiques et enjeux rattachés au contexte local dans lesquels ils se manifestent. Toutefois, cette revue de la littérature ne met pas en exergue les déterminants sociaux extérieurs à ces logiques locales. Alors que ces déterminants sociaux extérieurs constituent des facteurs importants dans la compréhension et l'explication des mariages.

Relativement à ces référents théoriques, l'approche qualitative est l'approche adoptée pour cette étude. A partir de cette approche, des entretiens semi-directifs et des focus groupes ont été menés auprès de conjoints en situation de mariages interethniques et de mariages intra ethniques pour comprendre les logiques et enjeux qui présidaient à leur choix matrimonial (mariages intra et interethniques). Une trentaine d'entretiens (entretiens semi-directifs, focus groupes) a été réalisée au total.

L'analyse des données a été réalisée à partir de l'analyse de contenu thématique. Cette technique d'analyse a permis de ressortir les résultats suivants : i) Les représentations sociales associées aux catégories d'acteurs en situation de mariage interethnique; ii.) Perceptions des mariages (intra et inter) et rapports de méfiance entre communautés; iii.) La compensation, une forme négociée d'acceptation des mariages interethniques.

Les représentations sociales associées aux catégories d'acteurs en situation de mariage interethnique.

Les représentations sociales associées aux différentes catégories autochtones (*Abouré*) et migrantes (allochtones et allogènes) de Samo déterminent fortement le choix matrimonial des conjoints de mariage (intra et interethniques). Il s'agit de représentations qui conditionnent à la fois les mariages intra ethniques et les mariages interethniques.

I.1 Les représentations sociales de conditionnement des mariages intra ethniques.

Les représentations sociales de conditionnement des mariages intra ethniques sont liées à certaines réserves liées notamment à l'origine du conjoint migrant et à la construction identitaire des descendants issus des mariages interethniques.

Les réserves en lien avec l'origine des conjoints(es) migrants (es) notamment allogènes se structurent autour de deux ordres d'idées relatives à des pratiques d'enlèvement de descendants et d'assassinat de conjointes, qui seraient des pratiques couramment observées chez les conjoints issus de la catégorie allogène. En effet, selon les propos de certains conjoints *Abouré*, plusieurs cas d'enlèvement de descendants issus de mariages interethniques ont été commis à Samo par des conjoints allogènes, notamment Burkinabés, issus de mariages interethniques avec des femmes *Abouré* :

> « *Dans ce village, il y a des femmes Abouré qui se sont mariées à des étrangers et qui ont perdu leurs enfants. En fait, il s'agit de certains hommes non ivoiriens, surtout les burkinabés qui prennent clandestinement leurs enfants et les amènent avec eux dans leur pays d'origine sans informer leur femme. Ce genre de situation s'est présenté plusieurs fois ici à Samo, à Bonoua et également dans certains villages voisins, où ces hommes viennent se marier aux filles Abouré, et lorsqu'ils ont des*

enfants avec ces dernières, et partent clandestinement avec ces enfants » (Enquête Abouré).

A ces cas d'enlèvement s'ajoutent également certains cas d'assassinat de certaines conjointes qui se seraient produits dans la même localité de Samo. En effet, toujours selon les propos de certains *Abouré*, on noterait à Samo et au sein de quelques villages voisins des cas d'assassinat de femmes *Abouré* qui auraient contracté des mariages interethniques avec des allogènes burkinabés. Ces dits évènements sont généralement mobilisés par certains conjoints *Abouré* comme la logique explicative de leur refus à contracter des mariages interethniques, notamment avec la catégorie migrante burkinabée. L'ensemble de ces perceptions produites autour de cette catégorie d'allogène sont des perceptions qui les associent à des pratiques d'enlèvement de descendants et d'assassinat de conjointes.

A ces réserves sur l'origine des conjoints allogènes s'associent les réserves en rapport avec l'identité des descendants issus des mariages interethniques comme conditionnement des mariages intra ethniques.

Les réserves rattachées à l'identité des descendants de mariages interethniques sont des réserves liées à la définition de l'appartenance ou de la construction identitaire des descendants de ce type de mariage. En effet, contrairement au mariage intra ethnique, la construction identitaire des descendants de mariage interethnique apparaît comme problématique, notamment dans une société de type matrilinéaire.

A Samo, les normes de construction de l'identité des descendants de mariage (intra et interethnique) se fondent sur la matrilinéarité. Partant, est considéré comme *Abouré*, tout descendant ayant une mère *Abouré*. Toutefois, les descendants issus de mariage interethnique dont la mère est *Abouré* sont généralement confrontés à des formes de contestation de leur identité *Abouré*. Des contestations qui sont rattachées au nom et à l'origine du père migrant. Ainsi, en raison de leur double appartenance (référence au père et à la mère), la citoyenneté locale et par ricochet l'intégration de cette catégorie de descendants est très souvent remise en cause. Ces réserves sur l'identité de ces descendants constituent pour un certain groupe d'autochtones *Abouré* une mesure favorable à la contraction des mariages intra ethniques.

Ces réserves relatives au conditionnement des mariages intra ethnique concernent uniquement une catégorie de conjoints *Abouré* généralement issue des mariages intra ethniques. Toutefois, il existe une seconde catégorie de conjoints *Abouré* qui, contrairement aux conjoints *Abouré* issus de mariage intra-interethnique, a une tendance à préférer et donc à contracter les mariages interethniques.

I.2 Les représentations sociales d'ouverture aux mariages interethniques

Les représentations sociales d'ouverture aux mariages interethniques se structurent autour de certaines valeurs associées à une catégorie de migrants et qui se traduisent à travers certaines idéologies perçues comme « valorisantes » pour ces dernières et favorables à la contraction de mariages interethniques.

Les idéologies d'ouvertures ou de fabrication des mariages interethniques à Samo tournent essentiellement autour de deux catégories de migrants allogènes. Il s'agit d'une catégorie masculine de migrants perçue comme « travailleur » et une autre catégorie féminine perçue comme « soumise ».

En effet, à Samo en termes de classement des préférences des conjointes *Abouré* en situation de mariage interethnique, les allogènes burkinabés et maliens sont en comparaison aux hommes *Abouré* perçus comme « travailleurs » contrairement aux hommes *Abouré*. D'un autre côté, on a une catégorie masculine *Abouré* qui, quant à elle perçoit certaines femmes migrantes (allogènes et allochtones) comme « soumises», cette fois-ci contrairement aux femmes *Abouré* généralement perçues comme « autoritaires » et « irrespectueuses ».

Ces différentes représentations sociales produites autour d'une catégorie de migrants (femmes et hommes allogènes et allochtones), tendent à favoriser et à renforcer la contraction des mariages interethniques entre ces derniers et les *Abouré*, qui (*Abouré*) se représentent ce type de mariage comme durables.

La construction sociale de la durabilité des mariages se fonde sur les perceptions sociales développées plus haut, en liens avec les idéologies de l'allogène « travailleurs » et « soumis » en opposition à des conjoints(es) *Abouré* perçus comme « autoritaires » et « irrespectueux » et « paresseux ».

A Samo, la durabilité d'un mariage se construit à partir de la date de contraction d'une relation matrimoniale, jusqu'à la fin de ladite relation. A ce propos, il ressort que les mariages intra ethniques contractés entre conjoints *Abouré*, sont des mariages qui ne s'inscrivent pas dans la durée contrairement aux mariages interethniques contractés entre *Abouré* et migrants. Les perceptions associées aux mariages contractés entre *Abouré* sont sous-tendus par des enjeux de pouvoir entre hommes et femmes *Abouré* de Samo.

En effet, la matrilinéarité comme système de filiation accorde à la femme *Abouré* une position centrale eu égard aux normes d'appartenance et de gestion du patrimoine familial. Ce positionnement social confère à la femme des droits locaux exclusifs vis-à-vis de sa descendance, mais également dans la gestion du patrimoine familial, qu'un conjoint *Abouré* en situation de mariage intra ethnique ne peut détenir. Partant les perceptions sociales en rapport aux femmes *Abouré* traduisent ainsi les rapports de force qu'entretiennent ces dernières avec les hommes *Abouré*. D'où la femme *Abouré* perçue comme « autoritaire ». Parallèlement à cela, on a les représentations sociales associées aux hommes *Abouré*, perçus comme « paresseux » par les femmes *Abouré* et également les représentations sociales qui les définissent comme : « irresponsables » vis-à-vis de leurs descendants.

L'ensemble des représentations sociales associées aux hommes *Abouré* révèlent les rapports de distanciation de certains d'entre eux par rapport à leurs descendants, relativement à leur prise en charge. Cette distanciation est interprétée par les femmes *Abouré* en termes de « paresse » et « d'irresponsabilité » des hommes *Abouré*.

La production des différences sociales entre les catégories d'acteurs issus des mariages intra et interethniques fait également naître entre conjoints, des rapports de méfiance.

Perceptions des mariages et rapports de méfiance entre communautés

Les perceptions en rapport aux comportements matrimoniaux des différentes catégories ethniques migrantes de Samo a favorisé le

315

développement de rapports de méfiance ou de confiance chez les *Abouré* (hommes et femmes).

En effet, les rapports de méfiance ou de confiance à Samo reposent sur le partage ou non de codes et valeurs culturelles des *Abouré* avec d'autres groupes ethniques. Autrement dit, il y a une relation de méfiance ou de confiance lorsque les conjoints d'un même couple issu de mariage interethnique se considèrent comme partageant ou pas les mêmes codes culturels. Cette proximité culturelle influe dès lors sur le choix du conjoint.

Ainsi, à Samo les conjoints *Abouré* se perçoivent r comme étant culturellement proches de certaines catégories d'allochtones, généralement localisées dans le centre et le Sud de la Côte d'Ivoire (*Akan, Appolo, Attié, Agni, Baoulé*, etc.), mais également d'allogènes venant notamment du Ghana. Pour les conjoints *Abouré*, il s'agit de peuples qui ont une histoire et une origine commune à la sienne et par conséquence des normes, codes et valeurs culturelles proches des leurs. Partant, ces variables constituent pour eux (*Abouré*) des bases de construction de la confiance avec ces derniers.

De ce fait, il est plus aisé, selon leurs propos, de contracter des mariages interethniques avec des acteurs issus de ces catégories ethniques perçus comme culturellement proches.

A l'opposé de ces groupes ethniques perçus comme proches, certains conjoints *Abouré* considèrent le mariage avec les catégories ethniques autres celles citées, comme le bouleversement de leurs normes et codes locaux. Relativement à cela, les mariages interethniques contractés entre *Abouré* et les catégories migrantes issues du nord de la Côte d'Ivoire (*Malinké, Sénoufo, Lobi*, etc.) et notamment avec les Burkinabés, Maliens et Guinéens), sont des mariages qui ne sont pas « bien vus » dans la société *Abouré*. Il s'agit de mariages qui sont perçus comme ne pouvant assurer la reproduction de leurs valeurs et normes culturelles.

Ainsi, pour les conjoints *Abouré*, la méfiance naît de l'éloignement entre pratiques et valeurs culturelles de deux catégories ethniques. Cette méfiance émane surtout du bouleversement d'un ordre social déjà préétabli. Un facteur considéré comme déterminant dans le choix du conjoint.

Par ailleurs, en dehors du partage des normes de proximité sociale, l'une des logiques qui oriente le choix des conjoints *Abouré* tourne autour de l'échange compensatoire.

La compensation, une forme négociée d'acceptation des mariages interethniques

La compensation comme forme négociée d'acceptation des mariages interethniques, porte sur les différentes formes de transactions sociales dans le processus de formation des couples intra et interethniques à Samo. Ces transactions ou formes de négociations sociales dans le champ matrimonial révèlent qu'en dehors des perceptions qui encadrent la contraction des mariages à Samo, l'échange compensatoire constitue l'un des canaux de compréhension et d'explication des choix matrimoniaux.

En effet, en dépit des réserves mentionnées ci avant, construites autour de l'origine de certaines catégories de conjoints issues de l'immigration et des implications identitaires associées à cette origine, il ressort que les mariages interethniques entre *Abouré* et ces catégories identitaires demeurent (Diaby 2014).

Le développement de certaines cultures pérennes telles que le binôme café-cacao depuis les années 1960 et dernièrement de l'ananas dans la zone de Bonoua, a entrainé le déplacement massif de certaines catégories ethniques (ivoiriennes et non ivoiriennes), au nombre desquels figurent notamment les allogènes burkinabés et Maliens (Kouamé 2006 ; Kigbafory et Gadou 2006). Ces derniers, ayant bénéficié de droits fonciers, ont réussi à occuper une place importante dans la production de ces différentes cultures. Cette insertion des allogènes burkinabés dans le champ économique a constitué un facteur favorable aux mariages interethniques entre eux et les femmes *Abouré*.

La compensation en termes de transactions sociales ou d'échange entre les femmes *Abouré* et les allogènes se dessine autour de l'échange des ressources sociales. De manière spécifique, la société *Abouré* fournie le cadre d'interaction (règles, normes) entre catégories interethniques. En retour les allogènes agissent en fonction des normes locales.

Dans le cadre des mariages entre femmes *Abouré* et les hommes allogènes, l'échange en ce qui concerne les femmes *Abouré* se structure autour des ressources que génère leur positionnement social dans la société. Le positionnement central des femmes *Abouré,* eu égard à la matrilinéarité, constitue un canal d'intégration pour les migrants par le mariage. Ce canal d'intégration permet ainsi une reconstruction de la citoyenneté locale des migrants.

En termes de compensation, les allogènes se trouvent généralement intégrés et blanchis lorsque leurs engagements vis-à-vis du « nouveau » groupe (le groupe ethnique de la femme, *Abouré*), notamment la participation financière, morale et sociale, est assurée.

Conclusion

Au terme de l'analyse des logiques sociales qui sous-tendent le choix matrimonial des conjoints de mariages (intra et interethniques) de Samo, il ressort que plusieurs logiques participent à ce choix. Ces logiques se fondent notamment autour des perceptions sociales qui tendent à déconstruire les réserves associées à l'origine et à l'identité des conjoints migrants (allochtones et allogènes). Il s'agit des perceptions et des stéréotypes « d'assassinat » et « enlèvement » de descendants. Parallèlement à ces réserves, il y a des perceptions en faveur des mariages interethniques, telles que les mythes de l'allogène « travailleur » et « soumis », qui constituent des éléments idéologiques de construction de la durabilité des mariages. Ces différentes perceptions concourent à fabriquer selon les situations, soit une relation de confiance, soit une relation de méfiance entre les différentes communautés ethniques. Par ailleurs, ce qui permet le mariage entre allogènes et autochtones est le fonctionnement des rapports selon une logique compensatoire. Celle-ci se fonde sur les ressources sociales échangées, notamment l'inscription des allogènes dans la société via le mariage (classes d'âge) d'une part, et d'autre part la participation financière et sociale de ces derniers.

Referencesbibliographiques

Bozon (M), 2006, « Choix du conjoint et reproduction sociale », *[Re] Découverte, Idées*, vol.143, n°3, 60-66, URL : http://www.cndp.fr/archivage/valid/81532/81532 12450-15786.pdf, consulté le 7-7-2010.

Bozon (M) et Heran (F), 2006, « *La formation du couple. Textes essentiels pour la sociologie de la famille* », La Découverte, coll. « Grands Repères ».

Diaby (M), 2009, *Recherche sur les déterminants sociaux des mariages interethniques chez les hommes abouré de Samo et de Larabia*, Université de Cocody, Mémoire de DEA.

Girard (A), 1964, *Le Choix du conjoint. Une enquête psycho-sociologique en France*, Paris, Presses Universitaires de France.

Gnabeli (R) et Bogui (L), 2010, *«* Mariages interethniques et enjeux économiques en paysAbouré (Côte d'Ivoire) », Rev. ivoir. anthropol. sociol. *Kasa Bya Kasa*, n°18, vol.4, 361-374.

Kang Fu (V), 2001, «Racial intermarriage pairing», *Demography*, vol.38, n°2, 147-160.

Kouame (G), 2006, « Du conflit intra-familial au conflit inter-ethnique autour destransfertsfonciers. Le cas de la société abouré (Basse Côte d'Ivoire) ». Colloque international''Les frontières dela question foncière – At the frontier of land issues'', Montpellier.

N'guessan (K), 2009, « Les Etrangers dans l'arène de Bonoua.», In Yéo Souleymane, *Les Etatsnations face à l'intégration régionale en Afrique de l'ouest: Le cas de la Côte d'Ivoire*. Edition Karthala, 106 - 107

Niangoran-Bouah (G), 1960, « Le village abouré », In:*Cahiers d'études africaines*, Vol. 1 N°2..pp. 113-127.doi : 10.3406/cea.1960.366 http://www.persee.fr/web/revues/home/prescript/article/cea_0008 0055_1960_num_1_2_3668

Ouattara (H) et Dakouri (M), 2006, *«* Allochtonie et autochtonie, rapports autour de la terre: une étude de cas à Akroaba Akoudjekoa et Ono14 dans le sud-est ivoirien.*»* Colloque international "Les frontières de la question foncière – At the frontier of land issues", Montpellier.

Outemzabet (V), 2000, « Qui perd gagne ; échanges et arrangements dans les couples binationaux » In *Mariages tous azimuts. Approche pluridisciplinaire des couples binationaux*, sous la dir. de J. LL Albier, L. Ossipow, V. Outemzabet, et B. Waldis, Fribourg Suisse, Éditions universitaires de Fribourg, 245-260.

Pineault (N), 2000, *Couples endogames et couples mixtes : comparaison de la satisfactionconjugale, de la perception des pairs à l'égard du couple et de l'estime de soi,* Mémoire de maîtrise, Sainte-Foy, Université Laval.

Raulin (H), 1969, « Le droit des personnes et des familles de la Côte d'Ivoire », 1960-*1969.*

Root (M), 2001, *Love's revolution: interracial marriage,* Philadelphia, Temple University Press.

Rosemary (B) et Hill (R), (eds.), (1998), *Cross-Cultural Marriage. Identity and Choice,* Oxford : Berg.

Schuft (L), 2010, *Les couples métropolitains et polynésiens à Tahiti,* Thèse, université Saint Jean d'Angély, université de Nice Sophia-Antipolis.

Streiff-Fenart (J.), 1989, *Les couples franco-maghrébins en France,* Paris, l'Harmattan

Therrien (C) et GALL (L), 2012, Nouvelles perspectives sur la mixité conjugale, *Générations,* no 17, 1-20 - www.efg.inrs.ca

Yann Bertacchini (Y), 2009, *Petit Guide à l'usage de l'Apprenti-Chercheur en Sciences Humaines &Sociales,* Collection Les E.T.I.C, Toulon, Presses Technologiques.

Zhenchao (Q), 1997, « Breaking the Racial Barriers: Variations in Interracial Marriage between1980 and 1990, »*Demography,* vol.34, 263-276.

Postface

L'un des mérites du présent ouvrage, il nous semble, est de mettre en exergue à travers des études de cas ayant de solides bases empiriques les rapports de forces, les négociations et les transactions sociales entre l'Etat et les organisations religieuses en Afrique occidentale et centrale sur les questions de genre, de famille et de mariage. Il réussit aussi à croiser les regards islamiques, chrétiens et séculiers sur la question. Dans un contexte où l'Etat se veut laïc, l'ouvrage essaie de jeter les bases permettant d'explorer les lieux de convergence et de divergence entre les forces séculières et les forces religieuses qui continuent à structurer la modernité africaine.

Au regard de tout ceci, on peut se demander pourquoi religions résistent contre l'Etat ? D'abord c'est un fait indéniable que dans la plupart des sociétés, les religions sont expertes en mythologies qui sont les supports des constructions des rapports de genre. La déconstruction de celles-ci constitue une menace pour l'institution même de la religion. Ensuite, il convient de noter que le leadership des religions missionnaires, comme l'Islam et le Christianisme, qui résistent est essentiellement mâle. Outre la menace que représente les reformes sociales relatives au genre pour les intérêts du clergé mâle, ce qui est en jeu ici, en fin de compte, c'est l'autorité de l'homme dans la société ainsi que les privilèges qui y sont traditionnellement associés.

Mais l'expérience montre qu'il ne suffit pas d'inscrire l'égalité de l'homme et de la femme dans la loi pour que les habitudes et les pratiques changent. Les reformes légales, à elles toutes seules, ne suffisent pas pour déconstruire les matrices sociales patriarcales. La manière de conduire ces réformes compte. Nous nous situons ici dans le domaine de la sociologie de la régulation sociale appliquée à la sphère familiale où la religion, les coutumes et l'Etat sont en compétition, d'où le rapport de forces observé dans les processus de révision des codes de la famille. Ces processus sont des lieux privilégiés pour observer le degré d'influence des forces religieuses sur les politiques publiques ainsi que les différents modèles d'ingénierie culturelle convoqués par l'Etat. Est-ce un modèle hégémonique dans lequel l'Etat décide pour les populations ou un modèle participatif où les parties prenantes principales sont associées aux délibérations. Les approches les plus courantes ont la faiblesse d'être hégémoniques. Cette hégémonie est inhérente à l'idéologie libérale importée de l'Occident qui sert de socle à ces réformes. D'où l'éternelle question de savoir si l'Afrique est condamnée à évoluer au rythme de l'Occident. En effet, très souvent, ces reformes n'obéissent pas à des logiques endogènes. Il arrive même que l'aide au développement ou à la recherche soit instrumentalisée pour contraindre des pays ou des institutions de recherche à revoir leurs priorités.

Face à ces logiques hégémoniques, il n'est pas surprenant que rapport à la question homosexuelle en particulier, beaucoup en Afrique mobilisent le « nationalisme culturel » centrée sur la sauvegarde des valeurs culturelles africaines, lesquelles sont perçues comme menacées par l'idéologie libérale importée de l'Occident. Les acteurs religieux et les autres traditionnalistes se positionnent alors comme les gardiens de ces valeurs et font le procès de modernité qu'incarneraient les organisations féministes qui collaborent avec l'Etat et les institutions internationales. On se rend compte que si les esprits sont général ouverts à une sorte de parité entre les hommes et les femmes dans les domaines professionnels et économiques, ils résistent en général à la déconstruction de la norme hétérosexuelle dans la sexualité et le mariage. Cette hégémonie se manifeste aussi sur le plan épistémologique quand des catégories élaborées pour comprendre les sociétés occidentales sont utilisées sans distance critique pour rendre compte des sociétés africaines.

Par ailleurs, certaines questions méritent d'être approfondies. Nous évoquons ici celles de l'égalité de l'homme et de la femme, de la fragmentation des organisations féminines et des organisations religieuses. La question de l'égalité de l'homme et de la femme dans la famille est plus complexe qu'elle ne paraît, car les apports de l'homme et de la femme dans une famille sont de plusieurs ordres : économique, social, émotionnel, procréatif, etc. S'il y a des apports qu'on peut quantifier et égaliser, il y en a d'autres qui échappent à cette arithmétique. Par exemple, dans l'ordre de la procréation, l'homme et la femme ne jouent pas les mêmes fonctions et la notion d'égalité devient alors problématique. L'ordre émotionnel échappe aussi aux calculs. Notons aussi l'opposition de certaines femmes à certaines de ces réformes destinées à améliorer leur condition sociale. Plusieurs lignes de démarcation sont perceptibles : les femmes des villes et les femmes des villages, les femmes « féministes » et les femmes « religieuses », les femmes riches et les femmes pauvres, etc. Du côté des forces religieuses, même si elles ont tendance à s'unir dès qu'il est question de résister aux reformes relatives au genre, il convient de noter aussi qu'elles sont fragmentées, ce qui contribue à affaiblir leur résistance à l'Etat. En effet, les conflits d'interprétation des textes religieux ne sont pas de nature à favoriser l'unanimisme sur ces questions dans les milieux religieux. Ce qui fait penser à certains que la religion en elle-même n'est pas un frein à l'épanouissement de la femme mais plutôt le conflit qui entoure l'interprétation et l'application des textes religieux dans la vie concrète. Or dans les religions missionnaires, ce pouvoir d'interprétation et d'application des textes est monopolisé par les hommes. Il est donc urgent, estiment certains avocats de la cause féminine, que les femmes développent leur propre expertise des textes religieux pour pouvoir dialoguer confortablement avec les hommes.

Il est indéniable que révision des codes de la famille en Afrique participe de la mondialisation du modèle néolibéral occidental des droits de l'homme avec le souci d'homogénéisation des pratiques en matière de de démocratie, de droits de l'homme, de développement, de gouvernance, etc. Dans les pays comme le Niger, le Mali et le Sénégal, où résistent les forces religieuses, on a l'impression que l'Afrique devient alors un terrain d'affrontement entre la civilisation occidentale et les modèles religieux sur les modèles de société. Le problème se pose de savoir comment favoriser des processus plus endogènes et plus démocratiques.